"新格局·新经济·新金融"文库
丹东市经济学会项目(项目编号:DJ20170009)
辽东学院博士科研启动基金项目(项目编号:2016BS001)

互联网金融:股权众筹融资模式及其风险研究

申康达 著

中国财经出版传媒集团
中国财政经济出版社

图书在版编目（CIP）数据

互联网金融：股权众筹融资模式及其风险研究／申康达著．—北京：中国财政经济出版社，2019.3

（"新格局·新经济·新金融"文库）

ISBN 978-7-5095-8624-2

Ⅰ.①互… Ⅱ.①申… Ⅲ.①互联网络－应用－企业融资－研究 Ⅳ.①F275.1-39

中国版本图书馆 CIP 数据核字（2018）第 246889 号

责任编辑：郁东敏　　　　责任印制：刘春年
封面设计：孙俪铭　　　　责任校对：张　凡

中国财政经济出版社 出版

URL：http://www.cfeph.cn
E-mail：cfeph@cfeph.cn

（版权所有　翻印必究）

社址：北京市海淀区阜成路甲 28 号　邮政编码：100142
营销中心电话：010-88191537
中煤（北京）印务有限公司印装　各地新华书店经销
787×1092 毫米　16 开　19.25 印张　268 000 字
2019 年 3 月第 1 版　2019 年 3 月北京第 1 次印刷
定价：78.00 元
ISBN 978-7-5095-8624-2
（图书出现印装问题，本社负责调换）
本社质量投诉电话：010-88190744
打击盗版举报热线：010-88191661　　QQ：2242791300

前言

互联网金融的快速发展促进了金融业创新发展,通过为大众提供丰富、便捷的金融产品和服务,极大地缩短金融交易的时间、降低金融交易的成本,扩大金融服务的边界,推动了普惠金融进程。2008年金融危机以来,商业银行坏账率不断提高,信贷紧缩,本来就很难得到银行贷款支持的中小企业面临着更加严重的融资难、融资贵等问题。融资渠道单一是造成这一问题的主要原因,也成为制约中小企业发展的重大阻碍。党的十八届三中全会《中共中央关于全面深化改革若干重大问题的决定》提出健全多层次资本市场体系,解决中小企业融资问题,而股权众筹作为一种新型的互联网金融融资手段,是多层次资本市场的有力补充,它打破融资渠道限制,降低企业融资成本,具有传统融资方式难以比拟的优势,可以有效解决小微企业及初创企业融资难的问题。李克强总理在2014年的达沃斯论坛及两会上多次提出鼓励"大众创业、万众创新",而创业需要良好的创业氛围和充足的资本支持,股权众筹可以作为创投资本(特别是民间创投资本)和创业项目之间的桥梁,为创业提供有效的融资渠道,推动创业,缓解就业压力。

任何事物的兴起都有其必然性,股权众筹也不例外。作为一种全新的互联网金融模式,股权众筹的健康发展对于解决中小企业融资难、丰富居民投资渠道、完善多层次的资本市场发挥有着重要作用。首先,解决中小企业融资难题。长期以来,中国的企业过度依赖以银行贷款为主的间接融资,而银行信贷远远不能满足企业(特别是中小企业）的融资需求。股权众筹有效地把有融资需求的企业和民间资本对接起来，增加了企业融资渠道，降低了企业融资成本，同时对于那些种子企业提供了孵化平台。其次，丰富投资者投资渠道。随着国民财富的积累，一些风险承受能力较强的高净值居民不满足于目前匮乏的投资渠道，产生天使投资需求。股权众筹融资平台的出现给他们提供了新的投资手段，降低了股权投资门槛，在承担相应风险的前提下，使他们获得享受初创企业成长所带来的巨额收益的机会。最后，促进经济结构转型，提供就业岗位。很多初创期企业属于高新技术企业，符合国家经济结构调整的大方向。同时，新企业的建立可以给包括大学毕业生在内不同层次的劳动者提供就业岗位，有利于解决就业问题。

自 2011 年以来，股权众筹进入中国市场，由于法律和监管的缺失，股权众筹的发展并不顺利，受到市场关注的同时也引发了很多质疑。2014 年 12 月，中国证券业协会发布了《私募股权众筹融资管理办法（试行）（征求意见稿）》，股权众筹开始在中国走向阳光化，并取得了快速的发展。但是，股权众筹正处在探索发展阶段，其运作机制尚不完善，一旦在运行中出现问题，会使各参与主体遭受损失，并影响金融秩序的稳定，从而阻碍股权众筹在我国的发展。本书结合股权众筹融资模式在我国的发展环境和运作机制，分析融资过程中各参与主体面临的风险，并从平台运作机制角度和监管当局角度，研究应采取哪些策略防范风险，促进股权众筹的健康发展，从而激活民间资本，改变中小企业融资渠道单一的困境，并推进我国多层次资本市场的构建，让资本市场为实体经济提供发展动力。

申康达
2018 年 3 月

目录

第 1 章　互联网金融与股权众筹概述　1
1.1　互联网金融的发展概述　3
1.2　国外"股权众筹"的发展概况　7
1.3　国内"股权众筹"的发展概况　24
1.4　国内外"股权众筹"的监管概况　42
1.5　"股权众筹"的意义及前景　60

第 2 章　"股权众筹"的融资模式　67
2.1　"股权众筹"的参与主体　69
2.2　"股权众筹"的运营模式　75
2.3　"股权众筹"的模式特点　80
2.4　"无领投"式"股权众筹"的业务流程　82
2.5　"领投+跟投"式"股权众筹"的业务流程　84

第 3 章　"股权众筹"的文献综述　105
3.1　国外文献综述　107
3.2　国内文献综述　109
3.3　相关文献评述　112

第 4 章　"股权众筹"的投资风险　115
4.1　股东身份确立问题　117
4.2　股东无法参与公司经营　118
4.3　股东无法决定是否分红　121

4.4 不明投资性质随意入股……123

4.5 把自己当做风险投资人……125

第5章 "股权众筹"的运行风险……129

5.1 操作风险……131

5.2 技术风险……135

5.3 监管风险……136

第6章 "股权众筹"的道德风险……139

6.1 融资人存在的道德风险……141

6.2 投资人存在的道德风险……144

6.3 运行平台存在的道德风险……148

6.4 诱发道德风险的因素分析……150

第7章 "股权众筹"的法律风险……159

7.1 投资者所面临的法律风险……161

7.2 "股权众筹"平台所面临的法律风险……165

7.3 项目融资人所面临的法律风险……168

第8章 "股权众筹"的风险防范……171

8.1 加强对投资者的引导和管理……174

8.2 规范融资者的行为和义务……189

8.3 提高对股权众筹融资平台的管理……202

8.4 完善相关法律制度及规则……214

8.5 业务操作中的风险防范……216

8.6 健全信用体系……220

8.7 完善监管体系……221

8.8 发展互联网安全技术……222

8.9 加强对互联网股权众筹的宣传与教育……222

第 9 章 "股权众筹"的创新展望 ····· 225
9.1 "股权众筹"的"可转债"式创新 ····· 227
9.2 "股权众筹"的"股权期权"式创新 ····· 232
9.3 "股权众筹"的"支付对价"式创新 ····· 236
9.4 "股权众筹"的"组合配置"式创新 ····· 242

附录 ····· 247
附录 1 股权众筹相关政策文件 ····· 247
附录 2 国内典型股权众筹融资平台解析 ····· 261
附录 3 国内股权众筹融资平台列表 ····· 282

参考文献 ····· 290

| 第 1 章 |

互联网金融与股权众筹概述

1.1 互联网金融的发展概述

1.1.1 互联网金融的发展历程

互联网金融是互联网企业和金融机构在金融业务上的创新而产生的新兴金融业态，其兼具互联网和传统金融业双重属性。从发展形态来看，互联网金融是需求拉动与供给推动的二元结合，是技术进步催生出的新金融业态。互联网金融的出现，在满足个人及小微企业信贷融资需求的同时，也解决了一些创意类项目的融资需求，拓宽了投资者理财及金融产品销售渠道。互联网金融是互联网技术与金融业务相结合的产物，其落脚点在于金融，本质还是一种金融服务的新形式、新载体。

从真正意义上讲，互联网金融自诞生起至今，其发展仅仅有十余年的历史。总体上讲，互联网金融还是一个新兴事物，发展还处于起步与新兴发展时期。但是从发展过程来看，这个时期又分为相互联系的四个阶段。

（1）第一阶段：互联网金融的史前期

互联网金融发展的第一阶段是 2005 年以前。该时期为互联网金融的史前期，表现为互联网和金融的复合。互联网以其自身的开放性为金融机构提供技术支持，并协助银行"将金融服务由线下搬到线上"。值得注意的是，这一阶段尚未出现真正意义上的互联网金融业态，只是传统金融业借助互联网技术发展金融业务，属于金融互联网化范畴。

（2）第二阶段：互联网金融的萌芽期

2005 年以后，互联网金融发展进入第二阶段。此阶段是互联网金融的萌芽期，第三方支付悄然兴起，互联网金融开始具有服务性质。2011 年中国人民银行开始发放第三方支付牌照，是这一阶段的标志性事件。从此，第三方支付进入规范化发展轨道。

（3）第三阶段：互联网金融的蓬勃发展期

2012年起，互联网金融的发展开始进入蓬勃发展的第三阶段，并于随后一年出现日新月异的发展态势，甚至广大圈内人士把2013年视为"互联网金融元年"。众筹融资、P2P网贷均已开始起步，建立了诸如"天使汇"等为代表的互联网金融公司。相关政府部门还首次批准了专业的互联网保险公司的建立。在这一年，传统金融不再排斥互联网金融的发展，开始接受互联网并对自身进行改造，银行、券商等传统金融机构依托互联网技术，打造新型传统金融业务平台。在这一时期，金融监管部口和管理层已经开始重视互联网金融的风险问题，希望通过规范互联网金融的发展来管控风险。

（4）第四阶段：移动互联网金融发展期

随着移动互联网的发展，手机作为支付终端蓬勃兴起，互联网金融发展也随之进入第四个阶段。智能手机的快速普及和电信资费日益亲民为移动互联网打下了基础，再加上手机的通信功能不可或缺，采用移动互联网的居民规模日益庞大，比重超传统PC互联网。互联网金融新业态呈欣欣向荣的之势，手机信贷、余额宝、支付宝、微信支付、手机团购、新年红包及微信订票等新兴业务层出不穷。

自2013年起，互联网金融发展开始进入快车道。2014年，"促进互联网金融健康发展"被写入政府工作报告，首次从国家层面肯定了互联网金融发展。2015年，政府工作报告再次关注互联网金融发展，并强调其"异军突起"式的发展。这一年也被称之为"互联网金融监管元年"。

中国已成为全球最大的互联网金融市场。伴随互联网金融市场的扩张，监管力度也逐渐加强。对互联网金融展开监管，一方面，代表着行业发展已获得管理层认可，从而进入顶层设计阶段；另一方面，也给行业的未来发展提供了更加广阔的空间，指明了前进的方向。

1.1.2 互联网金融的模式

通过对互联网金融商业模式的分析和比较，互联网金融基本可分为六大模式，即：第三方支付、P2P网贷、大数据金融、信息化金融机构、互联网金融门户、众筹。

1.1.2.1 第三方支付

第三方支付是一种电子支付模式，其采用同商业银行签约的方式，借助计算机通讯及信息安全技术，在银行结算系统和个人用户间建立连接。根据中国人民银行2010年《非金融机构支付服务管理办法》对非金融机构支付服务的定义，广义上来说，第三方支付是指非金融机构作为收付款人的支付中介所提供的网络支付、预付卡、银行卡收单化及中国人民银行确定的其他支付服务。目前，中国的第三方支付发展非常快，覆盖面十分广泛，不仅包括线上的互联网支付，还包括线下商店、购物中心、餐饮业等支付。显然，第三方支付借助移动互联网技术的普及已经成为全面覆盖的综合性支付工具。

1.1.2.2 P2P网贷

P2P网贷，是一种"人对人"的直接融资模式，是一种通过互联网平台直接进行资金融通的借贷行为。P2P网贷，通常由具备资质的网站（第三方公司）充当中介平台，借款人在平台投放借款标的，投资者通过竞标向借款人放贷。这种金融创新方式有别于通过银行进行的传统融资，资金的提供者可以明确地获取借款者的个人信息以及资金的去向。P2P网贷兼备信息对称、准入门槛低、成本小以及收益可观等优于传统金融的特点。P2P网贷是顺应互联网发展并借助民间借贷兴起而出现的新金融模式。

1.1.2.3 大数据金融

大数据金融指依托海量以及非结构化的数据，利用互联网、云计算等信息化方式提取有用信息,并同传统金融服务有机结合,创新性提供金融产品或服务的总称。其扩大了客户群,改变了传统金融独大的格局,并提供创新性的金融服务和产品,为广大企业提供优越融资环境,降低了企业获取资金的成本。当前大数据金融的发展主要包括两种模式,即供应链金融和平台金融。

供应链金融模式是指企业根据自身所处的产业链,将整个供应链的供销等方面资源进行整合而发展的金融模式。大数据作用于产业链上下游,全面掌握全产业链的信息流、资金链等,借助大数据优势为产业链各环节提供最适合的资金支持。这一模式的典型代表有京东金融的"金小贷"。

平台金融模式是一种基于电商平台网上交易与支付信息形成的大数据金融,其通过云计算及大数据模型处理形成信用或订单融资模式。蚂蚁金服的"网商贷"是平台金融模式的典型模式。

1.1.2.4 信息化金融机构

信息化金融机构,本质上是传统金融机构,如银行、保险和证券等,经营管理的全面信息化变革,其依托于信息技术的广泛应用和对传统经营方式的改造重构。随着互联网金融的日益成熟,促使信息化金融机构发生很大变化,其运营模式与以往存在显著差异。

信息化金融机构在发展过程中形成三种类型:第一种类型是传统金融的电子化,即金融互联网化,主要包括当前常用的网上银行、手机银行和网上证券等;第二种类型是以互联网为基础产生的创新型金融服务,包括传统金融机构创新发展的服务产品、智能银行和网络直销银行等;第三种类型则是基于互联网平台提供金融产品的电商金融,平台上的金融服务由传统金融机构如银行、保险等提供,最具代表性的是泰康人寿保险建立的电商平台。

1.1.2.5 互联网金融门户

互联网金融门户是为客户提供金融服务的综合服务网络平台。一方面,自身依托互联网为客户提供金融服务产品和信息；另一方面又向客户提供第三方金融产品的比价、搜索、归集和销售等服务。从服务内容及服务方式来看，互联网金融门户主要包括三种类型：第一种是第三方信息平台，以信息服务为主；第二种是垂直搜索平台，提供线上金融产品的搜索服务；第三种是在线金融超市，提供自营和非自营金融产品服务的销售。

第三方信息平台，力求准确及时地为客户提供全方位互联网金融数据、金融产品及行业资讯的综合网络金融平台，其中代表性平台有和讯网等。垂直搜索平台，通过在网站平台提供金融产品的垂直搜索功能，客户可以快速地搜索到所需要的金融产品信息，代表性的平台有安贷客、融360等。在线金融超市，通常会集聚大量金融类产品，提供在线导购功能，并利用互联网进行金融产品销售，代表性的平台有大童网、格上理财及北京软件和信息服务交易所科技金融超市等。

1.1.2.6 众筹

众筹是项目发起者利用社交网络的传播特性，集中大众资金、拓宽融资渠道，为小微企业、艺术家或特定个人从事某个项目、进行艺术创作或从事特定活动的个性化的融资需求，提供必要资金援助的融资方式。众筹大致可分为债券、股权、奖励以及捐赠等融资形式。相比于传统融资方式，众筹具有额度小和需求量大的特点，并且融资门槛不高，且评判标准也不局限于传统的基于商业价值的评判，能为初创公司提供新的融资渠道。

1.2 国外"股权众筹"的发展概况

目前，股权众筹融资模式在我国刚刚兴起，但在欧美等西方发达国家，股权众筹行业已经相对比较完善。2008年，美国商业危机对世界经济产生了巨大冲击，欧美银行的惜贷行为加剧了中小企业的融资困难。在这个背景下，融资门槛低、效率高的股权众筹融资模式应运而生,并迅速获得市场认可,以 Crowdeube、Seedrs、AngelList 等为典型代表的优秀股权众筹融资平台不断涌现。

根据公开数据显示,2009 年全球股权融资金额仅为 5.3 亿美元,到 2014 年迅速增长至 38 亿美元。从投资地区分布来看,95% 的股权众筹融资集中于北美和欧洲,而亚洲地区不足 1%。从平台数量看,全球活跃的众筹网站将近 3 000 家,覆盖全球 90% 左右的国家,美国活跃平台数量第一。

随着股权众筹行业在国外的爆发式增长,新的融资方式存在的缺陷和带来的风险也引起了市场和监管部门的重视,各国纷纷出台相关法案或对原法案进行修订。这其中以美国的《JOBS 法案》最具代表性,该法案中关于豁免权、信息披露、准入门槛等监管规则被其他国家纷纷模仿。虽然各国对股权众筹的监管方式各不相同,但都试图推进股权众筹融资模式的合法化,促进其健康发展。

1.2.1　国外"股权众筹"的发展情况

1.2.1.1　股权众筹在美国的发展

美国是股权众筹发展最快、平台最多的国家。早在 2005 年,EquityNet 就成功上线,成为美国第一个涉及股权众筹的网站。AngelList 和 FundersClub 等股权众筹网站的兴起,使美国成为世界上股权众筹平台最多、集资金额最大的国家。以 AngelList 为例,截止到 2015 年 12 月,平台累计注册人数已经达到 168 万,成功项目数达到 740 个,成功融资额度达到 24 500 万美元。

随着 2012 年美国《JOBS 法案》颁布,股权众筹的合法化也为美国股权众筹行业注入了新的生机。2015 年 10 月 30 日,《JOBS 法案》第三部分终于获批,在国内外股权众筹行业内引起强烈反响。那么,最终确定的法案内容与之前的内容相比有哪些更新?对我国的股权众筹行业会产生哪些影响?下面介绍《JOBS 法案》的发展历程。

（1）《JOBS 法案》的发展历程

美国著名的《JOBS 法案》于 2012 年 4 月 5 日签署。《JOBS 法案》签署后，2012 年 10 月，其第一部分生效，主要内容是放宽对年收入总额不足 10 亿美元的"新兴成长企业"的信息披露管制。2013 年 9 月 23 日，《JOBS 法案》第二部分实施细则正式生效，主要内容是解除了 1980 年以来非公开发行不得进行公众宣传的禁令。2015 年 6 月，《JOBS 法案》第四部正式生效，主要内容是对证券发行活动进行分级，并且放宽投资者限制和募资公司的信息披露要求。相对于其他部分，《JOBS 法案》第三部分因为涉及方兴未艾的互联网融资新形式——股权众筹而备受关注，但这部分法案的修改却姗姗来迟。直到 2013 年 8 月，美国证券交易委员会（SEC）才提出了第一份法案修改意见稿，2013 年 10 月发布了实施股权众筹监管细则的咨询稿。但这一咨询稿引起了较大争议，导致法案第三部分迟迟无法落地。经过两年的讨论，2015 年 10 月 30 日，修改后的《JOBS 法案》第三部分终于投票通过，这一事件对于美国乃至全世界的股权众筹行业都有重大影响。[①]

（2）《JOBS 法案》第三部分更新的主要体现

与旧版本相比，修改后的《JOBS 法案》第三部分的更新主要体现在以下四个方面：

- 募资公司。募资公司在 12 个月内，通过股权众筹方式发行证券的募资总额最多不超过 100 万美元（金额没变，表述变化）。

- 投资人。如果个人投资者的年收入或净值少于 10 万美元，则可以投资 2 000 美元，或年收入或净值较小者的 5%；如果个人投资者的年收入或净值都不少于 10 万美元，则可以投资其年收入或净值较小者的 10%；12 个月内，通过所有股权众筹方式卖给单一个人投资者的证券总金额不得超过 10 万美元。

- 信息披露。募资公司需要披露的信息包括证券的公开发行价格或定价

---

① 王慧彩. 一本书读懂股权众筹 [M]. 北京：人民邮电出版社，2016.

方法、目标发行额、达到目标发行额的截止时间、募资公司是否接受投资额超过目标发行额、基于募资公司在 12 个月内发行和销售证券的公司财务报表，以及公司的纳税申报信息。财务报表需要由独立公共会计师评审，或由独立审计师审计。符合股权众筹条款的首次发行证券金额在 50 万～100 万美元之间的公司可以提供评审过的财务报表而不是审计过的财务报表（财务报表已被审计过的除外），之前是首次发行 50 万～100 万美元的也要提供审计过的财务报表。还要披露主要管理人员的信息，以及占股 20% 以上的大股东的信息（之前为姓名）。此外，符合股权众筹豁免规则的公司需要填写 SEC 提供的年度财务报表，并将其提供给投资人。①

• 股权众筹平台。集资门户（Funding Portal）需要通过 SEC 注册成为新型集资门户（New Form Funding Portal），并且成为美国证券协会的成员。符合要求的募资公司一次只能在一个股权众筹平台上发行证券。而且，股权众筹平台需要遵守的规则主要有以下十条：第一，提供给投资者一些教育材料，这些材料需要解释在平台上投资的流程、发行的证券类型、一些募资公司必须提供给投资者的信息，以及转让限制和投资限制等；第二，采取措施减少欺诈风险，包括确保募资公司符合股权众筹条款，以及确保公司具有相关方法对证券拥有者进行准确记载；第三，在证券发行期间，以及在证券销售的最少 21 天前，募资公司需要在平台上进行公开披露；第四，在平台上提供沟通渠道，允许对证券发行进行讨论；第五，向投资者披露中介平台收取的费用；第六，投资者开立账户后才能接受来自投资者的投资承诺；第七，确保投资者遵守投资限制；第八，当投资者做出投资承诺时和在确认完成交易时（或之前），对其进行提示；第九，遵守资金存放和转移的要求；第十，遵守发行完成、发行取消和发行再确认的要求。

(3) 有关募资公司和投资人的条款更新带来的影响

在新条款下，一些公司将不能使用豁免权，包括非美国公司、需要按

---

① 傅穹，杨硕. 股权众筹信息披露制度悖论下的投资者保护路径构建 [J]. 社会科学研究，2016 (3).

《证券交易法》提交报告的公司、某些投资公司、不符合股权众筹条款规定的公司、在申请证券发行之前两年不符合股权众筹条款中关于年报要求的公司、没有具体商业计划的公司以及在商业计划里表明会被不确定的公司收购或合并的公司。

一般情况下,通过股权众筹方式购买的证券在一年之内不能被转让。如果公司在履行年报义务,或是保留了注册转让代理服务,或是在最近一个财政年度中总资产不到 2 500 万美元,持有这些证券的投资者将不计入公司股东(按照《证券交易法》的规定,公司本应注册他们的股份)。[①]

(4) 有关股权众筹平台的条款更新带来的影响

新条款将保留一些规则,具体指注册集资门户比注册经纪交易商需要更多的限制。这些被保留的规则将会禁止集资门户进行四项活动:第一,提供投资建议或做出推荐;第二,诱导购买、销售和发行证券;第三,补偿促销者或其他有诱导销售证券行为的人;第四,控股、持有或处理投资者的资金或证券。这些被保留的规则可以保证集资门户只能在限制下参与某些活动,也可以保证集资门户对某些账务或其他交易记录进行有效保存。

(5) 对我国股权众筹行业的影响

股权众筹在世界范围内都属于新鲜事物,在我国也是一样。美国股权众筹行业起步较早,发展较好,众筹监管方面的探索引人关注,也值得我国借鉴。事实上,SEC 于 2013 年 10 月发布的《JOBS 法案》第三部分咨询稿,已经深刻影响了我国股权众筹监管的思路。[②]

《JOBS 法案》第三部分的核心在于"小额豁免",即对于小额融资的融资方,豁免其公开发行证券的注册、审计、承销等环节,大幅度降低融资成本;对于普通投资人(非合格投资人),限定投资金额,避免其遭受超过自

---

① 刘志硕,郭海峰,张杰. 股权众筹:创业融资指南 [M]. 北京:机械工业出版社,2017.
② 向娟,张榕锋. 互联网金融背景下我国股权众筹的发展前景研究 [J]. 当代经济,2016 (1).

身承受能力的风险。2014年下半年,我国业内曾流传一份监管部门关于股权众筹的监管意见草案,其思路与《JOBS法案》基本一致,即限定一年内的企业股权众筹融资额,限定普通投资人的投资额等,但此草案始终未公布。

2014年12月18日,中国证券行业协会《私募股权众筹融资管理办法(征求意见稿)》发布,各方评价不一。批评者认为"私募股权众筹"在概念上存在自相矛盾之处,股权众筹意味着公开,私募又意味着非公开。把本应小额、公开发行的业务设定为私募,人为设置高门槛,完全违背了股权众筹的初衷。批评者在表达意见时,大多会引用《JOBS法案》第三部分作为对比。《私募股权众筹融资管理办法(征求意见稿)》至今仍未结束"征求意见状态"。

2015年7月18日,央行等十部委联合发布《关于促进互联网金融健康发展的指导意见》(以下简称《指导意见》),首次明确界定了股权众筹融资主要是指通过互联网形式进行公开小额股权融资的活动,具有"公开、小额、大众"的特征,并且对股权众筹服务对象、发起渠道、信息披露形式等进行了规范。但是,《指导意见》并没有对信息披露的具体程度和时间频率做出明确说明,也没有提及平台在信息披露过程中的责任和权利。

2015年8月7日,中国证监会发布了《关于对通过互联网开展股权融资活动的机构进行专项检查的通知》,复述了《指导意见》中对于股权众筹的定义,认为由于股权众筹具有"公开、小额、大众"的特征,涉及社会公众利益和国家金融安全,必须依法监管。同时,该通知还明确了一些机构开展的冠以"股权众筹"名义的活动,是通过互联网形式进行的非公开股权融资或私募股权投资基金募集行为,不属于《指导意见》规定的股权众筹融资范围,上述业务需要在《公司法》《证券法》《证券投资基金法》《私募投资基金监督管理暂行办法》等现有法律框架下经营。[①]

随后,中国证券业协会发文,将《场外证券业务备案管理办法》中第二

[①] 马其家,樊富强.我国股权众筹领投融资法律风险防范制度研究[J].河北法学,2016(7).

条第（十）项的"私募股权众筹"修改为"互联网非公开股权融资"。至此，我国正式把股权众筹划分为"公募"和"私募"两类。过去所称的"股权众筹"现在专指"公募股权众筹"，需经审批后持牌经营，未经审批的机构不得使用"股权众筹"的字号或宣传语。而过去所称的"私募股权众筹"现改称为"互联网非公开股权融资"，受现有法律框架的管制。[①]

《JOBS 法案》第三部分的定稿与咨询稿相比，进一步放宽了豁免范围，明确了豁免细则，限定了股权流动条件，降低了股权变更登记要求，无疑会再次影响我国股权众筹监管的立法和操作。在修订后《证券法》预留的空间下，预计我国股权众筹监管细则很可能拥有与《JOBS 法案》第三部分高度相似的特征（差别可能体现在普通投资人的小额投资豁免方式上）。

1.2.1.2 股权众筹在英国的发展

2011 年 2 月，全球首家股权众筹平台 Crowdcube 在英国上线，拉开了全球股权众筹的序幕。2012 年 5 月，另一家股权众筹平台 Seedrs 获得英国监管部门审批上线，成为全球首批得到当地监管部门许可的股权众筹平台。可以看出，英国股权众筹行业的发展在全球一直处于领先地位。截至 2014 年 10 月，正式在英国众筹协会登记注册的股权众筹平台有 36 家，其中 Crowdcube 和 Seedrs 是最具代表性的两家。

（1）Crowdcube 股权众筹平台

Crowdcube 的融资方式为固定融资模式，即企业若在规定时间内没有达到一定的额度，那么企业融资失败，资金返还给投资者，不收取任何费用。当达到目标金额后，Crowdcube 和律师事务所合作，与企业签订相关协议，帮助企业以及企业顾问律师设计有法律效力的相关文件，并与投资者确认投资金额。资金由第三方支付平台转账到公司账户，待投资者收到股权证明书后，整个融资过程完成。在项目融资成功后，Crowdcube 会向融资者收取手

[①] 马旭，李悦. 我国互联网股权众筹面临的风险及法律对策 [J]. 税务与经济，2016（5）.

续费。后续的分红以及股权回报并不在 Crowdcube 的服务范围之内。

根据法律要求，在项目展示时 Crowdcube 不会通过收取广告费把某个项目置顶或者放在醒目位置。Crowdcube 规定投资者出资金额最少 10 英镑，无最大限制。其平均投资金额为 2 500 英镑，大概是英国人均年收入的 10%。截至 2014 年 6 月，Crowdcube 已经为 126 个初创企业（项目）融资 2 771 万英镑，投资项目涉及互联网、科技、零售、食品、制造、健康、媒体等 15 个行业。在获得投资的行业中，零售业、食品业以及互联网业占了半壁江山，远远高于其他行业。Crowdcube 有 7 万多注册投资者，2013 年的成交量是 2012 年的 5 倍多。

（2）Seedrs 股权众筹平台

Seedrs 是英国第一家被英国金融市场行为监管局（FCA）批准的股权众筹平台，也是世界范围内第一批获得当地金融监管机构批准的股权众筹平台，对于股权众筹行业具有里程碑式的意义。作为后起之秀，Seedrs 的成交量虽然仅为 Crowdcube 的 1/5，但是发展迅速，成交额基本每半年翻一番到两番。截至 2014 年 1 月，Seedrs 为 56 个项目融资 555 万英镑，平均每个项目有 115 个投资者，融资 9.9 万英镑。在这期间，共有 324 个项目提出申请，17% 通过审核。Seedrs 平台上的项目融资过程和 Crowdcube 的类似，最大的不同在于融后管理的代理人制度，因此称之为"管家式"平台。在公司达到融资的目标金额后，投资人可以选择是否由 Seedrs 代理股权管理，由 Seedrs 代替投资者通过和创始企业签订协议，力争保护投资者的一些相关权益。

Seedrs 的代理模式具有以下两个优点：第一，对于融资者来说，企业只需和代理人进行沟通，而不必应对众多投资者，降低了沟通成本，风险投资也更喜欢股东数量较少的企业，为下一轮融资提供便利；第二，对于投资者来说，普通投资者并不具备相关的专业知识来监督企业的发展，Seedrs 的专业人才可以很好地完成这个任务，为普通投资者节省时间成本。

综上所述，是否提供"代理人"服务是 Crowdcube 和 Seedrs 两家平台的最大差别。二者并无优劣之分，Seedrs 的方式为没有投资经验的中小投资者提供便利，但对投资者而言也在一定程度上失去了参与管理的乐趣。

1.2.2 知名"股权众筹"平台介绍

2008 年的全球金融危机对世界经济产生了巨大冲击，欧美银行业的惜贷行为加剧了中小企业的融资困境。在这个背景下，融资门槛低、效率高的股权众筹模式应运而生，并迅速获得了市场认可，各大股权众筹平台不断涌现，其中以英国的 Crowdcube、美国的 WeFunder 和 AngelList 最具有代表性。

1.2.2.1 Crowdcube——全球首个股权众筹平台

Crowdcube 是一家英国的股权众筹平台，由达伦·西湖（Darren Westlake）和卢克郎（Luke Lang）在埃克塞特大学创新中心建立，被英格兰银行描述为银行业的颠覆者。因为 Crowdcube 创立了企业经营者筹集资金的新模式。

Crowdcube 是一个以股票为基础的筹集资金平台，在这个平台上，企业家们能够绕过天使投资和银行，直接从普通大众那里获得资金。而投资者，除了可以得到投资回报和与创业者进行交流之外，还可以成为他们所支持企业的股东。2013 年 2 月，Crowdcube 的这种模式被英国金融市场行为监管局（FCA）认定是合法的。Crowdcube 的运作模式大致由项目上线、项目选择以及资金募集三大部分组成。

（1）项目上线

项目上线主要分为两大步骤：第一步，进行项目申请。项目方在 Crowdcube 股权众筹平台上提出申请，确定公司价值和目标融资金额后，提供项目描述、退出策略、商业计划和未来三年的财务预测。在这一过程中，以专业性为主。根据历史数据和以往经验，Crowdcube 会在 72 小时内对项目的适合性进行审核，并且提供详尽的修改意见，以便公司能够再次申请。

第二步，进行标书制作。通过审核后，融资者可以根据自己的融资需求设定融资额，提供一定的股权，并把自己的融资计划发布在 Crowdcube 上。在此过程中，Crowdcube 提供了一系列建议。同时，Crowdcube 需要投资者提供六种信息：第一，股权比例。Crowdcube 对股权比例没有限制，一般公司出售股权的 10%～20%。第二，目标筹集资金。Crowdcube 规定最低融资金额为 1 万英镑，没有最高金额限制，最佳状况的融资金额是 10 万～15 万英镑。如果超过 15 万英镑，则要求项目本身有巨大的吸引力、说服力。第三，免税政策。企业投资计划（EIS）是英国政府在 1993 年出台的旨在帮助小型且高风险的企业融资的一个项目，符合该项目规定的企业在股权融资时可减免 30% 的税费。在 Crowdcube 上的项目均符合 EIS 要求时，可享受免税政策。另外，部分公司可以享受种子企业投资计划（SEIS）免税政策。SEIS 是 EIS 的延续，于 2012 年出台，旨在帮助创立初期的公司进行融资，可以减免 50% 的税费。第四，股权类型。有 A 型、B 型股权，唯一的区别在于 A 型股权拥有投票权。融资者可以只提供一种股权，也可以提供两种。大多数企业提供 B 型股权。第五，奖励。由于中小企业的股权收益可能要经过一段时间，所以为了吸引投资者，Crowdcube 建议融资者提供一定的物质奖励，例如一件拥有公司 Logo 的 T 恤、餐厅的会员卡等。第六，融资期限。融资者自行确定，一般不超过 60 天。如果融资者需要延长期限，Crowdcube 需要特殊审核。①

此外，企业要制作一个关于项目的视频，以便更加直观地向广大投资者展示项目计划。融资者也可以选择付费制作视频。标书创作完成后，Crowdeube 会再次进行审核，删除不恰当的、花哨的语言，核实每一个数据的来源，确保项目中每句话的真实性。经过审核确认，项目才可以上线。

（2）项目选择

项目上线后，投资者就可以选择项目进行投资了。投资者可以根据自己的喜好和意愿，通过项目经营行业、公司所处阶段以及已经募集金额等

---

① 付桂存. 中小企业股权众筹的融资风险及其防控机制 [J]. 河南师范大学学报（哲学社会科学版），2016 (9).

条件进行筛选。根据法律要求，Crowdcube 不能通过收取广告费把某个项目置顶或者放在醒目的位置。Crowdcube 的默认分类是：热门——临近截止日期——新上线。热门定义为在一周之内募集资金达到目标金额的 50%。

Crowdcube 特别设置了问答环节，有利于双方直接沟通。另外，Crowdcube 与 Facebook、Twitter 和 Linkedin 合作，投资者和公司可以通过这些社交网络进行交流。融资者也可以充分发动自己的社交圈。在投资之前，Crowdcube 会对投资者做出风险提示，其主要风险包括损失投资额、缺少流动性、分红可能性低和股权稀释。确认投资金额后，投资者转账到第三方支付平台——GoCardless。

（3）资金募集

当融资期届满时，如果项目融资金额达到了目标数，则股权融资成功。Crowdcube 和律师事务所 AshfordsLLP 合作，与企业签订相关协议，帮助企业以及企业律师顾问设计有法律效力的相关文件，并发给投资者确认。投资者有 7 个工作日的时间考虑，最终确认投资金额。之后由第三方支付平台 Gocardless 将资金转账到公司账户，投资者收到股权证明书后完成融资过程。对于股权回报之外的礼品，融资者应当在完成融资后的 60 天内邮寄给投资者。后续的分红和股权回报不在 Crowdcube 的监管范围之内。

通常情况下，若未达到目标金额，则融资失败。已融到资金将返还投资者，Crowdcube 不收取任何费用。若超过目标金额，企业可以设定第二目标金额，继续融资。

1.2.2.2　Wefunder——美国股权众筹第一平台

Wefunder 是美国一家在线债权和股权众筹平台，2011 年成立于美国马萨诸塞州。与其他股权众筹平台相比，Wefunder 平台有四大特点：第一，依托 Y Combinator 创业孵化器融资成立并发展；第二，每周只上线一个新项目，无融资倒计时；第三，提供初期审核、资金托管和融后管理一条龙服务；第四，起投资金低，个别项目 100 美元起投。

股权众筹平台是美国中小企业对资金刚性需求下的产物，而 Wefunder 则是依托企业孵化器 Y Combinator（YC）而成功融资并发展壮大起来的企业。YC 创业投资公司成立于 2005 年，创始人保罗·格雷厄姆（Paul Graham）获得哈佛大学应用科学（计算机方向）博士学位，是美国著名程序员、风险投资家、博客和技术作家。2012 年，YC 被《福布斯》评为最有价值的孵化器。它定期举办活动，宣传创新项目并为其提供创业指南，通过晚餐、办公室派对及迷你会议保持沟通交流，同时也吸引了众多机构和个人投资者为 YC 基金注资。通常 YC 仅向创业者提供 2 万美元或以下的"种子资金"，同时获得相应的股份作为回报。

相对于美国其他起投资金 1 000 美元以上的股权众筹平台，Wefunder 个别项目的起投资金定在 100 美元，大大降低了投资起点，使更多普通投资者能够参与进来。所有参与的投资者都享受 Wefunder 提供的包含提供审核、资金保管和融后管理一条龙式的服务。投资者和融资公司分别注册，Wefunder 对其资质进行审核。对于投资者，Wefunder 利用第三方身份识别服务，投资者需要提供附加信息证明。例如，来自于投资者的律师、财务顾问、合格会计和经纪商的证明信息、交税证明、银行或证券账户信息和信用报告等。对于融资企业，要在线填写公司简介故事、产品详述、现有发展规模和亮点、期望融资额等资料，选择可转换债券融资和股权融资两种回报投资者的方式。投资者信息审核完毕，有 7 天的时间去考虑是否签署投资协议并且给资金托管账户 Wefunder 进行授权。协议签署并授权完成后，投资的金额会被转到 Wefunder 资金托管账户中，由波士顿私人银行管理。融资成功后资金统一由 Wefunder 转给融资公司。资金托管账户的好处在于，融资公司只面临一位投资人 Wefunder，在日后的投资活动中，Wefunder 继续代理投资者进行相关管理，以提高融资和管理效率。①

---

① 陈云. 股权众筹："互联网+"时代速融新模式 [M]. 北京：机械工业出版社，2017.

1.2.2.3　Angellist——全球最大的股权众筹平台

Angellist 是全球第一家成立的股权众筹平台，也是全世界最大的股权众筹平台。平台成立至今，已经成为集初创企业投融资、求职招聘以及社交功能为一体的平台。目前平台上总共有 55 万家企业，4 万多个合格投资者，6 000 多家创投机构和 3 000 多家创业孵化器，其构建的股权众筹融资平台生态系统已经成为全球创业体系的重要组成部分。截至 2015 年 12 月，平台拥有活跃的投资者 2 997 人，在过去的 12 个月内，一共为 379 家企业筹得了 1.3 亿美元。

（1）投融资模式

Angellist 有两种投融资模式：Syndicate 模式和基金模式。Syndicate 是由领投人发起、跟投人跟投的投资承诺关系。投资人需要在 Syndicate 公开其投资计划，包括每年预期投资项目数、一般投资金额和收益分成。领投人平均可拿到 19.5% 的附带收益，Angellist 可以拿到每笔 5% 的附带收益；Angellist 平台上运作着由该平台募资的基金。该基金类似于指数型基金，用于投资早期科技公司，每个基金有不同的投资主题。该基金由 Angellist 的一个投资委员会管理，每只基金投资大概 100 个初创企业。该基金给没有专业背景又想分散风险的投资人一个投资初创企业的机会。

（2）融资情况

AngelList 于 2013 年 9 月 22 日完成一轮约为 2 400 万美元的融资，由阿特拉斯风投和谷歌风投领投，包括 KPCB 和 MarcAndreessen 等知名投资机构或天使投资人在内的 110 多家单位跟投。不同于传统意义上的融资，这次投资无论出资多少，所有投资方都不会获得董事会席位，以后也不会优先获得任何有关公司发展的内部消息。

这笔融资的很大一部分资金来自 AngelList 自身运营的创业投资中介网络系统，这种非传统的类股权众筹模式所带来的结果是，超 100 位投资者（包括机构和个人）参与了 AngelList 此轮投资，并且无人获得 AngelList 董事会席位。AngelList 运营融资平台，又通过自身所有的融资平台为自己融资。这种融资模式尚属 AngelList 首创。

2015 年 10 月 13 日，国内股权投资机构中科招商集团宣布与全球最大的创业企业投融资平台 AngelList 达成战略合作，携手打造"硅谷直通车"。AngelList 也于周一宣布，获得中科招商集团的 4 亿美元投资。

中科招商投资数亿美元与 AngelList 共同打造"硅谷直通车"，希望在帮助海内外最优质的早期项目提供资金源的同时，为中国投资人开辟一条投资硅谷早期项目的独特通道。依托"硅谷直通车"平台，投资人将获取 AngelList 最全面和广泛的独家早期项目源，通过平台大数据对意向投资的早期项目进行投资分析和判断，更有机会与硅谷顶尖的天使投资人和投资机构合作发起联合投资，从而在有效规避风险的前提下更高效地赢取投资回报。

（3）附属功能

● 求职和招聘功能。注意到募资成功企业的人才需求和募资失败企业员工的就职需求，AngelList 开发了求职招聘板块。招聘者可在板块上发布招聘需求和职位信息，浏览求职者并申请获得求职者的详细介绍。求职者可以选择自己感兴趣的企业并向其描述自己的信息，如果双方都有意愿，则能获取到对方的详细资料，进行下一步的协商。此外，Angellist 还提供了薪资和股权比较工具，供求职者参考。

● 投融资社交功能。AngelList 还是基于创业的垂直社交平台。有别于 Facebook、Twitter 和 Linkedin 等社交网站，Angellist 增加社交属性是为了更好地服务于投融资及人才招聘业务。用户可以直接从其他社交网站导入朋友关系、关注感兴趣的投资人和机构、添加喜欢或者评论、查看用户之间的关系、向好友或者公司发送消息并为好友写推荐。同时，公司创始人可以为公司建立档案，一般需要填写公司的经营理念、团队组成、商业模型以及寻求的投资类型，并且大部分公司会附上一份他们提供给投资人的详细提案。而对于投资人来说，在其档案里列出过往的投资历史也会为他们加分。大部分企业家和投资人会通过私信方式进行初步接触，也有不少通过中间人/顾问引荐方式成功架桥的案例。①

1.2.2.4 Fundable——简易式中介服务的股权众筹平台

Fundable 成立于 2012 年 5 月，最初只是类似于 Kickstarter 的产品型众筹平台。在美国《JOBS 法案》颁布后，开始提供股权型众筹服务。截至 2015 年 12 月，Fundable 上有超过 23 000 位的投资者与 377 000 户的企业主用户，平台累计完成的融资金额高达 2.11 亿美元。

Fundable 采用"固定最低融资额"（All or Nothing）模式。在融资期限结束时，股权筹资总额必须达到或超过设定金额，否则融资失败退还资金，融资期限通常为 60 天。最低起投金额为 1 000 美元，融资金额通常为 5 万美元至 1 000 万美元之间，发起人多为产品、服务、B2B 类的企业。

在股权众筹开始后，所有投资者只是先给融资企业一个投资承诺，在融资结束后，投资者和融资者按照投资承诺线下交易（也可以不按照承诺交易，投资金额也可以有变动），Fundable 平台并不参与资金转账与股权分配之类的各项事务。也就是说，对于股权融资，Fundable 只是作为一个信息发布平台，并不参与其间交易，亦不涉及投后管理。Fundable 收取项目发起者的发布费用。发起者在项目发起阶段需要向平台支付每月 179 美元的固定费用。项目融资失败也不会退回该笔费用，在项目成功后也没有其他费用。

1.2.3 国外知名"股权众筹"案例介绍

1.2.3.1 高科技公司 Holoxica Limited 股权众筹案例

Holoxica Limited 是一家专门从事 3D 全息解决方案的高科技公司，包括印刷的数字全息和研究调查关于全息 3D 视频的专利。该技术可以让图像显

---

① 刘珊琳. 股权众筹：互联网创业与投融资宝典［M］. 北京：人民邮电出版社，2017.

示在半空中。用户需要在真正的 3D 情况下查看那些复杂的数据，包括医学扫描、科学数据和工程设计等。该技术取得了像 Higgs Boson 那样最小的亚原子粒的宇宙天文模型。

该公司的许多设计是世界一流并开创先河的，获得众多奖项。公司成功开发出了两代飘浮在空中的全息运动显示，并获得了奖项，还在 The Gadget Show 上进行展出。公司需要投资发展数字全息图产品的销售，目标在于未开发的医学成像市场、科学可视化和大型工程报告的设计。

Holoxica 在 ShareIn 股权众筹平台上进行筹资，一共筹集了 71 991 英镑，完成了既定目标值（60 000 英镑），并用 2% ~ 10% 的股权进行了交换。Holoxica 公司的估值约为 300 万英镑。虽然前几年 Holoxica 的利润是负的，这在高科技行业里是普遍现象，但依然有许多投资者相信 Holoxica 的潜力，并相信数字全息产品销售可以为他们带来利润。

Holoxica 创始人 Javid Khan 说："我们使用 ShareIn 股权众筹平台以来，感觉这是一场令人难以置信的旅程，并且证明现在股权众筹是一个引人注目的融资方式。"越来越多的股权众筹平台为这类高科技创业公司提供股权众筹融资的机会。除了英国的 ShareIn 以外，还有 Seedups 等。由于科技类公司的特殊性，投资者可能对这些领域比较陌生、不够了解，也难以估计公司的价值，这时就需要像 Seedups 这样的股权众筹平台帮助投资者和融资者。

1.2.3.2 酿酒公司 Yeastie Boys 股权众筹案例

Yeastie Boys 是位于新西兰的一家酿酒公司。2008 年该公司建立了 Stu McKinlay 和 Sam Possenniskie 这两个啤酒活动。Yeastie Boys 每年发行三种常规啤酒，也会在每年的春季、夏季、秋季和冬季各发行一个限量的啤酒款式。Yeastie Boys 的啤酒都是基于对流行文化的引用，有些很明显，有些很隐晦。Yeastie Boys 避开了啤酒传统的运营模式，而是尝试用啤酒来搭配音乐、地方甚至人物。

2008 年以来，Yeastie Boys 在新西兰的销售额连续六年持续上升，达到每年 70 万英镑左右的销售额。Yeastie Boys 相信这种增长还会继续，因为其将与联邦商人进行合作，并开拓海外市场，出口更多的啤酒到英国等国家。2015 年，Yeastie Boys 主要计划在北半球活动，建立酿酒和销售的平台来满足北半球对该公司啤酒的需求。

2015 年，Yeastie Boys 在 PledgeMe 股权众筹平台上发起了股权众筹融资，初始目标是用 9.1% 的股份换取 35 万英镑，融资在开始的 4 分钟内就已经完成。因为投资者热情高涨，最终 Yeastie Boys 用 12.1% 的股权换取了 50 万英镑投资，而整个融资也仅仅用了 30 分钟。有一大批投资者因为没能投资成功而感到沮丧。Yeastie Boys 的创始人 Stu McKinlay 表示，看到有这么多人支持 Yeastie Boys，并且有这么多人能重新关注啤酒行业，他十分激动。投资者也纷纷表示 Yeastie Boys 以往的工作做得非常出色，并且也相信其能在英国、欧洲甚至全世界发展得更好。

Yeastie Boys 表示，通过股权众筹融资对其来说是一个明智的选择，因为这一做法不仅让喜爱和支持 Yeastie Boys 的人们相信 Yeastie Boys 的未来充满潜力，而且也支持了 PledgeMe 的团队，PledgeMe 这种打破传统的股权众筹模式也将为啤酒行业带来改变的惊喜。

1.2.3.3　时尚服装品牌 Front up Rugby 股权众筹案例

Front up Rugby 是一个橄榄球男性时尚服装品牌，已经成长为英国领先的最受尊敬的服装品牌之一。公司成立于 2008 年，创始人乔恩·艾伦（Jon Allen）当时发现在橄榄球市场上年轻和时尚的橄榄球服装空缺。该品牌在英国具有广泛的知名度和曝光率，美国橄榄球明星詹姆斯·哈斯克尔（James Haskell）现在也是其股东之一。为了开拓更广泛的市场，Front up Rugby 在 Crowdcube 上寻求融资以满足扩张所需的资金。

Front up Rugby 于 2012 年首次在 Crowdcube 上融资就获得了成功。公司从 64 名投资者那里筹得了 10 万英镑，并用 20% 的股权作为交换。2013 年该品牌进行了第二次融资，需要融资 10 万英镑，并用 13.3% 的股权作为交换。最终该公司从 115 位投资者那里成功筹得 121 480 英镑，对应公司 16.19% 的股权。

创始人乔恩·艾伦非常高兴看到自己的品牌能够如此受欢迎，并表示这次筹得的资金将用于线上平台的推广，扩大产品的销售，并利用 2015 年橄榄球世界杯赛作为宣传平台，大幅提升品牌影响力。Front up Rugby 是受益于股权众筹融资的典范，两次融资都获得成功，并帮助公司发展成为英国领先的橄榄球服装品牌。

1.3 国内"股权众筹"的发展概况

互联网股权众筹在我国迅猛发展，而股权众筹作为解决中小微企业融资难问题的新渠道，更是吸引了众多创业者与投资者的目光。股权众筹以其融资成本低、开放性强、流程简单等区别于传统融资方式的鲜明特性广受青睐，并被评价为最具潜力的互联网金融形态之一。股权众筹改变了创业者融资渠道单一、融资成本高及融资地位弱势的局面，能够实现投融资双方的共赢。

与此同时，我国股权众筹也存在着流动性差、没有分红、股权被稀释以及被投资企业经营失败等一系列问题。而且由于没有相关法律支持，股权众筹融资平台的发展受到了较大的限制。虽然存在诸多不利因素，但我国股权众筹取得的成绩依然令人眼前一亮。2013 年 11 月 1 日，中央电视台《新闻联播》头条播报天使汇的情况，指出互联网创新正在改变产业形态，为投资者和创业者提供在线融资对接服务。据相关统计，2014 年上半年，我国股权众筹融资占所有众筹融资总额的 80% 以上，可见股权众筹有着巨大的发展前景。

1.3.1 国内"股权众筹"的发展特点和历程

1.3.1.1 国内"股权众筹"的发展特点

一直以来股权众筹发展要慢于互联网金融的另外一个重要领域P2P网贷,前者概念炒作热火朝天,但发展速度、行业规模远不如后者。究其原因,在于股权融资比债权融资蕴含更大的风险,所以风投、投融资金银行托管等都处于观望状态,中国证监会下发的《关于对通过互联网开展股权融资活动的机构进行专项检查的通知》更是把股权众筹推上风口浪尖。股权众筹的发展特点可以概括为如下三个方面:

(1) 公开:需要股权众筹业务牌照

股权众筹发展相对缓慢,一大原因就是股权众筹的风险,而且股权众筹容易触及法律红线,更容易行走于法律的灰色地带。非上市公司的股东不能超过200人,向特定对象发行证券超过200人的都算公开发行证券。从事证券发行业务是需要相关金融牌照的,而为了符合中国证监会提到的股权众筹三大特点之一的公开原则,必然的结果是"未经国务院证券监督管理机构批准,任何单位和个人不得开展股权众筹融资活动"。

股权众筹融资平台能否顺利通过中国证监会的审核需要打问号。许多业内人士认为,股权众筹融资平台可能将迎来大规模洗牌,许多符合规定的股权众筹融资平台将面临出局的命运。

(2) 大众:投资人数有望突破200人的限制

由央行牵头发布的《关于促进互联网金融健康发展的指导意见》对股权众筹做出了非常清晰的界定,其中规定非公开股权融资或私募股权投资基金募集不属于股权众筹的范畴。这实际上是防止民间一些企业打着股权众筹的旗号做名不副实的事情,从而造成金融市场混乱,损害投资者的利益。

中国证监会将股权众筹的一个特点用"大众"来定义,其中的潜台词是未来股权众筹的投资人数超过200人将被视为合法，这对股权众筹无疑是利好消息，也就是说相关法律可能会进行重大修改。

（3）小额：设置投资上限

探讨了公开、大众，我们再来看看小额。美国著名的《JOBS法案》有对股权投资的具体资质以及相应投资额度的规定。中国证券业协会2014年年末公布的《私募股权众筹融资管理办法（试行）（征求意见稿）》中，对投资人的资质也进行了一系列的规定，包括投资最大金额、个人净资产、金融资产以及最近三年个人年均收入等。这些规定极大地提高了入场门槛，也明确地区分了股权众筹融资和私募股权众筹。

设置投资上限（小额）一定程度上可以化解股权众筹的风险。既然通过牌照制度将股权众筹融资平台纳入体制中来，那么我们也可以乐观地估计未来小额的原则等于是降低了投资门槛，为大众投资铺路。

1.3.1.2 国内"股权众筹"的发展历程

国内股权众筹融资平台的兴起是以美国知名股权众筹融资平台为样板进行的。其发展可以分为两个阶段，2015年之前的初创阶段和2015年之后的专业化阶段。

（1）2015年之前——股权众筹初创

2015年之前，天使汇、大家投、原始会、人人投、创投圈等平台，可以认为是股权众筹行业的创始梯队，这些平台奠定了股权众筹行业的发展根基，进行了一定的股权众筹市场启蒙教育。例如天使汇，成立于2011年，作为我国第一家股权众筹融资平台，截止到2015年成交金额已超过10亿元。这些较早成立的平台的累计成交额均已超过5 000万元。

（2）2015年之后——专业发展

2015年，京东、阿里、平安、36Kr等一些巨头及创新平台在2015年上半年陆续涌现，这些具有行业背景、雄厚资金实力支持的股权众筹融资平台可以看作股权众筹行业的新生力量，行业的发展进入专业化阶段。同时，行业创新也开始纷纷出现，比如与孵化器结合，与自身金融业务融合，提供财务咨询增值服务等。新的平台凭借专业化运作和资金支持，很快做到了行业领先。比如京东东家和36Kr 就分别在日均成交金额中占据前两名，已经大大超过了成立较早的老牌股权众筹融资平台。

（3）法律监管

2014 年 11 月 19 日李克强总理在国务院政府工作报告中首次提出"开展股权众筹融资试点"，给予了股权众筹明确定位，股权众筹在沉浸多年之后，才真正进入社会主流，再到 2015 年李克强总理在两会报告中提出"大众创业、万众创新"，股权众筹迅速成为时下互联网金融领域中最炙手可热的一个方向。

2015 年 7 月 18 日，中国人民银行等十部委发布《关于促进互联网金融健康发展的指导意见》。该指导意见指出：股权众筹融资中介机构可以在符合法律法规规定前下，对业务模式进行创新探索，发挥股权众筹融资作为多层次资本市场有机组成部分的作用，更好地服务创新创业企业。该指导意见明确了股权众筹发展的意义与业务边界，为股权众筹下一步快速健康发展供了政策保障及明确了业务发展方向，股权众筹将迎来迅猛发展阶段。

1.3.2　国内"股权众筹"的平台发展分析

股权众筹融资平台的发展分析主要从地区分布、上线时间、成交项目数量占比、成交项目交易额占比这几个方面进行。

（1）股权众筹融资平台的地区分布

据相关研究机构统计分析，截至 2015 年年底，统计的 141 家股权众筹平台在全国的地区分布情况为：我国股权众筹融资平台分布于全国 19 个省市地区，北京、广东、上海、浙江四个地区的平台数量最多，合计 106 家，共占全国股权众筹融资平台总数的 75.35%；广东的平台数量达到 42 家。其中，深圳地区 34 家，其余 8 家分布于广州、佛山、揭阳三个地区；北京 35 家、上海17家、浙江12家，其余35家平台分布于我国中西部地区，包括四川、湖北、河北、陕西、山东、江苏、天津、福建、湖南、山西、河南、江西、安徽、贵州、辽宁15个省市地区；全国股权众筹融资平台的地域分情况来看，股权众筹融资平台多集中于北京、上海、深圳等经济发达城市。

股权众筹融资平台的地域差异化发展，与各地互联网金融发展程度、社会认知度、配套设施、投融资环境、创业氛围有很大的关系。沿海地区作为我国经济发展的先行者，有着得天独厚的地理位置优势和政策支持，相应的当地思想意识的开放程度也较高，对新鲜事物的接受更快。同时，地区经济的发展会产生更多的投融资需求，资本流动性更高，股权众筹的适时出现是资源有效配置需求的产物。

（2）股权众筹融资平台的上线时间

股权众筹融资模式是继权益众筹融资模式之后发展起来的一种新兴众筹融资模式。近年来，股权众筹融资模式发展比较迅速，被认为是解决中小企业融资的新途径。虽然目前股权众筹平台的融资项目数量不及权益平台的项目数量，但其融资需求巨大，未来将会有更大的发展空间。

• 各股权众筹融资平台的成立年份。据相关研究机构统计分析，截至2015年年底，统计的141家股权众筹融资平台中，有11家上线时间未知，其余的130家股权众筹融资平台的上线时间情况为：我国最早开展股权众筹融资模式的平台是天使汇和创投圈，这两家平台的上线时间分别为2011年6月和2011年11月。2012年，天使基金网和大家投两家平台相继上线开展股权众筹融资模式。2013年，股权众筹融资平台的上线数量新增5家。2014年，股权众筹融资平台的整体规模不断扩张，呈现快速发展的趋势，仅一年时间上线平台数量增加了46家。2015年，基于经济社会以及政策环境等因素利好影响，截至2015年年底，据不完全统计股权众筹融资平台的上线数量新增75家。

• 各年份股权众筹融资平台的成立数量占比。国内股权众筹融资平台的兴起是以美国知名众筹平台为样板进行的，兴起的原因主要来自于以下几个方面：首先，随着我国经济的快速发展和互联网的迅速普及，大量互联网型创业公司集中快速出现，创业者需要一定的资金支持，而传统的线下投资市场存在明显的信息不对称问题。其次，投资行业从业人员需要借助一些专业平台快速定位优质创业项目和优秀创业者。最后，从资本市场发展的角度出发，类似的股份流通市场能够在互联网时代实现其使命。

2011 年，股权众筹融资模式刚刚从国外引进中国，平台数量占总数的 1.42%；2012 年，平台数量增加 2 家，比例也为 1.42%；2013 年，平台数量逐步增多，比例增加至 3.55%；2014 年是股权众筹融资平台的快速增长期，其数量占目前股权众筹融资平台总数的 32.62%；进入 2015 年股权众筹元年，我国股权众筹融资平台取得较为快速的发展，新增平台数量就超过平台总数的一半，达到 53.19%。同时，交易量在巨头们介入之后实现爆发式的增长，2015 年迎来真正的股权众筹元年。

（3）股权众筹融资平台的成交项目数量占比

股权众筹平台的成交项目数量是衡量平台经营能力的重要指标之一。这里所说的"成交项目"是指已经成功完成资金募集的项目，预热中、众筹中以及募集失败的项目均不列入此次统计。通过分析该项指标，可以深入了解平台的募资能力、有效投资客户挖掘与管理能力，甚至包括平台的品牌价值。

从我国股权众筹融资平台成交融资项目数量的区间分布情况来看，2015 年全年我国股权众筹融资平台（除去 5 家由于网站或披露等问题导致数据未知的平台）的融资项目成交数量为 1 366 个。未成交融资项目的股权众筹融资平台数量为 32 家，占比 23.53%。因为股权众筹的发展相对缓慢，投资人对股权众筹仍然处于试探与观望的阶段，同时股权众筹对投资人的财务和风险承受能力的要求高于 P2P 平台，所以往往有许多项目无法募集成功，尤其是那些名气较小、规模不大的平台，或者募集金额较高的项目，失败的可能性较大。

融资项目成功数量在 1~10 个之间的有 70 家平台，占比 51.47%。这些平台大多是近两年成立的，项目类型呈现分散性。由此可以看出，股权众筹融资平台的项目经营能力仍然存在较大的空间。融资项目成功数量大于100个的只有1家，即人人投（成交项目数量为256个）。随着蚂蚁达客和平安众筹等巨头的纷纷涌入，以及京北众筹、36氪、云投汇、企e融等后起之秀快速崛起，未来的竞争格局也将发生重大变化。

（4）股权众筹融资平台的成交项目交易额占比

除成交融资项目数量以外，融资项目的交易额也是衡量股权众筹融资平台运营能力的一个重要指标，此处所指的"融资项目交易额"是基于上述成交项目数量统计的。截至2015年年底，全国股权众筹融资平台（除去数据未知平台）的交易总额突破61亿元大关，达到61.15亿元。这里的交易额是指股权众筹融资成功项目的已募集金额，不包括正在募集的股权众筹融资项目的资金。

据统计，项目交易额为0的有32家平台，占比23.53%，近1/3的平台没有交易；项目交易额在1万~100万元之间的平台共有9家，占比6.62%；项目交易额在101万~500万元之间的平台共有18家，占比13.24%；项目交易额在501万~1 000万元之间的平台共有13家，占比9.56%；项目交易额在1 001万~5 000万元的平台共有33家，占比24.26%，这也是目前平台交易额相对比较集中的区间；项目交易额在5 001万~1亿元的平台共有13家，占比9.56%；项目交易额在1亿~2亿元的平台共有11家，而突破2亿元大关的平台共计7家。综上所述，交易额突破5 000万元大关的平台共有31家，占比22.79%。

然而，随着2015年股权众筹市场竞争的白热化，一大批巨头企业和创新型企业，如阿里众筹、平安众筹、京北众筹等，加速了市场格局的变化，未来股权众筹市场的交易总额将会再创新高，同时平台间的竞争也将愈加激烈。

下面从统计的141家平台中选取了截至2015年12月全国股权众筹成交金额突破5 000万元的平台名单，共有32家。各平台名称及其交易金额、项目平均交易额详见表1-1。

表1-1　全国股权众筹成交金额突破5 000万元的平台统计表

序号	平台名称	交易金额（万元）	项目平均交易额（万元）
1	天使汇	105 600	512
2	人人投	61 188	223
3	京东东家	54 368	863
4	众投邦	38 562	2 142
5	爱就投	35 870	2 110
6	微投网	30 485	610
7	投行圈	23 508	2 137
8	天使客	22 003	579
9	36Kr	19 330	743
10	爱创业	18 808	1 106
11	云筹	17 950	485
12	同筹荟	16 749	1 396
13	中证众创	15 661	979
14	88众筹	14 730	2 104
15	筹道股权	14 419	901
16	京北众筹	11 717	1 172
17	资本汇	11 328	539
18	众投天地	10 829	221
19	聚天下	10 500	875
20	粤科创投界	9 300	9 300
21	大伙投	8 868	341
22	蚂蚁达客	7 700	1 925
23	大家投	7 486	187
24	天使街	7 277	251
25	聚募众筹	7 079	118
26	众筹客	6 556	312
27	云投汇	6 550	1 310

续表

序号	平台名称	交易金额（万元）	项目平均交易额（万元）
28	海鳖众筹	6 504	500
29	智金汇	6 079	608
30	爱投社	5 886	841
31	牛投众筹	5 444	247
32	众众投	5 163	178

资料来源：2015年中国股权众筹行业发展报告。

1.3.3 国内"股权众筹"的行业格局分析

在过去的2017年，股权众筹成为投资领域的一大热点话题。行业势头不断，将会成为重点发展的市场。从国内行业发展看，股权众筹自从2011年首次诞生以来，在前4年处于一个较为平缓的发展阶段，进入到2015年以来，因为政策的逐渐放开和创新创业的热潮，迅速发展，已经加速度过行业萌芽期。

目前这个时间阶段，在京东、阿里、平安等巨头及36氪、中科招商等新秀先后宣布杀入股权众筹领域后，行业的竞争壁垒迅速提升，专业化程度快速提高，可以预见的是未来将有更多重量级企业及专业投资机构进入这一领域，而原有的老牌众筹企业也在不断寻求业务和模式创新，扩大自身规模。这一趋势加剧了行业竞争，行业将会逐渐进入洗牌期。

2014年，国内13家主要的股权众筹融资平台共发生融资事件8 002起，募集总金额14.11亿元人民币，其中，股权类众筹事件3 096起，募集金额11.06亿元人民币。2014年，这13家股权众筹融资平台预期募资规模38.44亿元人民币，其中股权类众筹预期募资规模35.63亿元人民币，占拟募资规模的92.7%。而2015年全年中国股权众筹（非公开股权融资）预期筹资额为271.19亿元，实际全年筹资金额为51.9亿元，完成率为19.14%。新增项目数为7 532个，实际成功项目数约为1 500个，投资人次为10.21万人次。

据世界银行预测,到 2025 年,中国众筹融资额有望达到 460 亿至 500 亿美元,其中约 70%~80% 的融资额将以股权众筹的方式实现。

1.3.3.1 国内"股权众筹"的行业发展态势

(1) 行业竞争加剧

随着传统金融机构及京东、阿里、苏宁等互联网行业巨头的纷纷入局,市场竞争愈加激烈,股权众筹行业呈现爆发式增长趋势。此外,在国家政府机构放出多项有关股权众筹政策利好的影响下,股权众筹行业的监管体系将愈加明细。

从行业整体发展趋势来看,国内股权众筹融资平台正不断向行业垂直细分领域渗透。随着国内股权众筹融资平台数量的不断激增,不少差异化细分领域陆续浮现,导致行业竞争的不断加剧。据统计,截至 2015 年 11 月,运营的股权众筹融资平台达 144 家,股权众筹融资平台的数量不断激增,同比 2014 年净增近 6 倍。多层次体系的资本市场深受国内众多高净值及中产阶级群体的瞩目,这无疑为股权众筹市场即将爆发的投资潮埋下伏笔。

(2) 细分领域兴起,平台趋向多元化

历经行业监管利好政策不断放出,在杜绝诸如平台跑路、法律纠纷等多重问题后,创投将深入到具备一定差异化的垂直细分领域,比如面向实体店铺的人人投、面向大众消费的京东众筹等。股权众筹融资平台的发展将不断升级,逐步向如下四种趋势演进。

• 功能化。从股权众筹行业的发展来看,平台数量、投资人数不断增多,投资人将逐步趋向理性,这些将成为股权众筹未来发展的行业关键词。股权众筹融资平台定位于信息披露平台,同时具备收集创业项目及商业计划书的重要意义。

业内分析人士认为,伴随单笔合格投资人的出现,平台的单笔投资额将呈现下降趋势。在此影响下,股权众筹未来将吸引众多投资人,并将开启股权众筹融资平台的投资,同时借助微信朋友圈或 QQ 群等社交工具,迅速建立起小型投资人社群。股权众筹融资平台的功能化由此形成。同时，其将成为投资人与各个平台、创始人及创业公司间的有效沟通渠道。

此外，股权众筹融资平台作为传统信息中介将不断深化，未来将逐渐形成提供投资调查报告、投后管理等增值服务的一体化综合服务平台。

- 规范化。在互联网金融领域，无论是处于爆发增长期的P2P，还是处于萌芽期的股权众筹，均处于监管空白阶段。2015年7月，央行与十部委联合发布《关于促进互联网金融健康发展的指导意见》，迎来行业政策的转折点。从行业监管角度看，股权众筹被定义为实施信息披露的中介。2016年，《证券法》修订案以及有关股权众筹市场监管的政策条例呼之欲出，股权众筹融资平台的法律权利和义务将进一步得到规范。

- 系统化。从股权众筹融资平台的能力来看，多数平台发挥传统金融中介的作用，投后管理能力较弱。投后管理更多地倾注于投资项目的运营管理、财务信息披露及相关资产处置等。未来将会出现基于投后管理的第三方外包服务公司，并注重投后管理、投资等专业能力的拓展。

除此之外，未来股权转让模式将以封闭形式或线下模式进行股权转让。这种封闭非公开的形式有望将涉及项目投资企业创始人及员工期权的转让。同时，各地股权交易中心可能将与股权众筹融资平台相结合，打造互联网化的运营模式。

- 生态化。创业、创新是构建创业生态圈的重要方向。针对未上市企业股权转让的交易模式已初见形态，未来的股权交易中心将以合作模式开创出新的市场化格局。从行业竞争态势来看，目前主要有两大阵营：基于传统大型金融公司的企业和在某领域内拥有一定行业资源的企业。其中，第一阵营内将细分出大型创投机构（如IDG）、传统券商等大型金融机构以及传统互联网公司两大体系。除传统大型金融企业外，在行业竞争态势不断加剧的情形下，在某领域内拥有一定行业资源的企业形成第二阵营。对于各地方性公司及金融组织来说，未来均有被大型股权众筹融资平台整合收购的趋势。

1.3.3.2 国内"股权众筹"的行业发展因素

(1) 资产管理市场规模加速扩张

据招行和贝恩公司的联合报告分析,截至 2014 年底,中国个人持有的可投资资产规模达到 112 万亿元人民币,其中,拥有 1 000 万元人民币以上的高净值人群数量超过 100 万,人均持有可投资资产约 3 000 万元人民币,共持有 32 万亿元人民币。截至 2015 年,中国私人财富市场规模增速维持在 16%,总体规模达到 129 万亿元人民币。

急剧增长的民间资本对财富管理提出了新要求。一方面,可投资资产规模快速扩大;另一方面,可投资渠道的匮乏,加上中国理财市场和二级市场的机制不完善,一级市场的股权投资的价值和潜在发展空间逐渐显现,成为资产管理的新的出口,具备高收益且操作便捷的股权众筹将会受到高净值投资人青睐。

(2) 创新创业推动初创企业数量快速增加

中国的初创企业数量增速已经是全球第一。根据彭博社数据,自 2010 年来,中国初创企业数量每年以将近 100% 的速度增长,到 2014 年达到 161 万家。这一速度全球称冠,几乎是排在第二名的英国的两倍,也远远高于美国。时下,虽然中国经济增速有所放缓,但每分钟诞生 8 家企业,这是 2015 前三季度创业的中国速度;拉动 GDP 增速约 0.5 个百分点,这是 2015 前三季度创业对中国经济的贡献。快速增加的初创企业为股权众筹行业提供了充足的项目源。

1.3.4 国内知名"股权众筹"平台介绍

上海交通大学互联网金融研究所联合京北智库共同发布的《2015 年中国股权众筹行业发展报告》显示,截至 2015 年 7 月 31 日,全国 113 家股权众筹融资平台交易额达到 54.76 亿元,项目成交数量达 1 335 个。进入 2015 年,股权众筹融资平台的竞争更加激烈，下面介绍几家国内知名的股权众筹融资平台。

（1）天使汇——天使融资股权众筹融资平台

天使汇成立于 2011 年 11 月，是我国首家发布天使投资人众筹规则的平台，是中小企业众筹融资平台之一。天使汇旨在发挥互联网高效、透明的优势，实现创业者和天使投资人的快速对接。

截至 2014 年 12 月月底，天使汇已为近 300 个创业项目完成融资，融资总额超过 10 亿元。平台上注册的创业者超过 8 万名，登记的创业项目近 3 万个，认证投资人有 2 000 多名，全国各地合作孵化器超过 200 家。在天使汇平台注册的创业项目主要集中在互联网及移动互联网领域，涵盖社交网络、企业服务、游戏、电商、O2O、教育、健康等门类。平台上已获得融资项目的融资额度多集中在 100 万至 500 万元之间。

天使汇发布的 2015 年上半年的运营数据显示，上半年创业者发布的项目数量增至 18 867 个，相比去年同期增幅高达 237%，完成天使轮融资的项目相比去年同期增长 178%，新增创业项目融资总额已达 9.2 亿元，远超去年同期交易额。截至 2015 年 6 月 30 日，天使汇挂牌项目融资总金额突破 40 亿元。

（2）大家投——我国首家股权众筹融资平台

大家投是由深圳市创国网络科技有限公司打造的股权众筹融资平台，是国内首个"股权众筹融资模式"天使投资与创业项目私募股权投融资对接平台，公司总部位于深圳，在北京和上海等地有分支机构。大家投平台于 2012 年 10 月正式上线，专注于股权众筹融资项目，为创业者和投资人提供高效的众筹服务。

从平台性质来看，大家投就像一个供创业公司卖股权的"天猫商城"，天猫商城卖商品，大家投卖股权。例如，某个创业项目需要融资 100 万元，出让 20% 的股份，通过大家投的平台，可以实现：A 投资人作为领投人认投 5 万元；B 投资人作为跟投人认投 20 万元；C 投资人作为跟投人认投 10 万元；D 投资人作为跟投人认投 3 万元；E 投资人作为跟投人认投 50 万元；F 投资人作为跟投人认投 12 万元。凑满融资额度后，投资人就按照各自的出资比例占有创业公司出让的 20% 的股份，然后转入线下，办理有限合伙企业成立、投资协议签订、工商变更等手续。此时，该项目的融资就算胜利完成了。

大家投在股权众筹行业内的两项重大创新：第一，全国首创众帮模式和初期企业股权投融资业务模式，单次跟投额度最低可以为项目融资额度的 2.5%，这大大降低了投资人的门槛；第二，在用户体验上，使融资项目商业计划书真正实现从文档化到数据化、标准化的革命性转变，彻底终结了创业者用电子邮件方式重复大量到处发放商业计划书的低效融资历史，大大提升了投资人从众多商业计划书中筛选自己感兴趣项目的工作效率。

（3）天使街——帮小微企业实现众筹梦想的股权众筹融资平台

天使街是由多个知名投资人和专业投资机构共同发起创办的股权众筹融资平台及投融资社交平台。平台于 2013 年 3 月开始筹备，2014 年 4 月正式成立。天使街致力于为小微创企业提供一站式投融资综合解决方案，帮助项目方迅速融到资金，推动其快速发展，同时提供创业辅导、资源对接、宣传报道等优质增值服务，帮助投资人快速发现好项目，为其领投、跟投、资源输出、经验输出等提供依据，推动多层次的投资人群体协作发展。

目前，天使街公司旗下拥有包括天使街互联网非公开私募股权融资平台、创客空间连锁品牌"创+"、天使圣煜孵化器、天使街项目路演示范基地、德州创梦酒吧、德庆祥主题金融茶馆在内的多层次互联网金融服务机构，并在全国 20 个省 50 多个主要城市设有子公司，面向当地中小微创企业开展互联网金融服务。

（4）创投圈——专注于早期项目的股权投融资平台

创投圈是专为早期创业者和天使投资人服务的股权投融资平台。它成立于 2011 年 6 月，是由天使会和创新工场共同投资的一家公司。创投圈的服务内容主要包含四个方面：第一，投资。创投圈会接收创业者的商业方案，对创业项目进行分析、挑选、约谈。对优秀的创业项目进行直接投资。第二，顶级投资人资源。创投圈和国内顶级的天使投资人、风险投资机构有广泛的合作，创投圈会将优秀的创业项目推荐给这些投资人。第三，提供专业方案。创投圈为创业者提供商业方案模板，帮助创业者生成专业的商业方案，并且能够一键将方案发给多位投资人。第四，项目交流。创业者可以在创投圈建立并宣传自己的创业项目，同时，对其他线上项目进行点评，与同行交流沟通，寻找不足，让项目更加完善。

创投圈经常组织三类活动：第一类，挑战 120 秒。每期一个行业专场，邀请优质项目与关注专场领域的知名投资机构和投资人观看路演，点评项目。每期会有三个项目晋级，它们将被推荐给众多与创投圈合作的天使投资人和投资机构，并获得晋级"天使晚宴"的机会。第二类，天使晚宴。天使晚宴为创业者提供与超级天使投资人晚餐的宝贵机会。通过挑战 120 秒筛选晋级，最后胜出的创业团队将成为幸运儿，赢得与顶级天使"亲密接触"。第三类，投资人值日。每隔两周邀请投资人做客创投圈，在线解答创业者的创业疑惑，深度解析点评项目，包括许多投资人对 TMT、互联网、移动互联网以及最新最热的创业模式的分析、展望，帮助创业路上的朋友解决遇到的困难，同时值日投资人嘉宾还可以在线接收方案。

1.3.5　国内知名"股权众筹"案例介绍

随着互联网的快速发展，股权众筹从无人知晓到成为热门话题，仅仅用了几年的时间，这个过程中产生了不少知名的股权众筹案例。

（1）美微众筹——首例以失败告终的股权众筹

2012 年 10 月 5 日，淘宝出现了一家名为"美微会员卡在线直营店"的店铺。消费者可在该淘宝店拍下相应金额的会员卡，但这不是简单的会员卡，购买者除了能享有"订阅电子杂志"的权益，还可以拥有美微传媒的原始股份 100 股。从 2012 年 10 月 5 日到 2013 年 2 月 3 日，美微传媒进行了两轮募集，共募集资金 120.37 万元。

美微传媒的众募式试水在网络上引起了巨大的争议，很多人认为其有非法集资的嫌疑。还未等交易全部完成，美微的淘宝店铺就于 2013 年 2 月 5 日被淘宝官方关闭。阿里对外宣称淘宝平台不准公开募股。美微传媒不得不向所有购买者全额退款。按照《证券法》，向不特定对象发行证券，或者向特定对象发行证券累计超过 200 人的，都属于公开发行，都需要经过证券监管部门的核准。

在淘宝上通过凭证和股权捆绑的形式来进行募资，可以说是美微创投的一个大胆尝试。虽然最后被中国证监会叫停，但其仍然有可以借鉴的地方。主要可以借鉴的是其门槛较低，即使几百元也可以购买。但这个尝试也存在问题，主要是不符合相关政策规定。

可以在符合相关规定的前提下合规筹集资金。比如股东不超过 200 人，或从淘宝这样的公开平台转移到相对较小的圈子。如果希望筹措到足够的资金，可设立最低门槛，并提供相应的产品和服务以吸引投资者。该模式比较适合大众式的文化、传媒、创意服务或产品。

（2）京东众筹——电商巨头进入股权众筹领域

继 P2P 网贷平台之后，股权众筹逐渐成为互联网巨头们的目标，其中电商阵营成为最早入局的一波。京东于 2015 年 3 月 20 日开始内测股权众筹，采用"领投+跟投"模式，其中领投人是有一定投资经验或熟悉被投项目行业的投资人，可为创业团队带来更多的行业资源，而其他投资人则进行跟投。早在 2014 年，京东就已经上线权益类众筹平台，并在半年时间内做到众筹市场第一，也搭起了智能硬件的孵化平台。

在京东的股权众筹内测上线分享会上，该平台的多个明星项目，如悟空 i8 智能温控器、kisslink（吻路由）、成者科技成册扫描仪等纷纷亮相。京东对股权众筹的参与者有四条规定：第一条，收入不低于 30 万元的公司高管；第二条，金融机构人士；第三条，金融资产 100 万元以上的高净值人群；第四条，专业风险投资人。

1.3.6 国内"股权众筹"的行业组织

随着股权众筹行业的飞速发展,相关行业组织也应运而生,出现了中关村股权众筹联盟、中国股权众筹行业联盟、新三板股权众筹联盟等行业组织。这些组织的成立,将对股权众筹行业的健康规范发展起到重要的促进作用。

(1) 中关村股权众筹联盟

2015年7月9日,天使汇、InnoTREE、京东众筹、牛投众筹、金融客咖啡、一八九八咖啡馆、蝌蚪众筹、众筹网、中关村股权交易服务集团有限公司、大河创投等80家股权众筹及相关机构齐聚中关村展示中心,联合倡议发起成立中关村股权众筹联盟。一家立足于中关村、辐射全国的股权众筹行业组织诞生。该联盟致力于搭建股权众筹行业健康成长的政策供给通道,开展股权众筹基础理论研究,构建技术支持平台体系,提升联盟成员的社会知名度和美誉度,孵化、培育一大批优秀的创新、创业企业。

中关村股权众筹联盟成立后,将担负起四项具体的使命:第一,搭建股权众筹行业健康成长的政策供给通道。通过联盟的实践探索和广泛调研,为各级政府和行业主管部门提供股权众筹有关政策和制度体系设计的思路与素材。第二,致力于促进开展基础理论研究。鉴于股权众筹是一个新生事物,理论探讨和制度设计还在起步阶段,联盟会针对事关股权众筹行业发展的金融模型、法律规范、发展趋势等方面的理论进行系统研究,及时发现和解决行业发展中的问题,通过设立专项课题、组织专题研讨等方式,形成共识,构建行业健康发展的理论体系,为全行业的快速发展提供理论源泉。第三,打造股权众筹的技术支持平台体系。通过联盟成员的充分磋商,建立行业自律的技术标准,推动合格投资人、项目备案与登记确权、信息公开、操作流程、标准法律文件等制度和规范的建立。提高行业透明度,减少运行和摩擦成本,抑制不正当竞争,规避行业系统性风险。第四,帮助提升成员社会知名度和美誉度。联盟将利用自己的平台优势,帮助联盟成员提升社会知名度和美誉度。通过与政府、行业协会、媒体的沟通交流，提升联盟成员的品牌形象和社会认知。

(2) 中国股权众筹行业联盟

中国股权众筹行业联盟是由国内股权众筹行业的九家知名机构爱合投、大家投、贷帮、云筹、众投邦、爱创业、人人投、天使街及银杏果共同发起成立，汇集全国股权众筹平台、投资机构、企业、第三方支付平台、信用评级机构、证券公司、律师事务所及会计事务所等愿意参与到股权众筹行业的机构自发成立的民间组织。其旨在相互合作、优势互补、提升形象、树立品牌，促进中国股权众筹行业更快、更好、更健康地发展。

作为行业协会，中国股权众筹行业联盟将成为官方监管机构和各个平台之间的桥梁，推进中国股权众筹事业的发展与创新。主动接受国家相关部门的工作指导，积极配合中国证监会及国家相关行业主管单位，共同推进股权众筹相关法律法规的制定。促进中国股权众筹行业健康发展，共同探索制定行业自律公约。加强协调联盟成员各单位间的交流与合作，共同抵制行业违法违规及恶意竞争行为等。凡是中国股权众筹行业的互联网平台及行业相关单位，均可申请成为联盟成员。

(3) 新三板股权众筹联盟

2015年6月18日，新三板股权众筹联盟成立大会在郑州举行，这标志着中原地区新三板板块将有股权众筹领域的专业运营平台，广大豫企也将迎来快速对接资本市场的新局面。

新三板作为多层次资本市场的重要组成和企业孵化器，受到券商界、企业界特别是中小企业的期盼。同时，这也是中央政府进一步完善各层次资本市场，充分发挥资本市场对中小企业发展的主力作用，建立资本市场小额再融资快速机制，开展股权众筹融资试点的重要举措。新三板股权众筹联盟的成立将为中原广大中小企业带来新的契机。它会根据专业化的定位，在股权众筹、股份转让、股权融资、股权激励、并购重组等方面，为河南中小企业提供更多差异化的选择。

1.4 国内外"股权众筹"的监管概况

1.4.1 国内对"股权众筹"的监管

股权众筹的发展，适应当前"大众创业、万众创新"的时代潮流，因此政府是鼓励股权众筹的。但股权众筹涉及融资的金融问题，由于存在金融风险和道德风险，如果被居心不良的人利用，往往就会演变成互联网非法集资诈骗等事件。因此，从总体上来说，国家对股权众筹的态度是在有监管的情况下让股权众筹行业健康发展。

1.4.1.1 国内股权众筹的政策环境

我国的股权众筹还存在诸多边界模糊的现象，但有一点是明确的，那就是政府大力支持股权众筹。股权众筹的特质很契合大众创业的需求。自2014年11月国务院总理李克强提出开展试点以来，央行研究员将股权众筹提至"可能是避免金融系统风险的法宝"的战略高度。中国证监会出台了相关管理办法，国家发展和改革委员会也发文开展试点。

2014年11月19日，国务院总理李克强主持召开国务院常务会议，提出开展股权众筹融资试点。一个月后，中国证券业协会发布《私募股权众筹融资管理办法（试行）（征求意见稿）》（下称《私募办法》），对平台、投资项目和投资者做了明确规定和限制，以帮助市场明确政策空间。《私募办法》将股权众筹融资定性为非公开发行性质，并创造了"私募股权众筹"的概念。中国证监会新闻发言人指出，以是否采取公开发行方式为划分标准，股权众筹分为面向合格投资者的私募（非公开发行方式）股权众筹和面向普通大众投资者的公募（公开发行方式）股权众筹。

《私募办法》延续了私募市场投资者适当性的要求,对投资人进行严格的规定。投资者为净资产不低于人民币1 000万元的单位,或金融资产不低于人民币300万元或最近三年年均收入不低于人民币50万元的个人,以及投资单个融资项目的最低金额不低于人民币100万元的单位或个人。《私募办法》发布后仅一个月,就做出重大调整。修改后的《私募办法》与此前发布的征求意见稿相比有较大不同,大大降低了投资者的准入门槛账户,具体可以概括为三个方面:首先,投资单个项目的最低额从不低于100万元降至不低于10万元;其次,金融资产方面,从不低于300万元降至不低于100万元,或最近三年个人年均收入不低于30万元(以前为50万元);最后,取消了机构净资产不低于1 000万元的要求。

2013年至2015年12月,国家针对股权众筹颁布的大小政策共32个。其中2014年相关部门共出台政策文件8个,主要为规范互联网金融。2015年增加到17个,股权众筹、P2P被纳入规范之中。

2015年,金融行业迎来改革创新的春风,互联网金融首次被纳入《政府工作报告》并写进"十三五"规划。网贷、支付、众筹等互联网金融各领域均进入前所未有的发展阶段,特别是国务院总理李克强曾两次公开表示支持网络借贷行业的发展。

2015年3月5日,李克强总理代表国务院在十二届全国人大三次会议上做《政府工作报告》。在《政府工作报告》中,李克强总理两次提到"互联网金融",并表述为"异军突起",要求促进"互联网金融健康发展"。总理寄希望于互联网金融发挥草根金融的优势,在解决中小微企业融资难、融资贵中发挥作用,并希望互联网金融可以加快改革和转型步伐。从中可以看出总理从总体上肯定了互联网金融在过去一年的发展成绩,从侧面也释放出中国政府未来将继续支持和扶持互联网金融发展。

2015年3月,国务院办公厅印发了《关于发展众创空间推进大众创新创业的指导意见》,鼓励地方政府开展互联网股权众筹融资试点,增强众筹对大众创新创业的服务能力。

2015年3月26日，中国人民银行金融研究所所长姚余栋在深圳调研座谈股权众筹时表示，在众多金融创新中，股权众筹有可能是避免金融系统风险的"法宝"之一。在"大众创新、万众创业"成为热潮的背景下，股权众筹被提高到一个前所未有的高度。

2015年5月1日，国务院正式发布《国务院关于进一步做好新形势下就业创业工作的意见》（国发〔2015〕23号）。该意见指出，随着我国经济发展进入新常态，就业总量压力依然存在，结构性矛盾更加凸显，必须着力培育大众创业、万众创新的新引擎，实施更加积极的就业政策，把创业和就业结合起来，以创业创新带动就业。该意见肯定了互联网金融拓宽创业投融资渠道的积极作用，鼓励开展股权众筹融资试点，积极探索和规范发展互联网金融，促进大众创业。

2015年5月8日，国务院批转了国家发展和改革委员会《发改委关于2015年深化经济体制改革重点工作的意见》。该意见从简政放权、深化企业改革、落实财税改革总体方案、推进金融改革等十个方面进行了详细阐述。该意见指出，2015年深化经济体制改革的重点工作包括制定完善金融市场体系实施方案，出台促进互联网金融健康发展的指导意见，制定推进普惠金融发展规划。

2015年6月16日，国务院发布《关于大力推进大众创业万众创新若干政策措施的意见》。该意见指出要支持互联网金融发展，引导和鼓励众筹融资平台规范发展，开展公开、小额股权众筹融资试点。

2015年7月4日，国务院发布《国务院关于积极推进"互联网+"行动的指导意见》。该指导意见中出现了15次"互联网金融"，2次出现"网络借贷"。其中提到要促进互联网金融健康发展，培育一批具有行业影响力的互联网金融创新型企业，规范发展网络借贷和互联网消费信贷业务，鼓励互联网企业依法合规提供创新金融产品和服务，更好地满足中小微企业、创新型企业和个人的投融资需求。

2015年7月18日，中国人民银行联合十部委正式发布了《关于促进互联网金融健康发展的指导意见》。该意见不仅正式承认了 P2P 的合法地位，也明确了 P2P 的信息中介性质，并以"鼓励创新、防范风险、趋利避害、健康发展"为总的要求，明确了包括股权众筹融资、P2P 网络借贷、互联网支付在内的多种互联网金融业态的职责边界。这是 P2P 行业第一部全面的"基本法"，为 P2P 行业的创新发展真正指明了方向。

2015 年 7 月 31 日，中国人民银行发布了《非银行支付机构网络支付业务管理办法（征求意见稿）》。该征求意见稿中部分条例指出：支付机构不得为金融机构，以及从事信贷、融资、理财、担保、货币兑换等金融业务的其他机构开立支付账户。对于第三方支付机构来说，虽然不能继续为网络借贷等互联网金融企业开立支付账户，但仍可为其提供支付通道服务，把业务重点放到提供支付通道服务上，将付款人的款项划转至网络借贷等企业的银行结算账户。

2015 年 8 月 6 日，最高人民法院出台了《最高人民法院关于审理民间借贷案件适用法律若干问题的规定》。该规定在划定了 24% 的民间借贷利率红线的同时，还进一步明确了 P2P 平台的"媒介身份"。此外，还指出 P2P 平台作为提供媒介服务的中介平台，无须履行担保责任。这被视为 P2P 行业未来去担保化的开端。

2015 年 8 月 7 日，中国证监会发布《关于对通过互联网开展股权融资活动的机构进行专项检查的通知》，规定"股权众筹"特指"公募股权众筹"，而现有"私募股权众筹"将用"私募股权融资"代替，并规定单个项目可参与的投资者上限为 200 人。

2015 年 8 月 10 日，中国证券协会发布《关于调整场外证券业务备案管理办法》，将"私募股权众筹"修改为"互联网非公开股权融资"。

2015 年 8 月 12 日，国务院法制办下发《非存款类放贷组织条例（征求意见稿）》。尽管对 P2P 而言，并没有明确将其列入规范范围之内，但其中有很多内容都似乎在为未来互联网金融的相关监管细则做准备，对 P2P 行业的整顿已经呈现出了山雨欲来风满楼之势。

中国证监会于 2015 年 8 月 17 日发布的《证监会致函各地方政府规范通过互联网开展股权融资活动》，解决股权众筹的外延与内涵定义不够明确、各家股权众筹融资平台对自身的业务描述和定位也各有不同的问题。

2015 年 9 月 16 日，李克强总理主持召开国务院常务会议。李克强总理在会议上指出，要加快发展融资租赁和金融租赁，发展股权众筹和网络借贷，有效拓宽金融体系服务创业创新的新渠道、新功能。

2015 年 9 月 26 日，国务院印发《关于加快构建大众创业万众创新支撑平台的指导意见》。该指导意见是对大力推进大众创业万众创新和推动实施"互联网+"行动的具体部署，是加快推动众创、众包、众扶、众筹等新模式、新业态发展的系统性指导文件。该指导意见强调，鼓励互联网企业依法合规设立网络借贷平台，为投融资双方提供借贷信息交互、撮合、资信评估等服务，积极运用互联网技术优势构建风险控制体系，缓解信息不对称，防范风险，规范发展网络借贷。

2015 年 10 月 12 日，国家知识产权局等五部委印发《关于进一步加强知识产权运用和保护助力创新创业的意见》。该意见提出，支持互联网知识产权金融发展，鼓励金融机构为创新创业者提供知识产权资产证券化、专利保险等新型金融产品和服务。

2015 年 10 月 16 日，国务院总理李克强主持召开金融企业座谈会。总理在座谈会上提出，要加大对实体经济的支持力度，鼓励互联网金融依托实体经济规范有序发展，坚守不发生区域性系统性金融风险底线。

2015 年 10 月 31 日，中国人民银行宣布中韩两国金融合作取得最新进展，为中国股权众筹登陆韩国交易市场做好铺垫。

2015 年 11 月 3 日，《中共中央关于制定国民经济和社会发展第十三个五年规划的建议》正式发布。该文件在第三节阐述"坚持创新发展，着力提高发展质量和效益"的第六条"构建发展新体制"时，明确指出"规范发展互联网金融"。P2P 网贷被纳入"十三五"规划，表明 P2P 得到了国家层面的认可。

2015 年 11 月，中国证监会派出专项检查人员调查以"原始股"为名义进行众筹融资的公司。

2015 年 12 月 25 日，中国证监会宣布，股权众筹试点 2016 年将启动。为落实《关于进一步显著提高直接融资比重优化金融结构的实施意见》，2016 年中国证监会将重点做好发展证券交易所股票市场等五个方面工作。

1.4.1.2　中国证监会对股权众筹进行专项检查

2015 年 8 月 7 日，中国证监会通过官方微博发布了《关于对通过互联网开展股权融资活动的机构进行专项检查的通知》。其中明确规定未经国务院股权监督管理机构批准，任何单位和个人不得开展股权众筹活动，严禁任何机构和个人以股权众筹名义开展发行股权活动。中国证监会指出，检查目的是为摸清股权融资平台底数，排查潜在风险隐患，一旦发现有关违法犯罪情况，将及时移送公安机关。

中国证监会新闻发言人在例行新闻发布会上表示，为规范通过互联网开展股权融资的活动，中国证监会决定近期对通过互联网开展股权融资中介活动的机构平台进行专项检查。检查对象包括但不限于私募股权众筹、股权众筹、众筹名义开展股权融资活动的平台。检查内容包括平台上的融资者是否进行公开宣传，是否向不特定对象发行证券，股东人数是否累计超过 200 人，是否以股权众筹名义募集私募股权投资基金。

早在 2015 年 7 月 18 日，央行联合十部委下发的《关于促进互联网金融健康发展的指导意见》中，对股权众筹融资的定义是，通过互联网形式进行公开小额股权融资的活动。并表示股权众筹融资平台可以在符合法律法规规定的前提下，对业务模式进行创新探索，发挥股权众筹融资作为多层次资本市场有机组成部分的作用。

中国证监会的通知延续了该指导意见对股权众筹的定义，并明确表示，一些市场机构开展的冠以"股权众筹"名义的活动，是通过互联网形式进行的非公开股权融资或私募股权投资基金募集行为，不属于该指导意见规定的股权众筹融资范围。中国证监会的通知和央行指导意见一致，都将股权众筹定义为公募股权众筹，只有拿到牌照才能开展业务。而通知也对目前所有从事股权融资业务的平台造成影响，即应按照私募股权管理办法从事业务。

1.4.1.3 股权众筹的监管难点

未来的股权众筹承载着"支持大众创业、帮助万众创新"的使命，与创客、孵化器、众包等业务形态一起构成新型创业服务生态圈，同时通过互联网新兴技术给金融机构、金融产品、金融市场和金融功能带来变革与创新。国家对此寄予厚望，出发点是规范发展。

金融证券行业是国家经济的核心行业，对于新兴的股权众筹，有健康才会有未来。在中国的金融市场经历了2015年的股灾、P2P跑路等重大事件之后，股权众筹必须着力避免在"众筹"概念下的各种违规操作、劝导广告、野蛮生长、虚假信息等现象，严守《证券法》和《公司法》中"不特定对象""公开发行"两条红线，避免缺乏资质、缺乏风控能力、缺乏技术的单位或个人涌入，形成非法集资等各种不良现象与严重问题。

股权众筹的监管难点具体表现在三个方面：第一，如何正确处理发展与监管的关系。发展与监管的关系，从来都是相互矛盾又互为依存的。监管的目的是为了健康发展，发展离开了监管就会乱象丛生。而监管政策往往又不可避免会有制约创新和限制发展因素的一面。第二，监管出台的恰当时间。发展到什么时候，监管出台最恰当，既不会浇灭创新的萌芽，又不会被动到"被逼出手"的地步。第三，从股权众筹的业内情形来看，监管部门从概念的界定入手，明确股权众筹的内涵和外延，设立明禁条目，总体上注重了宽容度和原则性。

1.4.1.4 股权众筹不能触及的红线

股权众筹的发展冲击了传统的"公募"与"私募"的界限，使得传统的线下筹资活动转换为线上，单纯的线下私募也会转变为"网络私募"，从而涉足传统"公募"的领域。在互联网金融发展的时代背景下,"公募"与"私募"的界限逐渐模糊,使得股权众筹的发展也开始触及法律的红线。

(1) 不能进行非法集资

股权众筹融资平台存在着一个颇具争议的问题,那就是如何规避非法集资的嫌疑。下面,我们从两者的含义、回报方式、发行方式以及风险和法律保护这四个方面进行区别。

第一,含义上的区别。股权众筹和非法集资在含义上有着本质的区别。股权众筹的含义是公司出让一定比例的股份,面向普通投资者,投资者通过出资入股公司,获得未来收益。这种基于互联网渠道而进行融资的模式被称作股权众筹。另一种解释就是"股权众筹是私募股权互联网化"。而非法集资的含义是单位或者个人未依照法定程序经有关部门批准,以发行股票、债券、彩票、投资基金证券或者其他债权凭证的方式向社会公众筹集资金,并承诺在一定期限内以货币、实物以及其他方式向出资人还本付息或给予回报的行为。并且,股权众筹一定是通过第三方互联网股权众筹融资平台进行,不通过第三方而进行的股权众筹从含义上看就不是股权众筹。

第二,回报方式的区别。股权众筹和非法集资在回报上存在实质性差别,两者判断实质的标准在于是否承诺规定的回报。股权众筹是召集一批有共同兴趣和价值观的朋友一起投资创业,它没有承诺固定的回报,投资者既享受股东权利,也承担股东风险。非法集资通常都是以承诺一定期限还本付息为标准,且承诺的利息往往远高于银行的利息。

因此,从回报方式来看,两者有非常大的差别。对金融秩序的影响上,非法集资是干扰金融机构的秩序;而股权众筹是进行的资本经营,在一定程度上是扩张资本市场,并非扰乱。只有当行为人非法吸收公众存款,用于货币资本的经营(如放贷时)时,才能认定是扰乱金融秩序。而股权众筹是投向一个实体项目,不是进行资本的经营,这与非法集资有很大差别。

第三,发行方式的区别。非法集资采用广告、公开劝诱和变相公开发行方式；股权众筹利用互联网阳光和正能量的一面。股权众筹融资平台没有采用广告、公开劝诱和变相公开发行方式推介项目，项目信息是创业者根据对自身项目的认识而编写的，平台不做实质性判断，而只是经过对虚假性、合适性进行判断后展示给投资人，中间并没有对其进行大量宣传、鼓吹或与项目方沆瀣一气的做法。这与非法集资的宣传做法是不同的，其中最重要的原因在于股权众筹信息的公开、透明、阳光，是利用了互联网最好的功能，取其精华，去其糟粕。

有些企业利用社交媒体进行股权众筹，缺失了第三方平台的审核和尽调。投资人接收的是项目方提供的信息，没有客观性和真实性保障，不算是互联网股权众筹。

第四，风控和法律保护的区别。股权众筹和非法集资的另一个重要差别是投资的风险控制程度不一样。非法集资往往是由个人发起，聚集大量钱财，投向几个不为借款方所知的项目，并承诺收益。而在互联网时代，股权众筹融资平台将每个项目的信息公开，投资人可以通过互联网信息消除创业者与投资人之间信息不对称的差异。公开、透明、阳光，信息随时可查，创业者做到随时保持沟通联系，大大降低了风险。

在法律保护方面，股权众筹最终以有限合伙企业的形式投资项目，受到法律保护。非法集资筹资之后不成立合伙公司，投资人不能成为股东。因此，如何避免非法集资的风险就成了股权众筹参与者的必修课。具体来说，避免踩到非法集资的红线要做到以下三点：

一是控制股东数量。要想与非法集资划清界限，股权众筹时的股东人数应不超过200人。"200人"红线是指《证券法》第十条的规定：向不特定对象发行证券的、向特定对象发行证券累计超过200人的，都属于公开发行证券。这一规定将更有利于将股权众筹融资与公开发行证券区分开来，为股权众筹占据互联网金融一席之地"正名"。

二是选择合法的第三方股权众筹融资平台。融资者进行股权众筹时要选择合法的第三方众筹平台。这个股权众筹融资平台只能向实名注册用户推荐项目信息，股权众筹和融资者均不得进行公开宣传、推介或劝诱。平台只提供中介服务，收取中介服务费，不能提供担保交易，筹集到的资金全部用于项目。

三是信息是否公开。控制股权众筹项目的风险，信息的公开很重要。判断一个项目是真正好的股权众筹项目，还是一个以股权众筹为目的骗取资金的项目，一个重要的标准就是信息是否公开。保护股权众筹项目的创意和设计等可以通过商标、版权、专利等传统的知识产权保护体系来完成，应尽量在信息的公开和商业秘密的保护上找到一个平衡点，但无论如何不能以商业秘密保护为由不去公开相关的信息。

（2）公司吸纳股东不能违反《公司法》

《公司法》规定，有限责任公司的股东不超过50人，非上市的股份有限公司股东不超过200人。法律对公司股东人数的限制，导致大部分股权众筹的股东不能直接出现在企业工商登记的股东名册中。这一问题的解决方案一般有两种。第一种，一个实名股东分别与几个乃至几十个隐名的众筹股东签订代持股协议，代表众筹股东持有股权众筹公司的股份。最高人民法院颁布的《公司法》司法解释已经认可了委托持股的合法性。在这种模式下，众筹股东并不亲自持有股份，而是由某一个实名股东持有，并且在工商登记里只体现出该实名股东的身份。第二种，先设立一个持股平台，50个众筹股东作为这个持股平台的投资人，把资金投入持股平台。然后，持股平台把这笔款项投入股权众筹公司，由持股平台作为股权众筹公司的股东。这样50个众筹股东在股权众筹公司里只体现为一个股东，即持股平台。

持股平台可以是有限责任公司，也可以是有限合伙公司。现在很多股权众筹发起人开始倾向于把有限合伙作为持股平台。众筹股东作为有限合伙人，股权众筹发起人作为普通合伙人。按照《合伙企业法》，通常有限合伙人不参与管理，由普通合伙人负责管理。这样股权众筹发起人就能以普通合伙人的身份，管理和控制持股平台，进而控制持股平台在股权众筹公司的股份，也就实际控制了众筹股东的投资及股份。

（3）募集资金不能违反《证券法》

向不特定对象发行证券的、向特定对象发行证券累计超过200人的，都算是公开发行证券，而公开发行证券必须通过中国证监会或国务院授权的部门核准。从2015年4月20日开始，《证券法》修订草案正式进入第五次修订程序。在当天全国人大财政经济委员会关于提请审议《证券法》修订草案的议案中，"证券经营机构或者国务院证券监督管理机构认可的其他机构以互联网等众筹方式公开发行证券"的建议跃然纸上。业内相关人士分析指出，这为我国股权众筹行业的加速发展提供了良好的契机。

《证券法》修订草案相关事宜已经引起众筹业内人士的广泛关注，股权众筹正日益成为资本竞逐的焦点。此次《证券法》修订草案中关于将股权众筹纳入立法的内容，为股权众筹的规范发展预留了制度空间，意味着股权众筹有可能成为公开发行证券的平台，进而成为主板、创业板等的有益补充。

1.4.1.5 股权众筹管理办法《征求意见稿》的解读

实现对股权众筹投资者的有效保护，关键是创造一个公平、透明与负责任的市场环境，规范市场主体的行为，让投资者免受欺诈、误导、滥用等不法行为的伤害。投资者保护绝非保护投资者不受损失，也不是简单地将其拒之门外，而是让股权众筹投资者在获知投资风险、进行理性评估后同意进入资本市场，并且得到相应的资本利得和风险回报。基于以上原则，现有的股权众筹投资者保护机制还存在一定的局限性，股权众筹投资者的保护机制有待完善。

（1）对合格投资者的限定过于严苛

《管理办法》对合格投资者进行了限定，但是门槛过高，参照了《私募投资基金监督管理暂行办法》中对合格投资者的甄别原则，同时增加了"金融资产不低于300万元人民币或最近三年个人年均收入不低于50万元人民币的个人"这项内容。这在避免大众投资者承担与其风险承受能力不相匹配的投资风险的同时，也让大众投资者丧失了许多理财获利的机会。没有考虑到

"众筹"民主化、普惠化的特点，把股权众筹投资者的标准拉回到私募基金投资者的标准。未来我国应该结合居民的收入与支出情况，考虑城镇与农村收入差距较大的现实，在审慎评估公众承受力的基础上合理确定并动态调整股权众筹投资者的范围。

（2）对信息披露的要求比较粗放

进行风险管理的有效途径是对融资项目进行详尽的信息披露，正如前文所述，此次的《管理办法》对于融资者的职责只进行了原则性规定，对于信息披露的规定也较为简单，要求融资者进行适度的信息披露。参照美国、英国对股权众筹信息披露的相关规定，较为合理的信息披露模式是"信息披露等级制度"，在节约中小微企业财务成本的同时，要求筹集资金规模超过一定数额的融资项目进行完备的信息披露，实施差异化管理。

（3）增加了投资者的变现成本

在意见稿中，禁止股权融资平台提供股权或其他形式的有价证券的转让服务，这就抑制了私募股权众筹二级市场的发展，只开放私募股权一级市场却限制二级市场，限制了私募股权众筹投资者的退出渠道，增加了投资者的变现成本。

（4）未充分利用现有的征信系统

根据我国《个人信用信息基础数据库管理暂行办法》的规定，个人信用报告目前仅限于中华人民共和国境内设立的商业银行、城市信用合作社等金融机构、中国人民银行、消费者使用，股权众筹融资平台并非合法使用者。所以首先应当鼓励私募股权众筹行业形成行业内部征信体系并制定统一的信用评价标准，建立黑名单互换机制。积极促进其与外部征信系统的对接，实现信用信息在不同行业间的沟通，进而加强股权众筹融资平台对融资者信用状况的了解，实现对投资的风险控制。

（5）未设立投资者冷静期

目前，国外的股权众筹融资平台都规定了 7 天的冷静期。具体来说，投资者将投资资金打入第三方托管账户后，在总体投资金额达到筹资者要求后的 7 天内，投资者都可以无理由地要求返还资金。对于我国目前的股权众筹融资平台而言，大部分资金流转都是通过线下进行，而且投资者大多是经过审核的个人或机构，所以没有冷静期的设置。

冷静期的设置与我国新修改的《消费者权益保护法》具有目的上的一致性，都是为了更大程度地保护投资者的利益，防止投资者因为冲动投资带来不利后果。随着我国日后逐步放开对于股权众筹投资者的条件限制，越来越多相对于融资者来说较为弱势的投资者会参与股权众筹融资，这一冷静期的引入也就显得尤为必要。

1.4.1.6 现行股权众筹投资者保护制度的特点

现阶段，由于我国股权众筹的发展水平还不够成熟，投资者的权利往往得不到保障。因此，在正式的股权众筹相关法律和政策出台之前，现阶段的投资者保护制度以软性法律和自律为主，并实施原则导向的投资者保护监管制度。

（1）以软性法律和自律为主

作为互联网金融的创新形式，股权众筹带动了金融改革，也带来了监管、治理、投资者保护等方面的诸多问题。针对这些问题，有的学者呼吁国家尽快立法，以期通过国家强制力实现对互联网金融的有效治理。然而作为一个尚未成熟的领域，互联网金融创新日新月异、层出不穷，对股权众筹的监管，也需要充分的调研和数据作为支撑，仅仅针对部分漏洞和问题就匆忙制定法律，明显不合时机。仅仅依靠"硬法"进行规制，一旦缺乏规则治理与相应的监管，互联网金融的风险就会迅速扩大，给投资者带来巨大损失，不利于整个国家的法制生态的稳定。

股权众筹投资者的保护乃至股权众筹融资平台的运作固然需要相应的规则，但不应该是立法机关的"硬法"。我国对金融市场的监管一向强调政府的监管职能，以集权管理为特色，对市场参与主体、市场中介自律监管、自我管理作用的重视程度不够。对于股权众筹这一新生事物的治理，可以结合其发展特点，自下而上地对行业规则进行提炼。首先制定"软法"，然后实现"软法"和现有"硬法"的对接，最后上升为"硬法"。

作为证券业的行业自律组织，中国证券业协会发布了《关于调整场外证券业务备案管理办法》，结合国内现有的股权众筹融资平台行业内部的规范，规定了融资平台、融资者的职责和禁止行为、股权众筹的管理模式等方面的内容，引导融资平台形成行业标准、行业规范。这种行业规范具有一定的约束力，但不必结合行政监管等强制措施保证实施。

《关于调整场外证券业务备案管理办法》规定，中国证券业协会依照有关规定对股权众筹融资行业进行自律管理，股权众筹平台应当在证券业协会备案登记，并申请成为证券业协会会员，证券业协会委托中证资本市场监测中心有限责任公司对股权众筹融资业务备案和后续监测进行日常管理。经过一段时间的试点、协商和论证程序总结规则，逐渐上升为法律，写进《证券法》。这样做一方面保障规则的时效性，可以随着股权众筹领域的新问题不断更新，更能适应股权众筹融资模式的发展；另一方面，也可拓宽中小微企业融资者的融资渠道，让投资者权益得到有效保护。

（2）实施原则导向的投资者保护监管

原则导向的金融监管重点关注既定监管目标的实现，且其目标是调整金融业务和实现投资者的更大利益。与通过一整套金融监管法律和规定来约束大多数金融行为的规则导向监管相比，原则导向监管更适合对金融创新的监管。通俗地说，原则监管就是找准底线，开放空间，确定必须监管的市场原则和红线，红线之外的就是允许的市场行为。

对于股权众筹的投资者而言，参与股权众筹融资面临的两大风险是所投资的项目涉嫌非法集资和集资诈骗。这也是从事互联网金融活动的两条底线。《管理办法》明确列出各参与主体的禁止行为，划定业务"红线"，防止风险累积，鼓励行业创新和自由竞争。这种原则导向的投资者保护监管既有利于规范金融创新，也有利于促进金融创新。如果存在需要且条件成熟，原则可与规则相结合，形成具体的监管制度，保障投资者的权益。

1.4.2 国外对"股权众筹"的监管

众筹起源于英美等发达国家,股权众筹也不例外,最早的股权众筹平台诞生于美国。作为世界第一个诞生的股权众筹平台,诞生于 2010 年的美国 Angellist 在一定程度上是各个国家不同市场中股权众筹融资平台的一个基础性蓝本。由于发展早,相关的监管政策出台也较早。目前,英国、美国均出台了股权众筹监管的有关法规。对其进行了解,有助于构建我国股权众筹的监管思路和规则。

1.4.2.1 美国对股权众筹的监管

2012 年 4 月,美国《JOBS 法案》经奥巴马总统签署生效。这一法案是致力于改善小企业融资便利的"资本市场监管自由化"导向的法案,又被称为"众筹法案"。

该法案对于股权众筹融资平台意义重大。股权众筹融资平台可以通过网络公开向合格投资者公开私募发行,公司股东人数上限也提高了。这无疑极大地支持了股权众筹融资平台的发展,使股权众筹融资平台变成了多层次资本市场的一部分。具体来说,《JOBS 法案》对股权众筹融资平台的监管表现为以下四个方面:

第一,发行可采用公开方式进行。只要发行人或卖方采取合法的步骤认证合格,投资者或合格机构投资者就可以依法享受注册豁免而且可以采取向投资者公开劝诱或广告的形式兜售证券。

第二,Regulation A 规格的小额发行人注册豁免标准放宽。法案要求美国证券交易委员会(SEC)修改 Regulation A,即对小额发行有条件豁免制度进行修改或采取新的制度,将 12 个月内依据联邦法豁免注册非限制债券、权益和可转债的募资总数从 500 万元提高到 5 000 万元。

当然,与上述公众募资平台不同,这个融资豁免注册系统的发行依然适用于《蓝天法》，除非证券只出售给非合格投资者，或在全国证券交易系统发行或出售。

第三，公众募资平台便于私人公司募资。《JOBS 法案》规定，只要经由 SEC 注册的经纪人充当中介，私人公司可以不用去 SEC 注册就可以从众多的小投资者处筹集少量资本。该私人公司可以在 12 个月内通过发行受限证券（如转让限制）的形式筹资不超过 100 万美元。每个投资者可依据其年收入和净资产水平投入 2 000 元到 10 万元不等。

作为防止"欺诈"的手段，发行人和中介机构必须满足一次性和持续性的要求。除此之外，发行人、经营层和董事对购买证券者承担责任，如果涉及任何实质性虚假陈述或遗漏，投资者可要求赔偿损失或要求全额退款。

第四，私人股东的股东数上限的改革。在本次的改革法案之前，私人公司一旦在册的股东人数达到 500 人并且资产规模达到 1 000 万美元就必须到 SEC 注册登记。改革后的《JOBS 法案》将私人公司的股东人数提高到 2 000 人，只要非合格投资者不超过 499 人即可。

1.4.2.2　英国对股权众筹的监管

2013 年 10 月 24 日，英国金融行为监管局（FCA）首先发布了《关于众筹平台和其他相似活动的规范行为征求意见报告》（以下简称《征求意见报告》），详细介绍了拟对"网络众筹"的监管办法。这份《征求意见报告》共收到 98 条反馈意见，受访者普遍认可这份报告推行的方案。

FCA 结合反馈意见，于 2014 年 3 月 6 日发布了《关于网络众筹和通过其他方式发行不易变现证券的监管规则》（以下简称《众筹监管规则》），于 2014 年 4 月 1 日起正式施行。FCA 计划于 2016 年对其实施情况进行复查评估，并视情况决定是否对其进行修订。《众筹监管规则》将借贷众筹和股权众筹纳入监管范围，并制定了不同的监管规则。

整体上，英国在对股权众筹的监管方面，并未新制定针对股权众筹的公开发行豁免规则，而是更多地适用原有的监管框架。《众筹监管规则》在

《2000年金融服务与市场法》的基础上只是对股权众筹的监管进行微调，调整的结果一是放宽投资者准入条件，在传统私募投资者之外，新增一类基于投资限额的零售投资者，让更多的投资者参与股权众筹；二是强调投资者适当性，确保只有能理解和承担相应风险的投资者才能参与股权众筹。因此，实践中，英国的股权众筹在私募发行框架下开展，监管的重点是投资者适当性。

在英国，股票以及其他证券的发行构成金融促销。根据英国相关法律，可以面向零售投资者进行的金融促销必须满足两个条件之一，金融促销由持牌金融机构（经FCA许可）进行或批准，或者金融促销符合相关豁免规定。股权众筹必然包含金融促销。一些有实力、有必要技术和专业的股权众筹融资平台（如Crowdcube和Seedrs）向FCA申请成为持牌机构，专门从事股权众筹业务。

但是，金融促销审批耗时耗力，更多的股权众筹融资平台和持牌金融机构合作，由该金融机构批准或从事相关金融促销。通常，股权众筹融资平台会通过持牌金融机构实现最初的投资者沟通（建立相应联系），之后，就特定的投资机会，主要利用私募豁免规则进行金融促销，仅面向成熟投资者、高净值投资者和专业投资者进行。简而言之，如果平台的业务活动不涉及受监管行为就无须持牌，但如果从事受监管行为，则应持牌或与持牌金融机构合作。

英国的股权众筹仅能面向六类投资者进行宣传：第一类，专业投资者；第二类，被归类为公司融资联系人或VC联系人的零售客户；第三类，被FCA授权机构认证或者自己申请为成熟投资者的零售客户；第四类，被FCA授权机构认证为高净值投资者的零售客户，即年收入超过10万英镑或净资产超过25万英镑（不含常住房产、养老保险金）的投资者；第五类，受限制零售客户，即投资未上市股票或债券的限额是个人可投资金融资产（扣除主要住所、养老金和保险）的10%；第六类，从受监管机构或个人处接受投资建议或者投资管理服务的零售客户。平台负有确保投资者适当性的义务，在投资者进行投资之前，评估其是否拥有必要的知识或经验去理解投资所蕴含的风险。

FCA为创造一个平衡监管成本及利益的均衡框架，没有限定企业应该如何应对及披露相关风险。FCA也不建议在现阶段提出关于尽职调查最低标准的要求，认为目前应由企业自行把握其商业模式存在的风险并形成应对该等风险的相应机制。

1.4.2.3 日本对股权众筹的监管

20世纪80年代，日本的金融市场主要是以银行作为中介。日本政府为了扩大金融领域的投资与发展，鼓励民众先将资金存入银行，再由银行等金融机构将资金提供给需求者。日本政府相继确立了相关的金融政策，并进行了一系列完善金融风险管理的制度改革。但是日本一直未能实现由存款到投资这种理财方式的转变，金融领域的投资规模也并未如期扩大。

2012年，在金融危机的影响下，安倍内阁提出日本再振兴成长战略，其中特别提出通过发展众筹等多样化资金募集方式，为新兴成长企业提供风险资金。

2013年10月，日本证券业协会提出《非上市证券的交易制度相关的工作报告》，提出了股票型众筹的相关设想。同年12月25日，政府在金融厅主导的金融审议会上公布了《有关新兴·成长企业风险资金供给方法等工作报告》（简称"WG报告"），提出发展投资型众筹的必要性和立法修订建议。WG报告指出，众筹是"新兴、成长企业通过网络与资金提供者连接，从多数资金提供者处分别获得小额资金的模式"，可分为赠予型、预购型和投资型等。其中，投资型众筹为《金融商品交易法》的适用对象。发展投资型众筹，要考虑新兴企业的融资便利和投资者保护之间的平衡，既要促进资金供给便利，尽可能减少发行人负担，建设方便融资中介者入市的制度规则，又要从保护投资者的角度出发，防止欺诈行为，确保整个证券市场的信用。

2014年3月14日，为了进一步提高日本金融资本市场的综合实力，促进金融领域的发展,在参考国外的立法经验与实务操作经验的基础上,金融审议会起草的《金融商品交易法等部分修改法案》被正式提交国会,该法案可以说是 WG 报告所提出的制度改革的具体化体现。该法的修订以促进基金型和股权型众筹发展的制度设计为目标,以方便中介者入市,减少发行人负担,防止欺诈行为发生为核心进行规则变化。法案中提出为促进投资型众筹发展,对发行总额不足 1 亿日元,且针对该募集的投资者每人出资 50 万日元以下的小额电子募集业务的金融商品交易业者的准入资格相对放宽。另外,对于通过网络的资金募集行为很可能被恶意欺诈者利用的这种情况进行了特别强调,增加了加强投资者保护、增强市场信用的立法修订。

1.5 "股权众筹"的意义及前景

1.5.1 股权众筹的作用和意义

1.5.1.1 股权众筹是大众创业的基础性融资工具

股权众筹是一种最有效、最能够服务于中小企业,特别是科技类、创新类企业的融资工具。从股权制度研究的角度来看,这是一项伟大的创新突破。其理由有三点:第一,股权众筹是优于 P2P 的互联网金融形式。P2P 不适合当前中国的形式,P2P 企业无法与银行竞争。应大力发展股权众筹,这才是互联网金融的高级阶段,即使不是最高阶段,也是解决大众创业、万众创新最基础的融资工具。第二,股权众筹有利于打破刚性对付、过度依赖担保的金融现状。它不仅能支持大众创业、万众创新,还对整个金融体系改革的方向起到很大的推进作用。第三,股权众筹为"双创四众"提供了良好的支持:中国共产党第十八届中央委员会第五次全体会议明确提出"创新发展"

是五大发展的核心。创新发展最核心的是大众创业、万众创新。而大众创业需要依靠众创、众包、众扶、众筹"四创"平台的建设。股权众筹这种融资工具被认为是最有效、最能够解决中小企业，特别是科技类、创新类企业融资问题的工具。从创业企业及创业者的发展过程来看，股权众筹还具备以下六大功能：

（1）解决部分启动资金

对于缺乏人脉资源的草根创业者而言，缺少资金永远是一个棘手且头痛的问题。创业需要资金的支持，没有资金，项目就不会成功。很多优质项目，因为没有资金而无法启动。环顾整个互联网圈，更有不少项目因为资金链断裂而失败。

传统的融资渠道是对接风投和向金融机构贷款，而风投机构的资金并不容易获得。从时间上来看，从接触到最后资金到位所耗费的时间基本为半年，而这么长的时间，是很多项目耗不起的。向金融机构贷款也并不容易，银行的款贷不到，民间借贷利息太高，并不适合创业。而股权众筹则依托互联网媒介，向全社会征集创业项目，为普通投资者提供了相对低门槛的融资渠道。

（2）增加项目曝光度

股权众筹可以得到移动技术界与社会媒体的大力支持，而这些社会媒体能够接触到大量的资金来源，所以得到足够的媒体曝光率与支持对于公司进行股权众筹是很重要的。

（3）增加产品的用户体验

通过股权众筹融资平台，我们可以判断客户的喜欢程度，并可以和大众进行交流，吸收大众的意见，对产品进行改良，制作出符合特定人群需求的产品，这也是股权众筹融资平台吸引人的主要原因之一。借助集体的智慧，投资者往往能做出更理性的决策。

（4）扩大投资群体

从项目发起者的角度来说，股权众筹可以使其接触到范围很广的投资者群体，发起者更有可能找到在特定行业或领域里具备专业素养或知识的投资者。如果创业者在有名的 VC 公司里完成融资轮，潜在投资人的数目是相当有限的。但是，股权众筹可以让创业者同时接触到成千上万个潜在投资人。

(5) 平台融资加速传统资金注入

在股权众筹的平台上实现成功融资也会推动其他融资渠道的注资速度。当传统的线下 VC 看到项目在股权众筹融资平台上完成融资之后，这些传统投资者的犹豫很可能会被打破，他们的注资速度就会加快。很多在平台上完成股权众筹融资的公司，都在同一融资轮中获得了传统投资者的资本投入。

(6) 创始人掌握公司业务

股权众筹融资平台的另一个好处在于，所有资金都会汇集到一个资金池里，这些资金会被视为来源于同一个投资人。在这种模式下，不会产生谁会获得什么利益，谁有能力对公司进行影响的争议，创始人可以以自己的方式平稳地推进公司的业务。

1.5.1.2　股权众筹融资能够促进金融脱媒

金融脱媒是金融市场发展的一种趋势，目的是减少融资中介造成的融资障碍，实现融资渠道扁平化，降低投融资双方沟通过程的信息成本、时间成本，提高融通资金的运作效率。融资中介狭义上是指处于金融市场垄断地位的银行机构，广义上则泛指各种金融部门，而资金供求双方必须绕开融资中介，才能符合脱媒本质。股权众筹代表了金融脱媒的创新发展方向和趋势，既满足了投资者寻求更高回报的投资意愿，也满足了中小企业对更低融资成本的需求。股权众筹融资模式是资金直接从供给端流向需求端的便利渠道，无须经过融资中介，从而摆脱了对传统融资中介的依赖。

1.5.1.3　股权众筹融资帮助实现普惠金融

普惠金融概念最初是在小额信贷的研究基础上建立的，目的是让每个人都能享有金融服务的权利，确保普通民众也能享受便捷的金融服务。普惠金融的核心思想是解决金融系统的排斥问题，帮助受传统金融体系排斥的群体回归金融系统。大力发展普惠金融，要勇于创建新模式、提出新思路，促进金融市场深化改革。目前，我国民间资本数额庞大，可投资标的较少，投资者往往采取将储蓄资金存放在银行获取利息的低收益模式。此外，众多初创型中小企业很难符合银行高门槛的融资条件，无法方便快捷地获取企业运营所需要的资金。股权众筹融资，以网络平台为媒介，两端的载体一方面是不易获得资金的初创型中小企业，另一方面是投资渠道受到限制的投资者，整个融资过程呈现大众化、高效化、便捷化，能帮助大量初创型中小企业获得运营资金，同时可为众多投资者拓宽资产配置方式，可以有效促进普惠金融的发展。

1.5.1.4　股权众筹融资可促进我国多层次资本市场体系建设

我国资本市场体系建设经过多年发展取得一定成果，已形成由主板（中小板）和创业板组成的场内资本，以及由中小企业股转市场、区域性股权交易市场和股权众筹组成的场外资本形成的多层次资本市场体系。目前能够基本满足各类型企业的融资需求，但是和发达国家相比还存在很大的进步空间。我国经济飞速发展，初创型中小企业数量逐渐增多，构建多层次资本市场体系，尤其是形成多维度的场外资本市场体系尤为重要。目前，场外市场体系由全国性中小企业股转市场和区域性股权交易市场两部分组成，在一定程度上改善了中小企业融资难困境。股权众筹的出现，为场外市场建设提供了新的思路，已经形成对场外市场的有益补充。

在大众创业、万众创新成为热潮的背景下，股权众筹是多层次资本市场的重要补充和金融创新的重要领域，对服务实体经济与宏观杠杆水平控制起至关重要的作用。金融创新有利于丰富金融市场层次和产品。开展股权众筹试点，积极探索和规范发展服务创新的互联网金融，可以有效发挥金融创新对技术创新的助推作用。在这个思路下发展多层次资本市场，股权众筹可以成为传统金融市场的重要补充，从而在"十三五"期间成为满足小微企业融资需求的重要渠道。

1.5.2 股权众筹的发展前景

《私募股权众筹融资管理办法（试行）（征求意见稿）》的推出有望推动股权众筹发展成为多层次资本市场的一部分，股权众筹的未来发展空间十分广阔。

（1）市场需求巨大

股权众筹作为多层次市场的重要补充和金融创新的重要领域，对服务实体经济具有非常重要的意义。对具有巨大市场需求的小微企业来说，主要表现在以下三个方面：

第一，小微企业是我国国民经济的重要支柱。2014 年 3 月，国家工商行政管理总局发布的《全国小型微型企业发展情况报告》显示，截至 2013 年年底，全国各类企业总数为 1 527.84 万户。其中，小微企业 1 169.87 万户，占企业总数的 76.57%。将 4 436.29 万户个体工商户纳入统计后，小微企业所占的比重达到 94.15%。据统计，我国中小型企业创造的最终产品和服务价值相当于国内生产总值（GDP）总量的 60%，纳税占国家纳税总额的 50%，完成了 65% 的发明专利和 80% 以上的新产品开发。小微企业在促进就业方面有着突出的贡献，是新增就业岗位的主要吸纳器。支持小微企业发展意味着创造社会就业岗位，意味着使小微企业在解决民生问题、推进经济增长方面能够发挥更大的作用。

第二，融资难问题制约着小微企业的健康发展。2015 年 1 月，中国中小企业协会发布了《中小企业融资状况调研简报》。调研采用随机抽样方式，在全国范围内抽取了 115 家中小微企业，了解 2014 年中小微企业融资状况。调查结果显示，宏观经济不景气、融资困难成为影响企业生存发展的主要因素。市场贷款总量不足，中小微企业融资渠道单一，融资成本高，未来融资成本走势不明朗，融资难的问题依然是制约小微企业发展的"瓶颈"。

从中国人民银行发布的贷款总体需求指数来看，近年来我国企业的贷款需求一直处于扩张状态，尤其是中小微企业，融资难问题一直是制约其生存发展的主要因素。根据中国人民银行公布的《2014年金融机构贷款投向统计报告》，截至2014年年末，小微企业贷款余额占贷款余额的30.4%，比重仍然偏低。尽管多家银行出台了多项政策力援小微企业，但它们仍然不具备对金融机构的议价能力，金融成本较高。

第三，小微企业迫切需要新的金融创新模式解决融资难题。小微企业传统的融资渠道比较狭窄，主要是依赖业主投资、内部集资和银行贷款等融资渠道。受到信息封闭、资产抵押能力弱等方面的限制，小微企业从银行等正规金融机构获得融资面临很大的困难。

股权众筹作为互联网金融的一种全新金融业态，门槛低、效率高，能够突破地域及渠道等融资限制，并且颠覆了唯有专业机构才能参与股权投资的模式，为小微企业和自主创业者提供了一种便捷高效的全新融资模式。

（2）政策大力支持

《中共中央关于全面深化改革若干重大问题的决定》正式提出："发展惠普金融，鼓励金融创新，丰富金融市场层次和产品。"股权众筹充分利用互联网的形式，创新互联网金融服务模式，是惠普金融的重要组成部分。

2013年8月，《国务院办公厅关于金融支持小微企业发展的实施意见》指出，要"充分利用互联网等新技术、新工具，不断创新网络金融服务模式"。

2014年11月19日，国务院常务会议指出，2014年7月国务院推出一系列措施以来，我国有关方面做出了大量工作，"融资难、融资贵"在一些地区和领域呈缓解趋势，但仍问题突出。会议提出要"建立资本市场小额再融资快速机制，开展股权众筹融资试点"。这是国务院常务会议首次提到股权众筹。

2014年12月18日，中国证券业协会公布《私募股权众筹融资管理办法（试行）（征求意见稿）》，意味着私募股权众筹业务正在走向合法化，也暗示着私募资金领域新业态即将出现，股权众筹必定会成为私募资金的优质渠道。

2015年3月11日,《国务院办公厅关于发展众创空间推动大众创新创业的指导意见》提到,将加快发展众创空间等新型创业服务平台,降低创新创业门槛,开展互联网股权融资试点,增强股权众筹对大众创新创业的服务能力,规范和发展小微企业的区域性股权市场,促进科技初创企业融资,完善创业投资、天使投资的退出和流转机制。此次发文肯定了股权众筹对小微企业发展的积极意义。

小微企业之所以得到政策的支持,与其服务实体经济的巨大潜力密不可分。股权众筹为扩展科技创新型中小企业提供直接融资服务,促进创新创业和互联网金融健康发展,从而提升资本市场服务科技创新型经济的能力和水准。

对于这些支持政策,一些业内人士基于多年的从业经验判断称:"一项新的政策出台,能够及时抓住机会的机构往往会享受优厚的制度红利,股权众筹就是这样一个机会。"股权众筹融资平台本身就是一种创新,它将成为互联网金融的一种全新金融业态。

(3) 成为居民财富新增长渠道

随着我国经济的高速增长,居民财富不断增加,总储蓄率居高不下,个人持有的可投资资产规模达到 94.1 万亿元(2015 年数据)。股权众筹的出现使普通投资者有机会参与股权投资,这无疑为居民提供了一条有效的投资渠道。

| 第 2 章 |

"股权众筹"的融资模式

伴随着互联网金融日新月异的发展，众筹作为互联网金融主流模式之一，正在全国各地雨后春笋般呈现，特别是被冠以"全民天使"之称的股权众筹，在发展过程中备受关注。本章归纳总结了股权众筹的参与主体，并对当前股权众筹运营的不同模式进行解析，从而加深了对股权众筹的投资、融资以及众筹平台运营方式的理解。

2.1 "股权众筹"的参与主体

股权众筹运营过程中，主要参与主体包括融资者、投资者和众筹平台，部分平台还专门指定资金托管方。

2.1.1 融资人

2014年12月18日，中国证券业协会起草了《私募股权众筹融资管理办法（试行）（征求意见稿）》（以下简称《管理办法》）。

《管理办法》仅要求融资者为中小微企业，不对融资额度作出限制。规定了融资者在股权众筹融资活动中的职责，强调了适当程度的信息披露义务。根据股权众筹融资企业，尤其是中小微企业的经营特点，《管理办法》未对财务信息提出很高的披露要求，但要求其发布真实的融资计划书，并通过股权众筹融资平台向投资者如实披露企业的经营管理、财务、资金使用情况等关键信息，及时披露影响或可能影响投资者权益的重大信息。

融资者应当是股权众筹融资平台核实的实名注册用户。

（1）融资者的范围及职责

融资者应当为中小微企业或其发起人，并履行五大职责：第一，向股权众筹融资平台提供真实、准确和完整的用户信息；第二，保证融资项目真实、合法；第三，发布真实、准确的融资信息；第四，按约定向投资者如实报告影响或可能影响投资者权益的重大信息。第五，证券业协会规定和融资协议约定的其他职责。①

（2）融资者的发行方式及范围

融资者不得公开或采用变相公开方式发行证券，不得向不特定对象发行证券。融资完成后，融资者或融资者发起设立的融资企业的股东人数累计不得超过 200 人。法律法规另有规定的，从其规定。

（3）融资者的禁止行为

融资者不得有四种行为：第一，欺诈发行；第二，向投资者承诺投资本金不受损失或者承诺最低收益；第三，同一时间通过两个或两个以上的股权众筹融资平台就同一融资项目进行融资，在股权众筹融资平台以外的公开场所发布融资信息；第四，法律法规和证券业协会规定禁止的其他行为。

2.1.2 投资人

随着国家对股权众筹政策的支持和京东、阿里巴巴等的加入，行内外一些投资人和创业者也看到了这一行业的前景，纷纷加入股权众筹行业的浪潮中。那么，作为一个新兴的互联网金融模式—股权众筹，不是每个大众投资人都能可以进入这一领域的。

（1）投资者应履行的职责

《私募股权众筹融资管理办法（试行）（征求意见稿）》第十五条投资者职责规定，投资者应当履行五大职责：第一，向股权众筹融资平台提供真实、准确和完整的身份信息、财产、收入证明等信息；第二，保证投资资金来源合法；第三，主动了解股权众筹项目投资风险，并确认其具有相应的风险认知和承受能力；第四，自行承担可能产生的投资损失；第五，证券业协会规定和融资协议约定的其他职责。

---

① 包啟宏，沈柏锋. 中国式股权：股权合伙、股权众筹、股权激励一本通 [M]. 北京：中国铁道出版社，2016.

(2) 投资者应具备的能力

要想成为一名合格的股权众筹投资者，需要具备相应的投资能力，主要包括较强的项目把控、较强的风险承受能力以及较强的学习能力三个方面。

第一，较强的风险承受能力。股权众筹作为一种有风险的投资，对于普通的投资者来说，必须要充分知悉股权众筹项目的风险，并有承担风险的能力。股权众筹行业的风险有很多，主要包括项目风险、众筹平台风险、自身承受能力等。如果不能正视股权众筹行业的风险，也没有良好的投资心理，则不适合涉入这一行业。

由于股权众筹的特性，企业在融资过程中拥有很多位股东。如果股权众筹项目运营得很成功，股东们会按占股比例享受分红。但是如果失败，股东们就容易心理失控，从而导致很多不可控的局面。

第二，较强的项目把控能力。股权众筹行业的项目都是有风险的，尤其是创业型的项目。在国外，获得风险投资的创业企业在 5 年内的失败率在 60% 以上；在国内，京东 CEO 刘强东直言不讳地说，获得风投的创业企业失败率或高达 80%。可见，风险还是很大的，这时就需要投资者对项目有较强的把控能力。要说实体店铺项目不存在风险，也是不对的，即使是人人投这样的大股权众筹融资平台，也只能说项目风险相对较小。事实上，对于这种项目，投资者完全可以进行实地考察，或者对相关行业进行调查，分析项目原有店铺的收益状况及盈利优势。

第三，较强的学习能力。在做好心理准备的同时，投资者也需要熟知股权众筹行业相关的法律法规。最重要的是，如果出现项目方违反相关规定的情况，可以依法来维护自身的权益和利益。

(3) 投资者的盈利模式

对于参与股权众筹的投资者来说，获取盈利的模式主要有两种：一是长期持有股权，享受红利；二是转让股权获得收益。

第一，长期持有股权来享受红利。在股权众筹项目融资成功后，股权众筹投资者（包括领投人、跟投人以及一般投资者）成为股权众筹项目公司的直接股东，持有公司相应比例的股份份额。项目在初期阶段可能无法产生收益，股权众筹投资者可秉承长期价值投资的理念，不要计较一时的得失。项目盈利以后，公司股东即可获得月度、季度、年度投资收益和股息收益。

第二，转让股权获得收益。股权众筹投资者通过股权投资拥有原始股权，获得项目公司相应的股份份额，并参与公司的日常管理、项目的日常运作，积极改造企业、扶持企业以增长其市场份额，提高产品竞争力，从而使企业获得收益，这样投资者不仅能够获得投资收益与股息收益，还能获得企业配股权与转增股权。最后，投资者可通过扶持企业上市、企业重组、管理层收购等公开与非公开市场转让的方式套现股权，获取收益。

①公开市场转让——中证机构间报价系统、新三板、创业板。在项目的初级阶段，初创公司尚未达到新三板或者创业板的上市条件，如果股权众筹投资者打算将所持有的股权转让，则可以通过中证机构间报价系统（原中证资本市场发展监测中心）的公开平台将所持有的股份公开转让给符合条件的投资者，以获得溢价收益。

在新三板挂牌转让公司股份，股权众筹项目公司需达到一定程度的发展水平。根据《全国中小企业股份转让系统业务规则（试行）》的有关规定，新三板挂牌条件包括六点：第一，依法设立且存续满两年。有限责任公司按原账面净资产值折股整体变更为股份有限公司的，存续时间可以从有限责任公司成立之日起计算。第二，业务明确，具有持续经营能力。第三，公司治理机制健全，合法规范经营。第四，股权清晰，股票发行和转让行为合法合规。第五，主办券商推荐并持续督导。第六，全国股份转让系统公司要求的其他条件。

创业板的上市条件则严格得多。根据创业板上市条件规定，发行人申请首次公开发行股票并在创业板上市应该符合四个条件：第一，依法设立且持续经营三年以上的股份有限公司。有限责任公司按原账面净资产值折股整体变更为股份有限公司的，持续经营时间可以从有限责任公司成立之日起计算。第二，最近两年连续盈利，最近两年净利润累计不少于 1 000 万元，或者最近一年盈利,最近一年净利润不少于 500 万元,最近一年营业收入不少于 5 000 万元,最近两年营业收入增长率均不低于 30%。净利润以扣除非经常性损益,前后孰低者为计算依据。第三,最近一期期末净资产不少于 2 000 万元,且不存在未弥补亏损。第四,发行后股本总额不少于 3 000 万元。①

当股权众筹项目公司满足上市条件时,投资者可以扶持公司上市以套现获利。

②非公开市场转让。如果股权众筹项目公司无法在短时间内达到上市和挂牌条件,而且在股权众筹投资者的支持和运营下,公司运营良好,发展潜力大,那么投资者可以采用管理层收购或者将股份转给其他投资者的方式退出,获得投资收益。

2.1.3 股权众筹平台

股权众筹平台是连接筹资人和出资人的媒介,其主要职责是利用网络技术支持,根据相关法律法规,将项目发起人的创意和融资需求信息发布在虚拟空间里,供投资人选择,并在筹资成功后负有一定的监督义务。

股权众筹网站的收入源于自身所提供的服务,绝大部分的股权众筹融资平台实行单向收费。只对筹资人收费,不对投资人收费。盈利来源可以分为交易手续费、增值服务费、股权和会员费四个部分。

(1) 交易手续费

无论是捐赠型、股权型还是回报型,几乎每一个股权众筹网站都会收取一定比例的成交费,通常为 3% ~ 10%,有时甚至高达 30%。这实际上是一种股权众筹发起人和投资者的互利安排,只有项目成功时才需交费。如果项目失败没有钱转手,通常情况下抵押金或项目投资基金将返还到投资人手里。当然,这是一把双刃剑,业界惯例 5% 的佣金听起来不多,但是通过计算可

---

① 王建文,郭梦川. 论领投人模式下股权众筹法律风险及其应对方案 [J]. 行政与法,2016 (2).

知,要融资500万元,就要拿出25万元,这个融资成本并不低,所以投资人在融资前应把这一点列到项目预算中。

(2) 增值服务费

除了提供给创业者和投资者的常规服务外,一些股权众筹网站还提供额外收费的高价服务。增值服务主要指合同、文书、法律、财务等方面的指导工作,还包括网站的咨询服务、材料评估、视频制作或专题位置。创业者可以把融资的所有事项都外包给股权众筹融资平台处理,而股权众筹融资平台会收取相应的费用。

(3) 股权

随着众筹融资平台向商品众筹和股权众筹专业方向的不断分化,基于商品众筹融资平台巨大的受众群体和传播影响,营销和生产合作所带来的商业利润预计会有很大的增长空间,甚至可能会超过目前主要的交易提成。股权类众筹融资平台则会更大程度地参与到资本的运作当中,专业化的服务可能会成为其主要收入来源。

有些平台会采用跟投的模式。跟投模式其实就是把平台自身的盈利模式和创业者、投资人的立场绑在一起。因为平台本身也成为项目的投资人之一,只有项目继续发展下去,最终上市或变现,平台才有可能在后续过程中盈利。

(4) 会员费

虽然这种收费方式不常见,但也有一些股权众筹融资平台提供"会员"或"认购"服务。比如每月只要支付若干美元,就可以创建任意多的项目。这笔费用是固定的,即便项目非常成功,股权众筹融资平台也不会从项目中抽取资金。

2.1.4 资金托管方

为保证各出资人的资金安全,以及出资人资金切实用于创业企业或项目和筹资不成功的及时返回,股权众筹融资平台一般都会指定专门银行担任托管人,履行资金托管职责。

为了提高股权众筹的信息公开度，有效降低风险并保证各方权益，天使街借鉴 P2P 行业的经验，与行业支付专家易宝支付达成合作，创新性地将第三方资金托管方案引入股权众筹行业，为股权众筹模式的互联网金融企业打造资金托管系统。

引入易宝的第三方资金托管解决方案后，天使街每个股权众筹项目的多名投资人需要在线下成立有限合伙企业。单个投资人和有限合伙企业都需要在易宝开设账户，账户之间属于平级，无主账户和子账户之分。投资人将钱充值到其易宝账户里，通过平台认筹信息匹配后，对认筹的资金进行冻结。直到筹资标的满筹，并且线下成立有限合伙企业账户，平台才可以把投资人的钱从授权状态划拨到融资项目方。①

业内专家认为，资金托管既可以有效减少风险、提高资金流转效率，又可以避免股权众筹融资平台涉足资金池，同时还可以保护投资人、项目方与平台的各方权益。

行业专家表示，引入第三方支付独立托管解决方案对于股权众筹行业的长期健康发展具有重要意义。

2.2 "股权众筹"的运营模式

根据我国相关法律、法规和政策，股权众筹根据运营模式可分为凭证式、会籍式和天使式三大类。

2.2.1 凭证式

凭证式股权众筹是指通过股权众筹融资平台卖凭证和股权捆绑的方式进

---

① 张丛俊，郝芳馨. 以美国实践为借鉴谈中国股权众筹制度供给——评《私募股权众筹融资管理办法（试行）征求意见稿》[J]. 法制博览，2016（2）.

行资金募集，投资人付出资金获得相关凭证，凭证直接与创业项目或者企业的股权挂钩，但投资人不成为公司的股东。凭证式股权众筹的典型代表是美微传媒和花草事，二者均为通过淘宝平台出售企业原始股的方式募集资金，投资者通过购买公司的会员卡，间接拥有企业的股权。

2013年3月，一个植物护肤品牌"花草事"高调在淘宝网销售自己公司原始股。花草事品牌对公司未来一年的销售收入和品牌知名度进行估值并拆分为2 000万股，每股定价1.8元，100股起开始认购，计划通过网络私募200万股。股份以会员卡形式出售，每张会员卡面值人民币180元，每购买1张会员卡赠送股份100股，自然人每人最多认购100张。①

早在花草事之前，美微传媒也采用了大致相同的模式，都是出资人购买会员卡，公司附赠相应的原始股份，在业内引起了轩然大波。需要说明的是，国内目前还没有专门做凭证式股权众筹的平台，上述两个案例在筹资过程当中，都不同程度被相关部门叫停。

美微传媒通过淘宝网站的"美微会员卡在线直营店"销售美微会员卡，售价100元/张。购买者除了能够享有"订阅电子杂志"的权益，还可以拥有美微传媒原始股份100股。合同正式生效后，美微根据会员的持股比例对全年营业额进行年底分红以反馈"会员卡"投资者。经过两轮募集，共有1 191名会员参与认购，认购总数68万股，共募资人民币120.37万元。

按照《证券法》，向不特定对象发行证券，或者向特定对象发行证券累计超过200人的，都属于公开发行，需要经过证券监管部门核准才可。现有法律规定有限责任公司股东人数上限50人，股份有限公司人数上限为200人，一旦超出就必须纳入中国证监会监管。在凭证式股权众筹融资模式的发展过程中，企业一旦面向社会公众募集资金，人数超过规定上限，就会面临中国证监会的处罚。

虽然受到目前法律政策限制，凭证式股权融资存在非法集资的嫌疑被质

---

① 郭勤贵. 股权众筹：创业融资模式颠覆与重构[M]. 北京：机械工业出版社，2015.

疑甚至叫停。但与传统融资方式相比，凭证式股权众筹可以有效集中有投资意愿的民间微小力量，不乏可以借鉴的闪光点：门槛低、融资快、风险分散。在文化、传媒、创意服务、产品等领域，凭证式股权众筹可以发挥其自身特点，在相对更小、更隐私的圈子里融集企业发展所需的资金。目前此种方式处于被叫停阶段，同时随着股权众筹政策的明晰及创业企业融资难度的降低，凭证式股权众筹也将逐步成为历史。

2.2.2 会籍式

会籍式股权众筹是指投资人通过互联网社交平台，一般通过采用同股同权的方式，由相应投资人参与投资，直接成为被投资企业股东（基于股东数量情况，较多企业采用的股权代持方式）。基于当下盛行的圈子文化，加之目前众多服务场所不尽如人意的服务质量，通过众筹方式吸引圈子中拥有资源和人脉的投资者，不仅可以筹措资金，更锁定了一批忠实客户。出资人也完全可以在无须经营的前提下拥有自己的会所、咖啡厅、茶馆、餐厅、美容院，在获得符合自身需求的服务和产品时获得收益，还可以拥有更多的人脉和社会地位。

会籍式股权众筹在中国最典型的案例就是众筹咖啡。3W咖啡、金融客咖啡、大家咖啡等都是在会籍制股权众筹的模式下建立起来的。众筹咖啡拥有三个基本规则：首先，每个参投者都需要拿出标准数额的众筹资金，参与者往往抱着结交圈子、不求回报的心态来参与这场众筹。其次，众筹咖啡多为熟人、名人、校友、老乡、兴趣爱好者的交易圈。众筹参与者围绕强链接、社会关系圈进行扩散，从而形成信任氛围，避免资金无法及时融集、资金退出频繁等隐患。最后，众筹咖啡淡化价值回报，咖啡馆提供的是人脉价值、投资机会、交易价值、社会价值、聚会场所等间接福利，诸多投资人也不是冲着投资回报而参与的众筹。在此基础上的不少众筹咖啡实际上是在众筹人脉圈。①

  2012年,3W咖啡通过微博招募原始股东,每个人10股,每股6 000元,相当于一个人6万元。很多人并不是特别在意6万元,成为一个咖啡馆的股东,可以结交更多人脉,进行业务交流。很快3W咖啡汇集了一大帮知名投资人、创业者、企业高管等,股东阵容堪称华丽。3W咖啡引爆了中国股权众筹式创业咖啡在2012年的流行。不久后,几乎每个城市都出现了股权众筹式的咖啡厅。应当说,3W咖啡是我国股权众筹软着陆的成功典范,具有一定的借鉴意义。但也应该看到,投资这种会籍式的咖啡厅,出资人基本不是为了财务盈利,更多的是为其提供的人脉价值、投资机会和交流价值等。②

  现实中,众筹咖啡在迅猛发展的同时,也面临众多发展中瓶颈问题:首先,投资者地位均等,难以形成统一的决策机制。众筹咖啡的出资人大都持有相同的股份,在咖啡馆的初建、运营、管理上一旦产生分歧,股东之间互不相让,无法形成最终的决策意见,就会引起众筹咖啡的失败。其次,盈利模式单一,无可持续资金来源。咖啡馆的装修、运营需要耗费大量的资金,但咖啡馆的盈利来源多为销售咖啡的收入,并且本身即为竞争非常激烈的红海市场,一般来说非专业经营者来进行相应经营挂历,大都无法覆盖成本,投资者的资金被不断消耗,咖啡馆难以为继。最后,股权众筹者贡献差异,盈利分配有失公允。咖啡馆的发展中,每个投资者对咖啡馆的贡献不一,但由于持有的股份是均等的,等额的利润分配就会导致不公平现象的产生。

2.2.3 天使式

  天使式股权众筹接近于天使投资以及VC的模式,投资人通过股权众筹

---

  ① 杨东,苏伦嘎.股权众筹平台的运营模式及风险防范[J].国家检察官学院学报,2014(7).

  ② 邓建鹏.互联网金融时代众筹模式的法律风险分析[J].江苏行政学院学报,2014(3).

平台寻找初创期的企业和项目,通过投资入股创业项目,天使投资的投资人通常伴有明确的财务回报要求。天使式股权众筹融资平台适合成长性突出的高科技创业融资。出资人需要对项目的投资建立在一定了解的基础上,并且股权众筹有一定的最低出资门槛。对于项目发起者而言,需要依靠自己或团队的魅力进行项目推介,并力求找到专业的领投人,由这位在投资界有影响力的领投人,结合社交网络继续进行资金募集,把信息传递给身边愿意信任并有一定资本实力投资者。①

简单来讲,天使式股权众筹的模式如下:创业项目在平台上发布,吸引足够数量的小额出资人(天使投资人),凑满融资额度后,出资人按照各自出资比例成立有限合伙企业(某些股权众筹平台的项目是由领投人任普通合伙人,跟投人任有限合伙人),再以该有限合伙企法人身份入股被投项目公司,持有项目公司出让的股份。若项目通过平台融资成功,融资企业需要向中间平台交纳"融资顾问费"。

与凭证式、会籍式股权众筹不同,天使式股权众筹更接近天使投资或VC的模式,出资人通过互联网寻找投资企业或项目,付出资金或直接或间接成为该公司的股东,同时出资人往往伴有明确的财务回报要求。

假设某个创业企业需要融资100万元,出让20%的股份。在网站上发布相关信息后,A做领投人,出资5万元,B、C、D、E、F做跟投人,分别出资20万元、10万元、3万元、50万元、12万元。凑满融资额度后,所有出资人按照各自出资比例占有创业公司20%的股份,然后再转入线下办理有限合伙企业成立、投资协议签订、工商变更等手续,该项目融资计划就算胜利完成。

确切地说,天使式股权众筹是股权众筹模式的典型代表,它与现实生活中的天使投资、VC相比,除了募资环节通过互联网完成外,基本没有区别。但是互联网给诸多潜在的出资人提供了投资机会,再加上对出资人几乎不设

---

① 杨东,刘翔. 互联网金融视阈下我国股权众筹法律规制的完善[J]. 贵州民族大学学报(哲学社会科学版),2014(4).

门槛,所以这种模式又有"全民天使"之称。

2.3 "股权众筹"的模式特点

2.3.1 融资渠道广

传统股权众筹融资模式下,创业融资者多是求助投资顾问或是通过亲朋好友推荐,间接与投资者接触洽谈,资源和渠道相当受限。然而借助互联网技术平台的大存储空间、多样形式、快捷的信息传播、拥有众多使用者等自身优势,汇集大量的创业融资者以及投资人群。投融资双方可在互联网平台上共享信息,通过快捷搜索,让其在投资行业领域、投资兴趣方向、投资金额范围等方面快速匹配,筛选彼此心仪的项目及投资者。凭借互联网和大数据,同时平台上对创业融资项目发布要求,对投资者、领投人、跟投人以及高净值人群资质的审核与挖掘,都为互联网股权众筹融资平台的发展铺路。

2.3.2 融资效率高

传统股权融资模式下的成本相对较高,投资前期很难随时随地直接进行沟通。然而互联网股权众筹融资平台的产生大大加快了投资前期的沟通进度,比如天使汇的闪投、创投圈的120秒等,促使优质的个人和机构投资者高质量的获取项目信息,大大提高了创投双方的沟通效率。减少中间信息不对称的干扰以及无效对接的时间消耗,提高匹配的成功率,降低时间成本。尽管互联网股权众筹不是以初创小微企业为对象的唯一融资方式,但从传统的股市、银行、小额贷款公司甚至民间借贷融资渠道来看,不仅成功率低、融资量少,还会错过公司融资发展的最佳时间。互联网股权众筹融资模式产生后,免去了 IPO 费用，免去向银行提供抵押担保或向担保公司寻求帮助而需支付的高额担保费用并承担违约的风险，免去小贷公司的高利息等等，同时平台还提供创业辅导服务，降低投资成本。目前，我国资本市场存在轻直接融资、重间接融资的不完善发展态势，互联网股权众筹融资模式使筹资者和投资者互融，协助项目与投资人信息交换，最大程度上减少信息不对称风险，有助于我国资本市场的建设。

2.3.3 参与范围广

互联网股权众筹虽有专业的机构投资者，但绝大多数仍是草根民众。平台对投融资者的注册要求相对较低，促进了创业筹资者发起项目的积极性，也满足了投资者的投资喜好。从近期的股市可以看出，民间有着充足的闲散资金，投资热情也逐渐提高，但渠道较少，这也与股权众筹的崛起不谋而合。此外，筹资者的目标同样也很多元化，除了类似传统股权融资的需求，还希望通过项目在平台上的广而告之，吸引更多志同道合的优质投资者参与到整个项目实施过程中来，类似领投人的参与，有助于项目技术以及管理水平的提高。纵观目前的互联网股权众筹市场来看，投资人的热情程度远比想象中高。[①]

2.3.4 投资风险大

首先，互联网股权众筹市场的筹资者几乎是创业企业或小微企业，本身的风险应对能力以及市场风险的抵御能力都有所欠缺，再加上平台对融资项目的审核本身不会十分严格，因此加大了投资风险的产生。其次，由于我国信用体系不健全，投资项目退出机制不完善，项目融资成功后的信息不对称，

---

① 许多奇，葛明瑜. 论股权众筹的法律规制——从"全国首例众筹融资案"谈起[J]. 学习与探索，2016（8）.

企业实际运营情况不透明，违约成本小，诚信受到严峻考验。最后，由于我国法律法规在互联网众筹存在缺失，监管主体不明确，行业内对其法律的出台也翘首以盼。然而，中国证监会仅在 2014 年 12 月 18 日出台《私募股权众筹融资管理办法（试行）》的征求意见稿，业内称正式法律文件有望 2015 年出台。目前，互联网股权众筹模式的运营也很容易触碰法律红线，涉及非法集资等风险。①

2.4 "无领投"式"股权众筹"的业务流程

股权众筹的参与主体主要包括项目融资方、股权众筹融资中介平台和投资人。通常情况下，股权众筹对项目融资方会有一定的资质要求，比如管理团队的背景、项目的创新性与落地性，以及项目的当前进展程度。另外，融资人需要与股权众筹融资平台签订融资协议，以确定双方的责任和义务。以下主要介绍股权众筹的两种业务流程，即"无领投"式股权众筹和"领投+跟投"式股权众筹的业务流程。②

无领投人的股权众筹是指在众筹的过程中没有主导的投资人来带领其他投资人对项目进行投资，所有的投资人都是出于个人对融资项目的看好而进行投资，这是一种传统的股权众筹模式。

在这种模式下，项目的融资方在设定募资金额、期限、项目回报等条款之后向股权众筹融资平台提交项目。股权众筹融资平台作为中介方，在平台发布股权筹资项目，投资人通过股权众筹融资平台选择意向项目。如果投资人认为融资方的项目匹配，就会对股权众筹项目出资，融资方获得

---

① 陈林，余明阳. 股权众筹融资绩效影响因素的实证研究 [J]. 山东农业大学学报（自然科学版），2016 (6).

② 邱勋，陈月波. 股权众筹：融资模式、价值与风险监管 [J]. 新金融，2014 (9).

资金之后,开展项目运行工作。如果筹资人的项目获得成功,投资人可以获得利润。

2.4.1 "融资人"提出申请

融资者将拟融资项目信息,包括项目介绍、筹资金额、出让股权比例、联系方式等上传到股权众筹融资平台。

2.4.2 平台对项目进行审核

股权众筹融资平台对项目进行筛选与审核,包括约谈项目负责人、申请材料核对、项目尽职调查等。

2.4.3 发布筹资项目

通过筛选与审核后,股权众筹融资平台将项目的详细信息与融资情况对外进行发布,供投资人网上阅览。

2.4.4 "投资人"进行项目评估

用户注册个人信息并申请成为投资人之后,可以对股权众筹融资平台上的项目信息进行浏览和投资。

2.4.5 投资认筹

投资者浏览股权众筹融资平台上的项目信息,并结合自身的投资经验,对合适的项目进行投资,从而完成众筹。

若在筹资日期内募集资金达不到预定目标，该项目股权众筹被视为不成功，之前的投资资金返还给用户。若达到预定目标，项目视为成功。需要特别说明的是，当筹集资金未达到预期目标时，经与筹资人协商，若筹资人同意，也视为成功项目。

2.5 "领投+跟投"式"股权众筹"的业务流程

"领投+跟投"的股权众筹融资模式是指股权众筹项目在筹资时的投资方由领投人和跟投人组成。

领投人一般由一名专业投资人或者一家专业投资机构担任，在项目中要负责专业尽调、估值判断、投资协议草拟等工作，并且投资后一般由领投人担任一般合伙人，作为股东代表进入项目方董事会，成为股权众筹活动当中所有股东的"发声者"；跟投人则指众多的出资者，担任投资有限合伙企业的有限合伙人，主要履行出资的义务和享受分红的权利。①

跟投人在股权众筹过程中并不要求一定要对投资项目有多高的参与度，往往是结合自身的时间和资源情况力所能及地帮助投资项目方成长，因而也是一些在职投资人、异地投资人、非专业投资人的主要参与方式。当然，由于领投人付出更多，责任更大，在投资收益分配时，一般跟投人都会有义务拨付一定比例的投资收益作为奖励给领投人。这种关系就是典型的"领投+跟投"模式。②

---

① 孙永祥等. 我国股权众筹发展的思考与建议——从中美比较的角度 [J]. 浙江社会科学，2014（8）.

② 马永保. 股权众筹行业融资信息披露制度：行业特殊性与发展方向 [J]. 现代经济探讨，2016（8）.

2.5.1 "领投人"与"跟投人"的标准

"领投+跟投"的股权众筹模式对领投人与跟投人有一定的要求,只有满足相关要求才可以参与该种股权众筹模式,领投人与跟投人的具体标准如下:

(1) 领投人标准

①年薪 50 万元以上;

②能够承受占资产总额 5%~50% 的投资;

③在所投领域有丰富的经验和判断力,以及一定的行业资源和影响力;

④能够专业地协助项目负责人完善商业模式,确定估值、投资条款和融资额及转让股份,协助项目路演,完成本轮融资;

⑤能够为项目提供政府公共关系、市场推广、品牌报道、行业上下游资源、专业的交易结构设计等增值服务;

⑥较强的风险承受能力,并且有充足的投资经验;

⑦较强的交流沟通能力,能够及时进行信息披露,将所要求的项目进展情况告知跟投人;

⑧有很强的分享精神,乐意把自己领投的项目分享给其他投资人;

⑨具有一定的投资影响力,必要时能够为项目争取更多的跟投机会。

(2) 跟投人标准

①年薪 20 万元以上;

②对投资风险有一定的认知和接受能力,能够承受占资产总额不超过 20% 的投资;

③愿意支持创业项目的成长和发展;

④对股权众筹行业有一定的了解和关注。

2.5.2 "领投人"与"跟投人"的权利和义务

在"领投+跟投"的股权众筹融资模式中，领投人与跟投人可以享受相应的权利，同时也应履行相应的义务。具体要求如下：

（1）领投人的权利和义务

①享受优先了解优秀项目的权利，在约谈项目时具有领投人资格的投资人有优先约谈的资格；

②在申请成为项目领投人时，优先选择星级较高和对行业较了解的投资人作为领投人，行业投资人和星级投资人可以共同作为领投人进行投资；

③投资额超过项目方的期望融资额时，投资人和项目方之间进行协商，所有投资人共同降低份额，或者领投人单独降低份额，同时也可以跟创业者协商接受超额部分资金，释放更多的股份；

④领投人的投资份额占项目融资额的5%~50%；

⑤每个项目最多有2位领投人；

⑥当项目融资额达不到目标融资额时，领投人应当发挥领投人作用，尽可能找到更多的跟投人参与项目投资，促使项目成功；

⑦领投人要代表众多跟投人，积极参与投后管理；

⑧如果项目成功，相关记录将会进行备案，成为将来项目选择领投人的重要依据；

⑨单个项目单次融资的投资人数量不超过40个，任何时候股东总数不超过200个；

⑩投资人超过3个时，成立有限合伙企业投资该项目，领投人作为普通合伙人进行管理，一个有限合伙企业最多有2个普通合伙人；

⑪因投资成立的有限合伙企业要向股权众筹融资平台按照规定进行信息披露，在领投人无法履行义务而无其他领投人接替前任领投人时，平台相关

的投资公司将作为普通合伙人行使决策控制权；

⑫融资成功后，领投人将获得项目方额外1%～3%的股权激励；

⑬投资项目的有限合伙企业将拿出退出收益的20%奖励给领投人，剩下的80%由所有投资人根据持股比例来分成。

（2）跟投人的权利和义务

①跟投人的起投金额采取单项目制，根据每个项目融资额来设定最低投资额，具体项目融资额会有所不同；

②跟投人对项目情况享有知情权，可以通过给领投人提供意见来参与到项目决策中；

③行业投资人除了具有与普通投资人相同的权利和义务外，还应当协助跟投人完成行业分析和调查，为创业项目提供行业指导，之后根据项目方与领投人的协商给予适当的利润分成奖励；

④跟投人在投资过程中可以要求创业项目及时进行适当的信息披露，具体按照平台的披露规则进行披露；

⑤在选择跟投人时，优先选择能够对项目提供帮助的人，如曾经在该行业中从业、能够为项目提供更多的渠道资源等；

⑥跟投人不参与重大决策，如果跟投人提前退出，一年之内在有限合伙公司内部流转，超过一年，投资份额对外公开转让；

⑦跟投人在对项目信息披露和领投人管理方式存在疑问时，可以对股权众筹融资平台提出质疑，领投人和项目方有义务给出解答；

⑧跟投人如果在本轮投资额度超过50%或者累计占企业总股比例超过20%，可以申请董事会中的观察席。

2.5.3 "领投+跟投"模式的优势

对于跟投人、领头人以及企业来说，"领投+跟投"的股权众筹融资模式具有相应的优势，能够为不同的参与主体带来多种好处。

(1) 对于跟投人的优势

股权众筹融资采取"领投+跟投"模式,可以让跟投人参与领投人组织的联合投资体。跟投人在每个投资项目中只需要投资一小笔资金,就可以借助联合投资体,充分利用领投人在挑选投资项目和投资后管理上的丰富经验。①

(2) 对于领投人的优势

对于领投人来说,可以通过这种方式撬动众多跟投人的资金,还能额外获得投资收益的分成。通常情况下,领投人通过联合投资模式可以撬动的资金是自己投入资金的 5~10 倍。这使领投人可以参与投资和领投更多的项目,包括参与那些投资金额门槛较高的项目。领投人汇集更多的资金去投资,也有利于领投人代表所有投资人在投资项目中争取更多的权利。

除了投资中的好处,通过联合投资领投人还可以借机融入跟投人的社会关系,这些社会关系将为领投人及其投资项目带来更多的附加价值。

(3) 对于企业的优势

"领投+跟投"模式对创业企业也有好处。创业企业不需要一一面对每个跟投人,不会陷入投资人众多的纠缠和麻烦中去。它只需要应对一个领投的投资人,就可以获得超出领投人投资金额 5~10 倍的投资额,还能获得跟投人在社会关系上对企业的帮助。

2.5.4 "领投+跟投"模式的基本流程

"领投+跟投"股权众筹融资模式大体包括项目筛选、创业者约谈、确定领投人、引进跟投人、签订投资框架协议、设立有限合伙企业、注册公司、签订正式投资协议以及投后管理九大步骤。

(1) 项目筛选

如何低成本、高效率地筛选出优质投资项目是进行股权众筹融资的第一

---

① 吕凯等. 我国股权众筹的法律风险及规制 [J]. 法制博览, 2016 (1).

个步骤。以著名互联网股权众筹平台"人人投"为例,创业者需要将项目的基本信息、团队信息、商业计划书上传至该平台,由平台经验丰富且高效的投资团队对每一个项目做出初步质量审核,并帮助信息不完整的项目完善必要的信息,提升商业计划书质量。项目通过审核后,创业者就可以在平台上与投资人进行联络。

(2) 创业者约谈

股权众筹投资的主要对象为初创企业,企业的产品和服务研发正处于起步阶段,几乎没有市场收入,因此传统的尽职调查方式不适合投资人,决定投资与否的关键因素在于投资人与创业者的沟通。在实际调研的过程中,很多投资人都表示创始团队是评估项目的首要标准,毕竟事业是创始团队开创的,即使项目在目前阶段略有瑕疵,只要创始团队学习能力强、有格局、有诚信,投资人也愿意对其进行投资。

(3) 确定领投人

优秀的领投人是股权众筹融资成功的关键所在。领投人通常为职业投资人,在某个领域有丰富的经验,具有独立的判断力、丰富的行业资源和影响力,以及很强的风险承受能力,能够协助项目完善商业计划书、确定估值、投资条款和融资额,协助项目路演,完成跟投融资。

在股权众筹的整个过程中,由领投人领投项目,负责制定投资条款,并对项目进行投后管理,出席董事会以及后续退出。通常情况下领投人可以获得5%~20%的利益分成,具体比例根据项目和领投人共同决定。

(4) 引进跟投人

跟投人在股权众筹的过程中同样扮演着重要的角色。通常情况下跟投人不参与公司的重大决策,也不进行投资管理。跟投人通过跟投项目获取投资回报,同时跟投人有义务和责任对项目进行审核,领投人对跟投人的投资决定不负任何责任。

(5) 签订投资框架协议

投资框架协议是投资人与创业企业就未来的投资合作交易所达成的原则

性约定。除约定投资人对被投资企业的估值和计划投资金额外,还包括被投资企业应负的主要义务和投资者要求得到的主要权利,以及投资交易达成的前提条件等内容。

投资框架协议是在双方正式签订投资协议前,就重大事项签订的意向性协议,除了保密条款、不与第三人接触条款外,该协议本身并不对协议签署方产生全面约束力。

股权众筹的投资框架协议主要为约定价格和控制条款两个方面。价格包括企业估值、出让股份比例等,实际上就是花多少钱,买多少股。控制条款包括董事会席位、公司治理等方面。

对于早期的创业者来说,如何快速获取第一笔投资尤其重要。因此,尽可能地简化投资条款,在很多时候反而对创业者和投资人都相对有利。

(6) 设立有限合伙企业

在合投的过程中,领投人与跟投人入股创业企业通常有两种方式:一种是设立有限合伙企业以基金的形式入股,其中领投人作为一般合伙人,跟投人作为有限合伙人;另一种则是通过签订代持协议的形式入股,领投人负责代持并担任创业企业董事。

采用第二种方式入股创业企业主要基于两方面原因:一是我国《证券法》和《公司法》对公开发行证券有明确的界定。《公司法》要求非上市公司股东人数不能超过 200 人,有限责任公司股东人数不得超过 50 人。《证券法》则规定,"向不特定对象发行证券"以及"向特定对象发行证券累计超过 200 人"的行为属于公开发行证券,必须通过中国证监会核准,由证券公司承销。为规避法律红线,股权众筹合投实行的投资模式是借用有限合伙制的"壳",即投资人先组建有限合伙企业,领投人作为一般合伙人,跟投人作为有限合伙人,再通过有限合伙企业整体入股创业公司。二是采用有限合伙形式可有效避免双重税负,有限合伙企业不作为所得税纳税主体,合伙制企业采取"先分后税"方式,由合伙人分别缴纳个人所得税(合伙人为自然人)或企业所得税(合伙人为法人),合伙企业如不分配利润,合伙企业和合伙人均无需交纳所得税。①

（7）注册公司

投资完成后，创业企业若已经注册公司，则直接增资。若没有注册公司，则新注册公司应办理工商变更。公司进行设立登记时，应提供公司章程。公司章程是指公司依法制定的，规定公司名称、住所、经营范围、经营管理制度等重大事项的基本文件，也是公司必备的规定公司组织及活动基本规则的书面文件。

公司章程内容包括：公司名称和地址、经营范围、注册资本、股东的姓名、出资方式、出资额、股东的权利和义务、股东转让出资的条件、公司的机构、职权、议事规则、公司的法定代表人、财务、会计、利润分配及劳动用工制度以及公司的解散事由与清算办法等条款。

创业企业完成融资后，需要对公司章程的相应条款进行修改，除注册资本、股东外，还包括投资方要求更改的部分条款。

（8）签订正式投资协议

正式投资协议是股权众筹投资过程中的核心交易文件，包含股权众筹协议中的主要条款。正式投资协议主要规定投资人支付投资款的义务及其付款后获得的股东权利，并以此为基础规定与投资人相对应的公司和创始人的权利义务。协议内的条款可以由投融资双方根据需要选择增减。

（9）投后管理

除资金以外，股权众筹领投人利用自身的经验与资源为创业者提供投后管理服务，可以帮助创业企业更快成长。同时，股权众筹平台也会在企业完成众筹后，为创业者和投资人设立投后管理的对接渠道，使双方能够无障碍沟通。

投后管理服务包括帮助企业拓展业务、帮助企业招聘人才、帮助企业再融资、财务及法务辅导以及发展战略及产品定位辅导五方面内容。

（10）退出

退出是股权众筹投资人资金流通的关键所在，只有完成有效的退出，才

---

① 敬翠华．论我国股权众筹的发展现状及问题［J］．中国商论，2016（3）．

能将初创企业成长所带来的账面增值转换为股权众筹投资人的实际收益。股权众筹投资主要的退出方式包括风险投资人接盘、并购退出、管理层回购、上市出售股份与破产清算等。

股权众筹投资人一般在 B 轮融资之前很少退出股份,在 B 轮融资之后有合适的机会一般会考虑退出,但好的项目一般会持股到最后。按照惯例,股权众筹投资人在退出时通常会有一定的折扣,折扣部分以现金或等值股份给予创始团队或以老股形式卖给下轮投资人。因此,股权众筹投资在 A、B 轮退出普遍存在收益不高的现象。

2.5.5　京东股权众筹"领投+跟投"投资流程

(1) 京东股权众筹"领投+跟投"投资流程

①投资前了解项目详情,比如团队构成、商业模式和本轮融资等。

②若项目处于"路演中",可以直接约谈创始人进行了解,约谈方式包括"微信路演"和"线下路演",提问可在网站话题区直接提出。

③若项目处于募集中,有意成为领投人的可以发起领投意向,由项目创始人与潜在领投人充分沟通并双向选择后,确定领投人。

④领投人有 3 天冷静期,若期间放弃领投,项目创始人可以重新选择领投人。

⑤确定领投人后,面向跟投人线上募集。跟投人自己确定投资金额,同时线上支付保证金到小金库冻结(投资保证金公式:认投保证金=认投意向金/信用倍率)。

⑥跟投人也享有 3 天冷静期。冷静期内放弃认购股权,保证金退回;冷静期后放弃认购股权,属于违约,从保证金中扣除认投意向金的 0.5%;未发生违约的,项目众筹成功或者失败后保证金都会退回。保证金在小金库冻结期间享有利息。

⑦项目众筹成功进入付款阶段,跟投人在收到通知后 5 天内线下打款至

指定账号，可以分期拨付，但在规定时间内需缴足；若逾期视为违约，从保证金中扣除投资额的0.5%。

⑧项目众筹成功后，领投人协助跟投人共同成立有限合伙企业，由成立的有限合伙企业与融资人签订正式的《投资协议》。

⑨领投人和跟投人的众筹资金是以线下打款方式转入平台委托的第三方机构的资金账户或托管账户。待融资人办理工商变更手续后，该第三方机构根据相关指令将款项转入有限合伙企业，再由该有限合伙企业转入融资项目公司。

⑩投资后由领投人代表投资人跟踪项目进展和进行投后管理。

⑪领投人代表投资人设计退出机制，退出后跟投人向领投人支付融资项目退出分成的20%。

（2）其他相关规定

①领投人认购金额为项目实际募集资金的30%~80%。

②领投人不对投后管理成果及项目收益承诺保底。

③领投人在冷静期届满后放弃本轮投资的，众筹视为失败，领投人对全体跟投人及融资人承担违约责任。如，京东保留采取收取违约金，降低信用倍率等措施的权利。

④融资项目公司为股份有限公司的，其股东人数不超过200人，为有限责任公司或有限合伙企业的，股东不超过50人。如，京东页面上的股权众筹融资项目都设定了投资目标人数，已满足本条规定。

⑤跟投人可依法转让其在有限合伙企业中的份额，但不可要求融资人赎回。

2.5.6 天使街"领投+跟投"运营机制

（1）基本理念

天使街致力于服务小微企业，采用股权众筹的方式为企业融资提供综合的解决方案。天使街服务于数量众多的创业项目发起人以及投资者，为二者提供无缝对接服务的融资平台，实现项目与资源之间的连接，降低投资者准入门槛，优化社会的资源配置。

天使街的行业投资人、三星级以上（含三星级）的投资人用户可以申请成为项目的领投人并直接参与项目管理，普通投资人也可以成为跟投人从而进行投资。

（2）优秀领投人定义

能够被称为优秀领投人的平台用户往往是创业者的合伙人，能够与创业者之间建立良好的合作关系，对创业者的项目进行资金上的大力支持。帮助创业者制定合理的融资预期目标以及规则，协助完成融资。融资完成后会对创业者公司的日常运营进行一些指导。

相应地，优秀的领投人会获得董事席位，并且在董事会的决策过程中真正为企业的利益着想，协调创业者与其他投资人之间的关系。

（3）领投人的定位标准

①年薪要求在50万元以上；

②对风险有一定的承受能力，通常要求能承受住总投资金额5%~10%的投资；

③关注天使街微信平台发布的优秀项目；

④最近一个月约谈过5个以上的投资项目的活跃天使投资人；

⑤在相关领域有一定的知识与经验，具备一定的行业影响力；

⑥以专业的服务帮助项目负责人完善发展规划、估值拟定、融资条款、融资规模、股份转让等；

⑦能在市场推广、品牌宣传、整合上下游资源、交易模式等项目相关的周边服务；

⑧具有足够的投资经验，能正确判断市场走向；

⑨具有强大的协调沟通能力，能将项目的进展情况对跟投人进行详细说明；

⑩有分享精神，能够将自己的项目与投资人分享；

⑪具备在必要情况下为项目争取更多投资机会的能力。

（4）跟投人的定位标准

①年薪要求在20万元以上；

②能接受一定的风险损失，通常是承受占据总资产不到20%的投资；

③对项目的长期发展给予足够的支持；

④掌握天使投资行业的相关知识。

（5）投资人星级分类标准

①行业投资人：具备相关行业10年以上的从业经验；具备专业的知识与技能；能为项目的发展提供建设性意见。

②三星级投资人：有3~5年的投资行业从业经验或者有2年以上的大型投资机构工作经验；具备创业经验优先考虑。

③四星级投资人：8年以上的投资行业从业经验；参与过3个以上的投资项目；1个以上的投资项目成功退出；具备成功创业经验的人优先考虑。

④五星级投资人：10年以上大型投资机构的工作经验，成为总经理或者项目合伙人的级别；具有8个以上的项目投资经验；3个以上的投资项目成功退出。

（6）领投人的权利与义务

①优先了解优质项目的相关信息，具备领投人资格的投资人可以优先约谈项目。

②在选项目领投人时，会优先选择高星级的投资人以及具备一定行业技能的投资人，行业投资人与星级投资人能够共同作为领投人进行项目的投资。

③实际融资额超出预期额度时，投资人与项目发起人可以进行沟通，领投人独自降低份额，或者所有投资人共同降低份额，也可以由创业者出让更多的股份来换取多出部分的资金。

④领投人的投资份额占比为5%~50%。

⑤一个项目最多只能有2名领投人。

⑥实际融资额无法达到预期目标时，领投人应该尽到自己作为领投人的责任，引入更多的投资人对项目进行投资，以确保融资能够完成。

⑦领投人能以众多投资者代表的身份参与到项目管理中来。

⑧获得成功项目的相关数据会由天使街记录备案，这也是以后项目的领投人选择的重要依据。

⑨每个项目的投资人数量不能超过40人，而所有情况下股东人数不能多于200人。

⑩有3个以上的投资人时，建立有限合伙企业对该项目进行投资，领投人担任该公司普通合伙人角色，一个有限合伙企业最多有2名普通合伙人。

⑪成立后的有限合伙企业要定期进行报告，公布详细信息，当领投人不能承担相应义务而无其他投资者接替领投人职务时，将会由天使街的相关投资公司进行相关的决策。

⑫融资成功后，领投人将会有1%~3%的股份作为项目发起方所给予的奖励。三星级投资人获得的股权为1%，四星级投资人获得2%，五星级投资人获得3%。

（7）跟投人的权利与义务

①跟投人的投资最低金额实行单项目制，也就是说根据每个项目的实际需要来确定最低的投资金额。

②跟投人对项目的进展具有知情权，能根据自己的理解向领投人提供一些意见以及建议，参与到项目的发展中来。

③行业投资人必须要协助跟投人对行业进行调查、分析，提供项目的发展建议及规划。

④跟投人可以要求项目方按照平台的规则进行信息公布。

⑤跟投人需要优先考虑那些具有该项目行业相关的从业经验、能为项目提供充足的资源的投资者。

⑥跟投人不参与项目的重大决策。当跟投人提前退出时，按照规定将在1年之内在有限合伙企业中流通，超过1年后，将进行公开转让。

⑦跟投人质疑该项目的公布信息真实度及领投人的资质时可以向天使街提交调查申请，领投人与项目发起人要给出必要的解释说明。

⑧当跟投人在本轮中的投资份额占据 50% 以上或者累计超出企业总股比例的 20% 时，可以申请董事会观察员职位。

（8）领投流程

①投前：领投人根据天使街公布的数据选择适合自己投资的项目，与创业者通过在线沟通方式交流信息，最终确认投资意愿，会有专业的天使街审核团队对项目进行审核调查。

②投中：协助创业者完善商业计划书，确定估值方案、融资额度、投资者人数以及投资的条款等。将项目推荐给自己朋友圈中的投资人，帮助项目发起人准备项目路演等。

③投后：以跟投人代表的身份出席董事会，尽自己最大努力帮助项目进一步发展，切实维护投资者以及项目发起人的共同利益。

（9）天使街平台服务范围

①投前服务。天使街会对诸多的创业者提供的创业项目进行注册服务，项目发起人对按照天使街规定的商业计划书的模板如实填写，其中涉及项目的商业模式、创新所在、解决市场的痛点所在、盈利模式等诸多内容。投资人注册成为天使街用户，在注册过程中可以提交成为领投人的申请，天使街平台将对申请人进行资格审核，投资经验、相关行业的技能以及从业经验等是重要的考核目标。

天使街对提交后的项目信息进行汇总并分析，一些商业模式有问题、项目信息不完善的项目会进入天使街平台的后台系统；修改后具备商业价值的项目，天使街工作人员会与项目发起人进行联系洽谈。天使街与项目发起人联系后会将项目的信息进行专业化的处理，使其在网站的内容更为详细、完善，直观清晰地为投资人提供详细的项目介绍。

天使街推选的优质项目，会由天使街的微信公众号进行宣传推广，吸引众多有实力的投资人投资。对某一行业具有较高关注度的投资者，天使街会向其进行项目推送，并且与投资人密切沟通交流。如果投资者对某一项目有投资意向，随时可以在平台上提交投资申请。如果投资人想要和项目发起人进行面对面交流，天使街平台可以根据实际情况安排双方线下沟通的时间与地点。

天使街对项目的调查审核提供一定的可行性建议，帮助那些领投人对项目进行多方面、全方位的调查审核，确保融资项目的风险控制在较低的水平。创业项目的发起人需要和天使街签订融资服务协议，确保融资在公平合法机制的基础上进行。

②投中服务。投资人向天使街平台提交了投资的意向以及拟投金额后，天使街平台会和投资人进行联系，从而落实投资。天使街平台将会协助领投人管理创业项目。当领投人由于种种原因无法承担领投人的权利和义务，又未找到下一任的接替者时，天使平台将接手项目管理权与决策权。

在项目的投资过程中，天使街将会推动项目发起人进行信息公布，公布的具体内容按照平台的规定严格执行。天使街平台为用户提供专业的技术服务，在整个投资过程中发生的用户体验问题，天使街投资平台将会及时处理，由相关技术人员负责维护解决。

投资过程中跟投人中途退出时，一年之内在投资人内部之间进行转让，一年后直接面向大众流通，推动投资者完成投资份额的出让，使投资过程能够顺利完成。

创业者借助天使街平台融资成功，平台只收取融资额的5%作为服务费用，并且获得1%的股权以项目入股方的身份加入到项目的发展中来，积极推动下一轮融资的进行，在下一轮融资开始时平台会自动退出。天使街作为项目的普通合伙人管理投资项目时，拥有和普通合伙人一样的参与利润分配的权利。

③投后服务。天使街主要是为创业项目的天使轮与A轮投资进行服务，创业项目成功获得融资后，融资双方以及作为中间服务商的平台将按照之前的协议进行利润分配。创业项目发起人以及投资人对融资过程不存在争议时，

天使街会协助双方办理相关的手续,本轮融资宣告圆满完成。

如果投资双方对融资过程存在分歧,可以直接向天使街反馈,天使街平台将按照公平合理的相关法律规定进行处理。平台中融资的项目信息将会被完整记录在案,以确保后续的工作能够有足够的数据支撑。

天使街会帮助领投人对项目进行投后管理,项目发起方依据平台的规定尽可能地提供详细、真实的数据,并且能够按照规定反时向投资人予以公布。天使街平台在融资过程中会征集投资者以及项目发起人的意见和建议,并给出相关的有效解决方案。融资成功后,由投资项目成立的有限合伙企业以退出受益的10%支付给天使街平台作为投资的服务费用。

2.5.7 大家投"领投+跟投"运营机制

大家投于2012年10月正式上线运营,隶属于深圳市创国网络科技有限公司。通过股权众筹融资项目的运营,致力于为投资者以及创业者提供便捷、高效的众筹服务。大家投还是国内第一个实现天使投资模式与创业项目私募股权投融资对接的平台,有"中国版的AngelList"之称,也被视为股权投融资版的Kickstarter。

大家投在天使投资网络平台行业内的创新之举主要表现在四个方面:一是开创了众筹模式初期企业的股权投融资业务模式,投资者的单次跟投额度最低可以是项目融资额度的2.5%,从而大大降低了天使投资人的门槛,让更多的人可以有机会成为天使投资人。二是创立了天使投资行业对项目的领投加跟投机制,实现了职业天使投资人与业余天使投资人共存的一种行业格局,可以联手为创业者提供必要的资金支持。三是以融资项目为主体的股权众筹融资平台,这也是区分同样以创投为主题的社交SNS网站的重要标志。四是从用户体验出发,推动融资项目朝着数据化以及标准化的方向转型,从而彻底抛弃过去低效的融资历史,有效提升了融资效率。

(1) 领投规则

①一个融资项目只能有一个领投人,而且在认投项目的时候需要经过创业者的确认才能生效;

②领投人对单个项目的领投最低额度不低于融资金额的 5%,最高额度不超过 50%。

(2) 领投人资质要求

领投人只要满足以下条件中的任意一条即可:

①两年以上在天使基金、早期 VC 基金经理级以上岗位的工作经验;

②两年以上的创业经验,限定第一创始人;

③三年以上企业总监级以上岗位工作经验;

④五年以上企业经理级岗位工作经验;

⑤两年以上天使投资经历。

(3) 领投人职责

①对项目进行分析、调研、项目估值议价以及投后管理等;

②向项目跟投人提供全面的项目分析和调查结果,帮助项目更快地完成融资;

③在融资完成之后,帮助创业者维护好与投资人之间的关系。

(4) 跟投人项目跟投规则

①投资人只要注册天使投资就可以获得项目跟投资格;

②跟投额度最低为项目融资额度的 2%,最高为项目中还未被认投的额度;

③在对项目跟投后,创业者有权拒绝跟投人的认投。

(5) 认筹资格和投资人反悔

①获得认筹资格。在完成注册成为投资人之后,投资人还需要缴纳 100 元的认筹诚意金和 400 元的见证费才可以获得认筹资格。获得认筹资格之后,只要投资人自己不反悔,就可以享有对每一个项目认筹的权利。

投资人在缴纳了 100 元诚意金之后就不能再收回,主要用于对投资人进行非正常投资亏损状况下的风险补偿。

②投资人反悔的情况。投资人在对一个项目成功认投后，在项目达到付款阶段，投资人在接到付款通知 5 日内仍不付款的，认定为投资人反悔。投资人在成功认投之后要求取消，包括付款之后要求退款的，也属于投资人反悔。投资人只要反悔一次之后就将失去认筹资格，只有重新缴纳 100 元的诚意金才可以重新获得认筹资格。

2.5.8　天使汇"快速合投"运营机制

2013 年年初，天使汇上线了一项初创企业的快速融资模式"快速合投"。该模式一般为一个月的融资时长，初创企业可以选择适合自身发展的投资者，而且企业也会获得天使汇给予的专业服务，即使没有融资知识及融资经验的 CEO 也能完成融资。

（1）快速合投的步骤

①注册成为天使汇用户。

②根据页面提示完善项目内容。

③上传已经完成的商业规划书。

④提交快速合投申请，预计在两个工作日内天使汇会进行回复。

⑤合投预热。这是快速合投中较为关键的一步。在天使汇投资经理的帮助下进行项目的设计规划。对融资的预期以及出让比例进行拟定，从而在满足融资需求的前提下，保证投资人的收益。此外，项目发起人的商业计划书也要进行修改，并且对未来的融资路演做好充足的准备。

⑥开始合投。这一过程最多会持续一个月的时间，其中大多数项目会在两天之内获得足够的投资意向，到达规定时间后合投就会终止，然后进行项目的下一阶段。

⑦线下约谈。投资人与项目发起人之间互选并且进行谈判，由天使汇负责安排谈判时间以及场地。创业者在这个过程中确定自己的投资人，最终双

方签订投资意向书。这一过程只需要一星期的时间便可以完成。

（2）快速合投的项目审核

天使汇对平台上的项目质量会进行严格控制，会有专业人员组成的审核团队进行项目快速合投的资格审核。一般在创业项目提交快速合投申请的3~5个工作日后会进行审核。以下条件是审核团队进行项目审核的关键评估指标。

①项目的信息完整度。项目信息的完整度及质量是项目审核的关键。如果项目审核团队无法依据项目发起人所提交的信息对该项目进行综合分析，那么该项目会直接被项目审核团队退回。

②项目描述。项目描述包括项目所针对的市场痛点、应用场景、创新所在、创业团队以往的成就及擅长领域等。另外，生动形象的视频以及图片描述会使得项目更易获得投资人的青睐。如果有初期的产品模型可以让审核团队进行体验，这会让审核团队为项目"加分"。

③完善团队信息。项目的发起人对项目的核心参与人员的信息完整度要有精准而详细的描述，主要有教育背景、工作经历、相关行业的经验等方面。天使投资在很大程度上就是对人进行投资，如果能保证提供真实、完善的团队成员信息，对获得投资人的信赖具有重大的意义。

④成长数据。尤其是对于已经上线的产品，上线以来的详细数据（注册用户量、点击量、下载量、增长率、盈利情况等）也能提升项目的通过率。

⑤融资信息。融资的金额、估值机制、资金的流向、项目优势等信息要保证合理完善。

（3）快速合投的优势

①超额认购，分配自由。快速合投中创业者自主权得到提升，超额认购成为现实（该业务上线以来，快速合投的项目全部完成超额认购）。快速合投使创业者在短时间内就可以完成投资人以及股东的筛选工作。

②融资对准备时长要求较短，而且融资类型不限于资金，其他资源也可以成为融资对象。不用经过长时间的准备阶段，天使汇的几千名投资用户都

可能会对你进行投资。

③天使汇首页展示,具有极佳的广告效果。

④媒体持续报道,大力进行融资宣传推广。

⑤投入成本较低。对于成功获得2倍预期以上的项目,天使汇不收取任何费用,未超过2倍预期的项目,天使汇只收取其中的2%作为服务费用,而且对于融资项目还会提供一些专业的支持与服务。

第 3 章
"股权众筹"的文献综述

近年来,学术就众筹进行了相关研究。众筹根据其字面意思,解释为向公众集资。邓建鹏(2014)将众筹定义为是一种项目发起人利用互联网平台发布创业项目信息,为该项目筹集资金的融资方式。周振国和官琴(2014)认为,股权众筹不仅直接地满足了小微企业的融资需求,更是迎合了我国中小企业尤其是创业企业的融资需求。杨东(2014)基于对我国证券法等相关法律体系的考量,认为中国式股权众筹实质上是一种私募融资行为。归纳起来,众筹模式结合了微型金融、信息技术和社交网络,是金融服务领域的一项重大创新,而股权众筹作为众筹模式中备受争议和关注的一类,更是创新与风险并存。股权众筹对于现行《证券法》等法律制度及相关监管部门、中小微企业的初创业者、投资者等来说既是机遇又是挑战。本部分从国外和国内两大方面对股权众筹相关文献进行梳理,为接下来的研究打下基础。

3.1 国外文献综述

国外股权众筹市场的信用环境和法律监管相对比较完善,国外股权众筹的发展相对成熟,监管当局出台了相应监管办法规范股权众筹的发展,如《JOBS法案》赋予了美国股权众筹合法性,《关于网络众筹和通过其他方式发行不易变现证券的监管规则》赋予了英国股权众筹合法性。因此,国外学者对股权众筹的研究主要集中在众筹项目和众筹平台的风险以及众筹的作用上,并且国外学者对股权众筹作用的研究主要是通过具体的案例对股权众筹的作用进行阐述或是通过大量的众筹案例数据对股权众筹的作用进行分析,因此有较强的可信度。

从股权众筹作用来看,Rachel E. Wheat(2013)为科学研究筹集资金为例展开对众筹的讨论,他们认为完成一个众筹项目仅仅是发起者和大众关系的开始。发起者培育并发展这段新的关系所获得的经历上的回报远大于金钱上的回报。众筹真正的价值不在于筹得了开展项目所需要的资金,而是在于公众投资机会的拓展延伸和从这种融资模式中带来的资源。他认为，现在大部分的科学研究从来没有获得一个大的关注群体，从而导致大众对科学的不相信和不理解。众筹有潜力通过在最早的科学研究过程中，鼓励科学的透明度和公众的参与度，转换这种传统的大众对于科学的不相信和不理解的科学范式，并且能培育科学家与非科学家的持续关系。因此，他认为众筹的发展是十分有必要且十分有价值的。Paul Belle（2014）同样认为，尽管众筹的本质目标是筹集资金，但是通过众筹还能帮助企业测试、完善和营销他们的产品，获得对他们消费者的喜好，更好地了解或者是创造出一个全新的产品或服务。从这层意义上说，众筹可以被视为一种提升策略，也可以是大众化的融资方式或是基于用户的革新，又或是制造商更好地了解他们的客户需求的一种方式。在其他情况下，众筹是一个独特的检验原创思想的方式。反过来，众筹可以检验产品和服务在市场中的销售潜力。

从国外典型众筹平台项目融资情况来看，股权众筹的定位是鼓励拥有创意和核心技术的中小企业融资。如 Crowdcube、Wefunder 等众筹平台，他们所支持的主要是游戏、软件、科技等具有创意的项目。Schwienbach 和 Benjamin（2013）认为，在传统融资模式下，融资者不必公开其项目创意和商业计划，但股权众筹的融资者必须在众筹平台上公开其项目内容，其项目创意很有可能被不法分子剽窃。Wells Nicholas（2013）指出，股权众筹在美国引发了知识产权保护问题。他认为发起者所面临的核心风险，是通过股权众筹融资的小微企业不太可能负担得起维护其商业和法律权利的服务费用，当他们的知识产权被侵犯时无法维护自身的权益。Lucas Michels（2014）认为，发起者不仅要考虑项目知识产权在本国遭受侵犯的风险，还要考虑来自国外的侵权风险。

股权众筹依托于网络平台，投资者不能通过面谈或实地考察的方式对发起者信誉和项目内容进行了解，投融资双方的信息高度不对称。Colgren David（2014）指出，众筹是大数据、云技术以及社交平台的集合，这一创新模式所引发的欺诈风险对监管当局提出了挑战。Bryan Sullivan 和 Stephen Ma

(2012) 认为，股权众筹的欺诈风险远超过众筹参与者和美国证券交易委员会 (SEC) 的预料，即使 SEC 要求发起者披露项目信息，也不能确保项目的真实性。毕竟，许多欺诈者善于在虚拟的网络上展示它们的项目以符合信息披露要求。Myriam Amara (2015) 指出，股权众筹通过网络平台集资，投融资双方信息高度不对称，投资者很难获取必要的数据并做出明智的选择，很有可能面临欺诈风险。Eleanor Kirby 和 Shane Worner (2014) 也表示，在互联网金融时代，企业发布信息的真伪很难辨别，而投资者往往缺乏专业知识，投资不够谨慎。因此，众筹更令人担忧的是社交网络的巨大影响和潜在的欺诈风险。

国外学者也对投资者的投资风险进行了研究。Armbrister Molly (2012) 认为，股权众筹为中小企业提供了融资渠道，但中小企业的管理水平低，投资者面临较大的项目失败风险。Kay Koplovitz (2014) 指出，更多的是非专业投资者参与股权众筹，非专业投资者将承受与其风险承受能力不匹配的投资风险。Tanya Prive (2014) 也指出，专业投资者对股权众筹项目并没有投资意向，只有非专业投资者才会参与众筹，他们容易对项目盲目跟风，增大了投资风险。

对于股权众筹的风险防范问题，国外学者的研究主要集中在监管办法层面。Hazen Thomas (2012) 认为，强化信息披露的传统监管理念并不完全适用于股权众筹，因为过多的信息披露要求只会增加中小企业的融资成本，而且信息披露对大多投资者作用有限。因此，监管当局对股权众筹的监管思路应该从强化信息披露转换为设定投资上限。Li Timothy (2013) 认为，SEC 应加强对股权众筹平台的监管，督促众筹平台对项目审核尽勤勉义务，提高平台项目的可信度和质量。

3.2　国内文献综述

股权众筹在我国处于发展初期，其运作机制和监管政策处在探索阶段，加上我国法律环境和政策环境与国外存在较大差异，我国股权众筹的风险更加复杂化和多样化。为鼓励股权众筹发展，美国《JOBS法案》对《证券法》进行了修改，给予股权众筹特别豁免，并建立了小额发行豁免制度。而中国证监会明确规定，股权众筹属于私募领域，不具备公开发行股票的资格。杨东和李靖（2015）认为，股权众筹在中国发展的主要困扰是非法发行股票的风险，股权众筹面向社会不特定对象公开筹集资金，并承诺以股权作为回报，很容易越过公开发行股票的雷区构成非法发行公司股票的风险。邵琦（2014）也指出，发行对象的"特定"与"不特定"缺乏认定标准，操作不当将构成公开发行。

国内学者对股权众筹的作用进行了研究。张莉（2014）认为，众筹这种基于互联网渠道的融资模式，可以为草根创业者提供更低的融资成本和更宽的推广渠道。宋磊（2013）认为，运作自由是众筹融资最大的优势，筹资者可以根据自身状况选择适合的回报方式，既可以对一个项目整体进行众筹，也可以为项目的一个组成部分进行众筹。范家琢（2013）认为，众筹益处很多：其一，众筹具有广泛化，即众筹投资者不受传统融资模式的种种限制，以低门槛将微小的资金聚集起来，有效促进小微初创企业的发展，在筹集资金的同时也可以集思广益，积累经验和人脉；其二，众筹可以激发草根力量参与创新，拉近生产者和消费者之间的距离，从而降低产品的市场风险。王光岐、汪董（2014）认为，众筹具有多样化。随着融资需求的多样化，传统融资模式已不能满足筹资者们的融资需求，而众筹具有捐赠、回报、股权以及债权众筹四种模式，可以满足小微企业各个时期、各种规模和各种形式的融资要求。刘志坚、吴巧（2014）认为，众筹融资中投资者的投资行为具有市场调研的功能，可以判断产品和服务是否存在市场，并且定价的合理性、准确性和真实性都要高于市场调研的结果，同时更能满足投资者们的个性化需求，还可以产生爆炸式的广告效果。

国内学者对股权众筹的法律风险进行了研究。杨东（2014）认为，股权众筹在我国兴起并迅速"蹿红"的过程中存在诸多法律风险。其一是触及公开发行证券或"非法集资"红线的风险;其二是投资合同欺诈的风险;其三是股权众筹平台权利义务模糊风险。大成律师事务所资深律师冯世杰(2014)表示,利用虚拟的互联网平台进行融资的众筹模式中,保证诚信是首要问题,其次如何弥补产品制造失败给投资者带来的损失以及投资者如何获得项目成功后的回报都需要关注。郑渝川(2014)认为,我国信用体系及信用制度等与美国等发达国家相比还有一定差距,并且要想在短期内出台专门适用于众筹的法律还存在很大的难度,采取试错的方式在我国更加可行。邓建鹏(2014)认为,众筹模式目前在中国不温不火,主要原因在于处于非正式金融体制范围的民间借贷行为在我国目前的法律法规和缺乏相应的机构监管的情况下,活跃度和创新性都不高,使得众筹等互联网金融模式遭到合法性质疑。

国内学者也对股权众筹的信用风险和道德风险进行了研究。陈秀梅和陆晗(2014)指出,股权众筹融资过程中的信用风险主要包括基于发起者的信用风险以及平台的信用风险。胡吉祥和吴颖萌(2013)认为,通过众筹平台连接起来的发起者与投资者存在地域分割问题,投资者难以监督项目运作情况,极易引发道德风险。邱勋和陈月波(2014)指出,股权众筹作为互联网金融的创新模式,对传统融资渠道进行压缩和精简,便捷了投融资双方的交易,也增加了投融资双方信息不对称下的道德风险。

国内学者还从众筹平台的运作机制入手,研究股权众筹融资过程中的风险问题。陆晖(2015)指出,风险投资中,投资者一般具有相关投资经验或专业背景,且具备一定资金实力可以聘请机构对投资对象进行合理估值,而参与股权众筹的普通投资者并不具备这些条件来评估一个项目的真实价值,在固定估值机制下面临项目估值过高的风险。孙越(2014)认为,投资者的资金在众筹平台可能形成"资金池",存在平台挪用资金的风险。李湛威(2015)则指出,股权众筹在运作过程中涉及资金拨付、工商登记等程序,其中会涉及操作风险。

在风险防范方面,国内学者也主要是从监管层面提出相关建议。胡薇

(2015)分析了美国《JOBS法案》和日本WG报告中股权众筹的监管思路，建议我国应建立多层次的监管体系，强化众筹平台的信息披露义务，并适当降低准入门槛。李加宁和常嵘（2015）同样以国外监管规则为借鉴，解析了意大利、英国、法国和日本的股权众筹新规，提出监管当局需完善对平台、发起者和投资者的监管规范。李有星和李延哲（2014）认为，多方面保守性的规则限制了股权众筹的发展，应该从法律上给予股权众筹特别豁免并完善监管制度，在增强筹资灵活性的同时有效防范风险。胡诗雪（2014）分析了众筹融资风险化解的内生性机制和外生性机制，指出内生性机制并不能完全化解风险，因此需要法律规范等外生性机制发挥化解风险的作用。曾攀（2015）主张从完善政策环境、经营环境和平台环境三个角度来构建信用风险管理体系。

3.3 相关文献评述

通过与股权众筹相关的国内外文献来看，很多学者对于股权众筹的作用都给予了肯定，其作用范围不仅仅局限在融资领域，而且在产品推广方面也会产生一定影响。但更多的学者还是从风险的角度对股权众筹进行了研究，其风险的类型大体分为法律风险、信用和道德风险，以及平台运作风险三大类型。

法律风险方面，主要是国内学者做了研究，其原因是我国法律尚未对股权众筹做出明文规定，并未对此种互联网金融模式做出松绑，使得股权众筹与非法集资之间的界限模糊不清。

信用和道德风险方面，国内外学者都做出了研究，其观点也颇为相似，由于股权众筹缺乏相应的监管，以及信息披露不完善和虚假嫌疑等原因，大大增加了投资者的信用和道德风险。

平台运作风险方面，不仅平台自身管理有待完善和提高，而且项目信息的"透明化"引发的知识产权问题也有待解决。

总而言之,很多学者认为股权众筹是将高风险的资产匹配给了低风险承受能力的人,在作用背后各种类型的风险不容小视。就文献的研究路径来看,缺乏将案例作为切入点进行研究,更多的是给予学者"书斋式"的判断。

| 第 4 章 |

"股权众筹"的投资风险

4.1 股东身份确立问题

股权众筹,既然是"众"筹,就说明股东数量非常多。不过,《公司法》规定,有限责任公司的股东不超过 50 人,非上市的股份有限公司股东不超过 200 人。法律对公司股东人数的限制,导致大部分股权众筹股东不能直接出现在企业工商登记的股东名册中。这一问题的解决方案一般有两种:一是委托持股模式。二是持股平台模式。但现实中这两种方式都存在股东身份没有直接体现的问题。①

4.1.1 委托持股模式下的股东身份问题

对于委托持股模式,股权众筹股东的名字不会在工商登记里体现出来,只会显示实名股东的名字。尽管法律认可委托持股的合法性,但是还需要证明股权众筹股东有委托过实名股东。这种委托关系,是股权众筹股东和实名股东之间的内部约定。如果这种约定没有书面文件,或者其他证据证明,股权众筹公司和实名公司一旦不认可股权众筹股东的身份,股权众筹股东有口难辩,根本无法证明"我就是这个公司的股东",或者"他名下的股份其实是我的"。②

委托持股存在许多法律风险,实际出资人、名义股东都需要慎之又慎,全面考虑,尽量控制法律风险。其中,最重要的是明确哪些股东拥有股东权利,拥有的是哪些权利,最典型的就是如果分红的话是不是最后还是实际持

---

① 朱玲. 股权众筹在中国的合法化研究 [J]. 吉林金融研究,2014 (6).
② 张雅. 股权众筹法律制度国际比较与中国路径 [J]. 西南金融,2014 (11).

有股东享受到了收益。这个问题分两个层面来看：一是如果是委托人实际享有权益，那么可以作为委托持股的有力证明；二是如果委托持股期间受托人损害了委托人的利益，那么这些风险也需要解除并且要明确核查。

4.1.2 持股平台模式下的股东身份问题

对于持股平台模式，股权众筹股东与股权众筹公司之间隔了一个持股平台，股权众筹公司股东名册里只有持股平台，没有股权众筹股东。因此，股权众筹股东与股权众筹公司之间的关系是间接的，身份也相对隐晦，对股权众筹公司几乎无法产生直接影响。很多公司的全员持股计划，实际上也是一种股权众筹。但有的全员持股公司如华为，员工也仅持有一种所谓的"虚拟受限股"，可以获得一定比例的分红，以及虚拟股对应的公司净资产增值部分，但没有所有权、表决权，也不能转让和出售，更谈不上体现股东身份。①

持股平台可以是有限责任公司，也可以是有限合伙。现在，很多股权众筹发起人开始倾向于把有限合伙作为持股平台。股权众筹股东作为有限合伙人，股权众筹发起人作为普通合伙人。按照《合伙企业法》，通常有限合伙人不参与管理，由普通合伙人负责管理。这样，股权众筹发起人就可以以其普通合伙人的身份，管理和控制持股平台，进而控制持股平台在股权众筹公司的股份，也就实际上控制了股权众筹股东的投资及股份。

4.2 股东无法参与公司经营

在很多股权众筹项目中，股权众筹股东虽然是公司股东，但是几乎很难行使公司股东的权利，基本上都不能亲自参加股东会、参与股东会表决和投票。

---

① 冯果，袁康. 境外资本市场股权众筹立法动态述评 [J]. 金融法苑，2014（11）.

4.2.1 股东无法参与公司经营的表现

从众筹公司角度，如果每次股东会都有几十或上百人来参加，对协调和决策都会造成很大障碍。组织上百人参加的股东会将会非常艰难；在股东会召集前，确定可供讨论的议题，也会因为人多嘴杂，难以达成共识；好不容易组织起来股东会后，因为七嘴八舌众口难调，想要过半数通过任何表决都会困难重重。所以，股权众筹股东都参与决策，会严重削弱公司决策效率。现实操作中，很多股权众筹的"咖啡馆"都遭遇过因为"一人一句"决策权混乱而面临散伙的窘境。①

但是，如果不尊重股权众筹股东的参与决策权，股权众筹股东的利益又很难得到保障。股权众筹公司收了股东的钱，不为公司办事，不好好经营，或者经营好了把公司资产挪为己有，这种做法也并不罕见。所以，不妨参照上市公司的做法，至少要保证股权众筹股东对股权众筹公司的经营情况有知情权，股权众筹公司也应当有完善的信息披露、法律和审计等第三方监督的机制。同时，在必要的情况下，股权众筹股东也最好有提议乃至表决罢免股权众筹公司负责人的权利。

4.2.2 不参与公司经营股东的自身权益问题

部分股东出钱不出力，不过问公司的日常经营事务，这类股东的利益保护，除了有赖于公司管理人恪守职业操守外，相应的制度设计和充分行使股东权利也是非常有必要的。因此，不参与公司经营的股东应采取如下措施来保护其自身权益：

（1）在章程中对特定事项提高表决门槛。《公司法》规定，股东会会议做出修改公司章程、增加或者减少注册资本的决议，以及公司合并、分立、

---

① 樊云慧. 股权众筹平台监管的国际比较 [J]. 法学，2015 (4).

解散或者变更公司形式的决议,必须经代表 2/3 以上表决权的股东通过,而对其他事项决议的表决方式则由公司章程规定。非管理股东可以利用该规定,要求提高对股东权益会产生重大影响事项的决议的表决权数,从而实现非管理股东对此类事项有话语权。

（2）查阅相关财务资料。要求定期提交财务报表,如有疑问可要求查阅公司会计报告及账簿。为掌握公司财务状况,可在章程或以股东决议的方式设定公司向非管理股东提交财务报表及营业状况报告的周期,如每季度或每个月均可。如对报告内容有疑问,股东可以要求查阅公司会计账簿。依《公司法》规定,公司如拒绝提供查阅,应当自股东提出书面请求之日起 15 日内书面答复并说明理由。此时,股东可以请求人民法院要求公司提供查阅,此为股东的知情权。

（3）盈余分配请求权（股东分红权）。如果分配方案股东会已经通过,而公司不予执行,则股东完全可以起诉公司要求履行给付。如果盈余分配方案未经股东会通过,则须慎重审查是否符合以下三个条件:其一,公司提取任意公积金是否具有必要性;其二,公司提取任意公积金是否具有合理性;其三,公司提取任意公积金是否符合股东平等原则。若不符合三个条件,则股东可向法院请求强制公司按公司章程或法律规定进行分派股利。

（4）提议召开股东大会。股东会定期会议应当依照公司章程的规定按时召开。代表 1/10 以上表决权的股东、1/3 以上的董事、监事会或者不设监事会的公司的监事提议召开临时会议的,应当召开临时会议。会议召开前,应以书面形式通知各股东,告知开会的具体时间、地点、要求审议的事项等。

（5）通过股东代表诉讼追究董事和高级管理人员的责任。董事、高级管理人员有损害公司利益行为的,有限责任公司的股东、股份有限公司连续 180 日以上单独或者合计持有公司 1/100 以上股份的股东,可以书面请求监事会或监事向人民法院提起诉讼。监事有损害公司利益行为的,前述股东可以书面请求董事会或执行董事向人民法院提起诉讼。监事会或监事以及董事会或执行董事收到前款规定的股东书面请求后拒绝提起诉讼,或者自收到请求之日起 30 日内未提起诉讼，或者情况紧急、不立即提起诉讼将会使公司利益受到难以弥补的损害的，前款规定的股东有权为了公司的利益以自己的名义直接向人民法院提起诉讼，追究董事和高级管理人员的责任。①

(6) 行使退股权。股东退股应满足三大法定情形：一是长期不分红；二是公司合并、分立、转让主要财产；三是公司生命的延展。只要退股股东有证据证实自己对决议投反对票，即可自股东会决议通过之日 90 日内向法院提起合理价格的退股诉讼。对合理价格的确定问题，退股股东可以请求法院指定具有法定资质的资产评估机构评估股东退股之时的净资产。依据净资产和退股股东所持股比例，就可计算出价格。

(7) 解散公司请求权。公司经营管理发生严重困难（例如：公司持续两年以上无法召开股东会或者股东大会，持续两年以上不能做出有效的股东会或者股东大会决议，董事长期冲突且无法协调，等等），继续存续会使股东利益受到重大损失，通过其他途径不能解决的，持有公司全部股东表决权 10% 以上的股东，可以请求人民法院解散公司。实践中，尽管要求法院判令解散公司较为困难，但从解决问题出发，逼迫大股东让步，确实是一种撒手锏。

4.3 股东无法决定是否分红

股东分红是涉及股东切身利益的实际问题，但现实中存在股东无法决定是否分红的风险。如果法律没有规定强制分红，那么股权众筹股东只能自己保护自己，最好要在公司章程中约定强制分红条款，即如果有税后可分配利润，每年必须在指定的日期向众筹股东分配。

---

① 郑海超等. 创新项目股权众筹融资绩效的影响因素研究 [J]. 中国软科学，2015 (1).

4.3.1 股东无法决定是否分红的表现

股权众筹股东参与股权众筹,很多时候是看中股权众筹公司或项目的赢利能力。为什么现在人们愿意参与股权众筹?房地产投资已经不是最好的时机,股市有风险,理财产品收益率比储蓄高不了多少,P2P贷款也经常听到携款跑路的消息。而股权众筹,投资项目看得见、摸得着,收益率相对会更有保证,因此很多人愿意参与股权众筹,也非常期待公司分红。可是《公司法》并未规定公司有税后可分配利润就必须分红。利润分配方案要股东会表决通过了,才会根据这个方案向股东分配红利。如果股东会没有表决通过,或者股东会干脆就不审议这个议题,即使公司账上有大笔的税后利润,股权众筹股东也拿不到分红。股权众筹公司完全可以以"税后利润要用于公司长期发展的再投资"的理由把股权众筹股东推到千里之外。

4.3.2 股东无法决定是否分红的解决措施

股权众筹项目获得股东分红会在投资前有分红协定。一般都是按照股权的所占比例对应进行分红。因此要做好项目的融后管理和按期分红,如果在制度设计上能够充分加以注意,这个问题不难找到解决的途径和办法,可采用如下解决措施:

(1)分红权转让。在项目实现盈利3个月后,非公开股权融资的合伙企业的有限合伙人可以将自己名下股权的未来一段时间的股份收益权即合伙企业的分红权,通过在平台上发布信息,向同平台的会员进行转让。

(2)收益权转让。收益权转让期间,如涉及合伙企业对外转让财产、对外担保、重大款项支付、分红等可能影响受让人分红权的事宜时,出让方应在进行合伙人表决前提前告知受让方并征求受让方的意见。股份收益权的投资者,购买的是一定时间内的部分股权。由于出让股东并没有放弃持股权,约定期限的收益权转让不需要征得其他股东同意，因而也无须到工商部门变更备案，只要在合伙企业备案转让协议和变更分红账号即可，大大简化了转让程序。

4.4　不明投资性质随意入股

不明股权众筹性质随意入股是股权众筹投资者的大忌，如果事先没有对股权众筹活动的各方面情况进行深入、全面的了解，甚至不熟悉股权众筹本身这种投资方式，那么必将使自己的利益受到损害。①

4.4.1　不明投资性质随意入股

现实的股权众筹中，发起人与股权众筹股东存在或近或远的亲朋好友关系，操作起来常常会很不规范。比如，有时候只是有朋友张罗说要股权众筹，项目没有看到、公司没有看到、文件没有看到，股权众筹的款项就打到了发起人个人的银行账号里了。这笔款到底是什么性质，谁都说不清楚。在法律上，可以理解为实物众筹，如发起人打算开发智能硬件，大家给他的钱，不是获得他公司的股份，是预付给他的货款，到时候召集人给众筹股东一个产品就算是了结。这也可以理解为借款，众筹投资人借钱给发起人，到时候发起人还钱，顶多加点利息，但是众筹投资人不是公司股东，公司估值再高、股权再值钱、分红再高，也跟众筹投资人没有半点的关系。因此，投资人一定要事先明确其投资的众筹模式是否属于股权众筹融资模式。②

---

①　钟维，王毅纯. 中国式股权众筹：法律规制与投资者保护［J］. 西南政法大学学报，2015（4）.

②　张利霞. "互联网＋"背景下我国股权众筹市场发展研究［J］. 改革与战略，2016（3）.

4.4.2 参与投资前需要头脑清醒

股权众筹股东在投资之前,必须要先搞明白,给发起人的投资款到底是获得什么,是股权吗?如果是股权,代持协议或入股协议是否签订,股东投票权如何分配,分红是否有保障,以上是否都有明确的法律文件作为保障,这一切只有规范化了,投资才能有保障。

股权众筹本身就是为了吸收社会闲散资金,降低融资成本,所以降低投资门槛,允许普通百姓参与股权众筹。中国普通大众不具有较高的教育背景,缺乏投资的判断力,更多的是凭借着股权众筹发起人的商业计划书和自己的直观感觉进行投资。然而,这样的人群又普遍具有"艺高人胆大"的意识,没有领略资本市场的残酷,往往选择那些高风险高收益的风险投资项目,投资行为欠缺理性。风险投资的项目需要深入研究,对项目的可行性需要做出准确判断,而且大部分项目都会失败,极少数项目能够走上资本市场顺利上市或者被并购。如果一两个项目失败了,那就是血本无归,对于普通投资人来说是致命的。[1]

因此,在进行股权众筹时,我们需要培养普通投资人的股权投资和股权众筹意识,教育他们如何理性投资,合理理财。最好选择一些收益可逾期、持续且稳定的投资项目,不要盲目追求高风险、高回报。投资者也一定要选择值得信任的股权众筹发起人,或者保障机制完善的众筹平台。

当然,股权众筹需要根据具体情况具体分析,不可一概而论。如果融资方提出给予资金提供者股权,很有可能违反《公司法》关于股东人数上限的规定,甚至构成《证券法》中的非法发行证券,这种方式风险很大,投资者尽量不要尝试。但很多股权众筹项目,出资者实际上是在捐助该项目,其获得的回报只是象征性的,或者相当于对产品的预付款,并不是获得公司的股权或参与项目利润分配,金额也不高(通常不超过100万元人民币)。这种

---

[1] 周灿. 我国股权众筹运行风险的法律规制 [J]. 财经科学,2015 (3).

情况虽然在法律上没有明确规定，但和"非法集资"有明显的区别。监管部门目前没有给出明确的态度。所以股权众筹并非一定违法，关键是要看是否承诺给予股权和固定金钱收益作为回报。①

股权众筹除了募集资金以外，还可以起到用户调查和聚集人气的作用（捐赠者也是在"投票"），如果项目确实能够获得很多人的支持，又没有其他融资渠道，也可以尝试作为获得启动资金的方式，但总金额不宜过高，最好和已经有一定信誉的众筹网站合作。

4.5 把自己当做风险投资人

风险投资项目一般具有高风险、高潜在收益的特点，风险投资人会向大量的项目进行投资，大部分的项目都会投资失败，但是只要其中少数几个项目上市了、被并购，投资成功的收益回报不仅可以弥补投资失败的损失，还能有很高的盈余。但是，股权众筹本身就是为了降低投资门槛，所以绝大多数股权众筹股东都是普通百姓。一方面，股权众筹投资人不可能有资金向大量的项目投资，手头的资金一般也就只够投一两个项目，如果这一两个项目投资失败，那就是血本无归；另一方面，风险投资人一般会对行业有深入的研究，对项目商业可行性的判断相对专业，而普通百姓可能更多的是听信于股权众筹发起人的鼓吹，缺乏判断的能力，投资的风险也就更高。②

4.5.1 "股权众筹"和风险投资的区别

尽管股权众筹和金融市场中的风险投资有异曲同工之妙，但是股权众筹投资还是和风险投资有着很大的区别，下面将从投资平台、投资人、融资方、

---

① 胡薇. 股权众筹监管的国际经验借鉴与对策 [J]. 金融与经济，2015（2）.
② 蓝俊杰. 我国股权众筹融资模式的问题及政策建议 [J]. 金融与经济，2015（2）.

融资结果和融资方自律方式五个方面进行阐述：

（1）投资平台不同。股权众筹融资必须通过在互联网上的股权众筹融资中介机构平台进行，而风险投资一般是投资人或投资机构直接对融资项目进行投资。

（2）投资人不同。股权众筹的投资人通常是一些具备风险投资意识和抗风险能力的有着稳定收入的普通"草根"投资者，而参与传统风险投资的多是专业的投资人或投资机构，他们比股权众筹投资人更有资金实力和风险承受能力。

（3）融资方不同。股权众筹多为初创公司或者小企业借助股权众筹平台来获得创业所需要的资金，风险投资虽然多以投资高新技术及其产品的研究开发领域为主，但是并不局限于小微企业。[①]

（4）融资结果不同。股权众筹项目多为难以在风险投资市场上获得资金的项目。股权众筹融资模式为这样的创业企业或项目提供了新的生机。一般说来，企业更倾向于获得风险投资。在投融资市场上，股权众筹融资模式是对风险投资的一种补充。

（5）融资方自律方式不同。通过股权众筹进行融资的公司，需要定期向投资者报告项目进展、经营业务状况等，股权众筹投资者通常只有主要投资人才参与公司事务管理。而风险投资的项目的内部信息通常是不会公布的，风险投资的普通合伙人通常参与企业的决策。

4.5.2 "股权众筹"对投资人的要求

随着国家对股权众筹融资模式进行政策支持，以及京东、阿里巴巴等商业精英的加入，行内外一些投资人和创业者也看到了这一行业的前景，纷纷加入股权众筹行业的浪潮中。那么，作为一个新兴的互联网金融模式——股

---

① 李玫，刘汗青.论互联网金融下对股权众筹模式的监管［J］.中国矿业大学学报（社会科学版），2015（1）.

权众筹，每个大众投资人是否都能进入这一领域呢？下面将从风险承受能力、项目把控能力以及学习能力三个方面进行阐述：

（1）较强的风险承受能力。股权众筹作为一种有风险的投资，对于普通的投资人来说，必须要充分知悉股权众筹项目的风险，并有承担风险的能力。股权众筹行业的风险有很多，主要包括项目风险、股权众筹平台风险、自身承受能力等，如果投资者不能正视股权众筹行业的风险，也没有一个好的投资心理，那最好不要涉入这一行业。由于股权众筹的特性，导致企业在融资过程中拥有很多位股东。如果股权众筹项目运营成功，股东们会按占股比例享受分红。但是如果失败，股东们容易产生心理失控，从而导致不可控的局面发生。①

（2）较强的项目把控能力。股权众筹行业的项目都是有风险的，尤其是创业型的项目。在国外，获得风险投资的创业企业在5年内的失败率达到了60%以上。在国内，获得风险投资的创业企业失败率或高达80%，可见风险是巨大的。这时候就需要投资人对项目有较强的把控能力。就拿落地的实体店铺项目来说，存在风险也是必然的，即使是"人人投"这样名列前茅的股权众筹融资平台，也只能说是项目风险相对较小。事实上，投资人完全可以进行实地考察，或者对相关行业进行调查，分析项目原有店铺的收益状况及盈利优势，找准时机、投资优质赚钱的项目才是王道。②

（3）较强的学习能力。在做好心理准备的同时，各位投资人也需要熟知股权众筹行业相关的法律法规，投资项目在运营过程中，可以为企业的发展提供相关知识。最重要的是，在投资人的股权众筹融资项目中，出现项目方违反相关规定的情况下，可以依法来维护自身的权益和利益。③

总之，普通人参与股权众筹，千万不要把自己当作风险投资人，投资的项目最好是传统的行业，收益可逾期、持续且稳定，不要盲目追求高风险、

---

① 杨东，黄尹旭. 中国式股权众筹发展建议［J］. 中国金融，2015（2）.
② 郑若瀚. 中国股权众筹法律制度问题研究［J］. 南方金融，2015（1）.
③ 刘宪权. 互联网金融股权众筹行为刑法规制论［J］. 法商研究，2015（12）.

高回报。在这个前提下，认真考察自己的投资项目，在自己熟悉的行业领域或地域范围投资。最后，还可以借鉴风险投资人的投资原则"投资就是投人"，一定要选择值得信任的股权众筹发起人，或者保障机制完善的股权众筹融资平台。

| 第 5 章 |

"股权众筹"的运行风险

5.1　操作风险

5.1.1　投资者审核风险

从互联网股权众筹融资的运营模式可以看出，不同的平台相对投资者审核都是自己设定的，审核的力度和要求也是不同的。如"天使汇"和"创投圈"平台的审核制度较为严格，而"大家投"平台似乎愿意呼吁更多的群众加入其中，对其审核要求较低。

首先，从对投资者利益保护的角度来说，投资者审核不严格，会给投资者自身会带来一定的风险。因为互联网股权众筹融资平台的融资项目主要就是处在种子阶段的创业企业，企业在融资后的市场发展前景都存在不确定性，投资者很难依照平台上提供的项目信息对融资项目进行有效估值，专业估值机构评估报告的真实性也有待商榷，同时融资后的项目实施与投资收益也不能得到保障，所以这些公司的风险本身就比较大。众多的投资者中有具备一定投资能力、经验与风险意识的个体或组织，然而面对新兴的互联网股权众筹融资更多的是缺乏判断能力和风险意识的群众，所以为了对投资者的利益进行保护，必须对其进行审核。其次，从保护创业融资者的角度来说，投资者审核不严格也会对其带来风险因素。一旦投资者轻而易举地注册成功，初创企业的项目的构想、创意和运营的流程等商业秘密都有可能存在泄漏的风险，所以为了保护创业融资者利益，必须对投资者进行审核。最后，从保护互联网股权众筹融资平台的利益来说，投资者审核不严格也会对平台带来风险，影响平台运营质量，降低用户体验。所以，只有对投资者资质进行严格的审核才能维护好投融资以及平台三方共同的利益。

5.1.2 融资项目审核风险

平台对融资项目的审核多是从形式上并非实质，本身没有因为平台对项目的审核环节降低投资人投资风险，除非提交的商业计划书涉及违法，平台将会终止其发布，但一般融资者都会在项目提交审核前规避此类明显的问题。平台自身也会要求投资者签订免责协议，规避融资项目因为不真实可靠而带来的风险隐患。

对于目前普遍采用的"领投＋跟投"的模式来说，领投人往往是要具备一定的风险投资经验以及很强的风险投资判断力和风险承受能力。然而，这种提交资料和经历的资质鉴定审核方式也只是鉴于形式，实质上的审核目的也并未达到。领投人需要对投资项目进行尽职调查，利用专业投资人的眼光对项目进行筛选，并确保使跟投人明确融资项目风险的前提下，带领跟投人投资，减少有一定资金和投资意愿但缺乏投资专业知识和经验的跟投人的投资风险。然而，在目前政策和监管条件下，无疑是给领投人与创业融资者之间构建某种利益关系桥梁的机会，引发恶意串通的可能性，提高合同欺诈风险。比如融资者与领投人利益协商，领投人在不进行风险提示的情况下恶意领投，致使"羊群效应"产生，一般投资者盲目跟风，这种情况下也存在融资者携款潜逃、投资失败或不可预期的投资风险等借口欺诈投资者。即使投资额很小，被欺诈后的追讨成本也是很高的，所以这些损失投资者往往只有自己承担。

5.1.3 资金流管理风险

互联网股权众筹平台运营涉及创业筹资者、投资者与平台三个方面。因此，相对于传统的股权融资方式，只涉及简单的双方交易，所以平台资金的流动与管理通常存在着更大的风险。

美国互联网股权众筹融资平台"Angellist"的做法是不涉及任何项目的投资资金，完全扮演中介平台的角色，通过与银行和第三方平台直接合作。"WeFunde"则是初创企业融资者的直接股东，投资者对其享有基金权益，在融资期间将平台资金交由第三方托管账户托管，融资完成七天后由第三方托管账户直接转至初创企业融资者，不参与涉及资金直接流转过程。我国互联网股权众筹融资平台"天使汇"和"创投圈"同样借鉴了类似"Angellist"的资金管理方式，签署股权托管协议。"大家投"委托第三方托管账户兴业银行的"投付宝"进行托管，涉及资金二次流转的问题，即投资者先将投资款转至"投付宝"账户，待融资成功创业企业成立有限合伙公司后，再由"投付宝"转给有限合伙企业注册的银行。

如此看来，通过银行和第三方对资金进行托管已成为互联网股权众筹融资平台运营模式的共识，一定程度上避免了类似P2P的点对点式资金流转，减少了形成"资金池"风险，也没有出现携款潜逃的恶性事件，但我国尚缺乏有效的约束机制与隔离机制，所以这种风险隐患也同样值得关注与防范。

5.1.4 融资期限风险

美国互联网股权众筹融资平台"Angellist"对创业融资项目是不限定融资期限，给予融资者充分的融资时间，所以往往有些项目融资时间会很长。通过调查我国的互联网股权众筹融资平台对融资期限制定的情况来看，天使汇、大家投、创投圈等限定了项目的融资期限，一般以一个月为单位，若融资项目没有在规定的时间内筹集到规定的资金，那么该项目被认定为融资失败，资金将返还给相应的投资者。然而，有的平台仍然为了吸引一些跨度时间较长的项目而不限定融资期限。笔者认为，限定融资期限其实是对创业融资者的融资项目本身质量的审核与挑战，在限定的时间内让迎合市场需求并被广大投资者看好的项目脱颖而出,促使创业融资者提高融资项目质量。同时,融资时间期限的限定也可以适当降低投资的时间成本,提高融资效率。如果对于融资期限没有适当把控,将会带来一定的风险。

5.1.5　超额融资风险

互联网股权众筹过程中,创业融资者提交项目融资额度,待平台审核后发布,一旦在规定的融资期间达到项目融资额度,融资通道将关闭,并可对筹集到的资金开始项目运营。然而也存在没有项目融资额度限定的平台,比如天使汇,在融资期限内允许线上实际筹集到的资金总额高于创业融资者与平台商定的预期融资额度,待融资期限届满再全额交付给融资者进行融资项目运营。首先,超额融资的做法会增加筹资的不可预见性,增加资金监管的难度;其次,由于资金筹集没有上限,可能会产生"羊群效应",导致更多的投资者涌进,甚至打破融资人数上限的规定,减弱平台对投资金额的控制能力;最后,也增加了监管的成本,加大监管难度。

5.1.6　入资方式风险

我国《证券法》第十条规定,未经核准的单位或个人向特定对象发行证券不得超过 200 人。这就使得各大互联网股权众筹融资平台通过设定最低投资限额的方式来控制投资人数,平台以各投资人的名义成立有限合伙企业。然而,这种按比例投资的方式在实践操作环节过于复杂。据笔者了解,目前互联网股权众筹融资平台代为注册办理有限合伙企业的过程中,所有参与融资的投资者无论是否在有限合伙企业注册地都需要将身份证原件邮寄给平台所在地,仅仅这样一种涉及身份证件寄送的环节就给投资者带来很多的风险隐患和思想顾虑,面临融资者、投资者以及平台三方利益权衡的问题,这一入资方式中存在的风险值得关注与思考。

5.2 技术风险

由于互联网股权众筹融资模式是互联网技术与传统股权众筹模式相结合的产物，互联网系统自身的缺陷也就成为互联网股权众筹融资模式的风险之一。互联网股权众筹融资平台需要依靠电脑程序和软件进行业务操作、资金流转以及相关的风险控制，必定会存在相应的信息技术性风险和管理安全性风险。

5.2.1 互联网运行安全风险

对于互联网运行系统来说，由于其本身存在的技术性，访问的授权控制管理就显得尤为重要。首先，可能存在内部的错误使用甚至滥用的情况。据统计，这种情况在我国发生的比例高达75%以上，如何采取事前控制有效防止误用、阻止滥用、同时监测业务是否健康运行，并且在发生此类问题后能够成功进行定位和取证分析及时调整和整改，也是对互联网股权众筹融资平台提出了更高的要求。其次，黑客的存在使不少互联网平台受到威胁，他们能够利用系统漏洞和缺陷非法进入平台窃取平台数据和信息进行各种危害活动，导致某些互联网系统受到攻击之后无法正常运行。最后，就是计算机病毒的传递，通过互联网进行扩散，传播速度十分迅速，病毒一旦在平台滋生将可能导致各个环节的业务数据遭到破坏，甚至整个系统瘫痪，局域网络无法工作。

5.2.2 数据传递安全风险

数据传递安全是指无论在存储还是传递过程中的数据信息保持完整真实。

对信息传递安全的威胁是指对信息、电文、文件的非法改动、插入或重放，损害信息或操作的及时性和精确性，损害信息应用的完整性，拒绝服务甚至导致整个系统瘫痪等情况。互联网股权众筹融资模式的重要特征就是项目、资金信息的实时传播和实时获取，如果传播的数据是错误的或不能传播，可能延误交易，导致虚假的交易或者引发大规模的纠纷，对平台的信息使用者的影响将是十分巨大的。

针对以上可能存在的技术风险，天使汇等互联网股权众筹融资平台则在投资规则中表示如果平台使用的电子通讯等技术被个人电脑或非天使汇平台之外的黑客、病毒攻击，从而造成系统故障平台无法正常运营，这些情况造成的任何损失都将由投资者个人承担。所以平台对技术风险把控的缺失隐藏着不可估量的技术风险，一旦发生，创业融资者、平台以及投资者都将蒙受巨大的利益损失。

5.3 监管风险

互联网股权众筹融资模式多是通过虚拟空间进行的，相对于传统股权融资，交易主体和交易市场都具有虚拟性质，增加了非公平竞争的可能性。平台信息大多通过互联网发布，数据信息庞大并很少留存纸质的证明，股权众筹融资平台的参与者都存在提供虚假的交易信息和个人信息的可能，政府不易掌握真实证据并加以监管，违约成本小，对象分散，这就给监管带来很大的困难。目前，互联网股权众筹融资平台令人担忧的两大监管问题就是监管主体不明确和监管制度不完善。

5.3.1 监管主体不明确

美国将对互联网股权众筹的监管权利主体赋予美国证券交易委员会

(SEC)和众筹行业协会，由这两个部门共同对该平台进行监管。中国人民银行金融研究局金融市场研究处处长庚力表示，目前互联网众筹包括互联网股权众筹的相关监管由中国证监会负责，但仍然需要行业进行自律管理。就我国目前的监管情况而言，各大行业协会在监管中的作用并不是那么有效，更多的只停留在事务性层面，并且如果存在过多的监管部门，互相推诿责任的问题就会产生。

5.3.2　监管制度不完善

美国总统奥巴马在2012年4月签署了《促进初创企业融资法》在法案的第三部分专门提出了股权众筹融资及投资者保护的相关规定，为美国的股权融资提供了监管合法化的保障，也一度成为各个国家学习和借鉴的焦点，各国相继制定针对自己本国出现的新兴融资模式法律条款。英国FCA通过对现有法律的修订来加强对股权众筹融资模式的监管。日本金融厅金融委员会为推动中小企业资助计划，于2013年9月展开包括股权众筹在内的投资型众筹的立法研究。韩国也将金融投资服务和资本市场法进行修改，制定更为系统的监管框架，其中包括股权众筹。2014年12月18日中国证监会发布《私募股权众筹融资管理办法（试行）》的征求意见稿，大部分内容都借鉴于美国的该法案，行业内都在期待相关法律的正式出台。所以，监管主体的明确以及监管制度的完善显得尤其重要，监管问题已经成为全世界所关注的焦点。

我国互联网金融的监管体系明显滞后，监管的制度法规不完善，监管的体系仍存在不少弊端，甚至互相冲突、脱离实际，无法保证互联网金融监管有效、合理、规范的实施。就我国目前针对性的监管制度法规而言，除了现有的《公司法》《证券法》《关于进一步促进资本市场健康发展的若干意见》（国发〔2014〕17号）等法律法规和部门规章外，《关于促进股权投资企业规范发展》的通知发布了规范股权投资企业的设立、明确管理机构职责、完善风险控制机制以及信息披露机制、加强对股权投资企业的备案管理和行业自律在内的五项政策建议来防范股权融资所带来的风险。然而，相对于目前迅速发展的互联网股权众筹市场，传统股权融资交易的主体和交易市场均为实体，其控制和监管模式已经不能适应。

第6章
"股权众筹"的道德风险

道德风险这一概念经过多年的发展，其内涵不断丰富，在信息经济学的语境中具体是指在委托—代理关系中，由于代理人与委托人之间的信息不对称，一方因拥有私人信息而获得了信息优势地位，而通过隐瞒行动、谎报信息等行为，在不承担行为全部风险和后果的情况下导致在增进自身福利的同时损害另一方利益，最终使合约最优履行状态发生偏离的一种经济现象。这一现象出现的原因主要是信息不对称、利益冲突和低效的激励约束机制。合约作为经济活动中交易各方经协商达成的对各自权利义务和行为准则的确认和承诺，在理论上其订立应建立在交易各方拥有对方全部信息的前提下，但限于交易成本、有限理性和机会主义动机，这一条件难以满足，从而在交易中就会出现各参与方在信息量上的不对等。各方会在合同的订立和履行过程中不断博弈，一方出于增进自身效用最大化的目的将利用其信息优势隐藏其私人信息和行为，在另一方对此无从知晓，也无法在施加有效约束的情况下行事，其行为将会产生能由其享有收益而由对方承担风险的局面，有学者将其具体行为的表现形式概括为欺诈、代理成本和机会主义三类。①

我国股权众筹活动中道德风险的表现是多样的，融资人、投资人和平台这三大主要参与主体都可能出现不同的道德风险行为，这些行为虽说尚未全部在现实中出现，但这并不意味着不会出现。相反，这些潜在的行为更应视为防范的重点。

6.1 融资人存在的道德风险

6.1.1 蓄意欺诈

美国公民都有记录信用分数的社保账号，平台只需要通过信用评级机构

---

① 李湛威. 股权众筹平台运营模式比较与风控机制探讨 [J]. 当代经济，2015（2）.

就可查询到发起者的信用状况。目前，我国信用体系尚不健全，信用记录存在非完备性和非公开性，信用状况的获取成本较高，有时甚至无法获得，再加上互联网具有虚拟性，平台很难获取发起者信用的真实状况，一般以融资人提供的资料为限对发起者及项目进行调查，在信息不对称的情况下，从事经济活动的"理性人"会在最大限度增进自身效用的同时，做出不利于他人的行动，或者当签约一方不完全承担风险后果时采取使自身效用最大化的机会主义行为，因此可能导致欺诈现象的发生。①

融资人的欺诈行为可能发生在两个阶段。在募集阶段，由于多数平台仅对融资人发布的信息进行形式上的审查，同时亦无第三方对融资人出具中立的评估，所以融资人就具有通过发布不实信息来吸引投资人的冲动。多数股权众筹平台将自己定位于中介，收益主要是来自融资人融资成功后，融资金额5%的居间费用，为了获得收益、提高项目融资的成功率以及提高平台的市场占有率等，股权众筹平台往往缺少尽职调查的动力，将没有经过严格审核的项目上线，并给予一些虚假宣传，从而严重影响了投资者的利益。对于这些问题，投资者虽然可以通过诉讼等手段努力取回出资，但将花费大量成本，甚至花费的诉讼成本很可能会超过最初对股权众筹项目的出资，所以投资者诉讼的可能性较小，平台与发起人违约成本很小。并且股权众筹平台上有些项目被融资平台当作经典股权众筹案例加以宣传，但实际上这些项目并没有众筹，只是有投资人通过平台联系了创业者，因而平台上有大量的虚假数据，而投资者从中根本无法判断项目融资情况的真伪，这些都会影响之后的投资者以及创业者对平台的正确判断。另外在定价方面，大多数平台也没有提出能够防范融资人虚开过高发行价的解决方案。而在项目运作中融资人的欺诈行为同样可能通过信息披露进行，其可利用信息优势地位披露虚假的财务信息和项目进展情况以欺骗投资人或平台。

此外，融资人也有可能涉及侵犯他人的知识产权。例如在美国著名众筹

---

① 杨东，刘磊. 论我国股权众筹监管的困局与出路——以《证券法》修改为背景[J]. 中国政法大学学报，2015 (5).

网站 Kickstarter 上完成融资后成功拍摄的电影《同步》，获奖后才被发现其抄袭了法国动画短片《重播》，Kickstarter 平台如果不能证明在审批此项目上线前已经做了尽职审核的话，根据法律会与项目融资人构成共同侵权。平台工作人员由于专业知识范围和项目审核能力欠缺，往往很难发现项目融资人项目的侵权行为。

6.1.2 侵害"投资人"股东权利

融资人出让的股权比例普遍较低，其可以利用自身大股东的身份优势侵害作为小股东的投资人，使投资人承担的代理成本大增。股权众筹融资平台不能保证保护投资者的利益，投资者作为筹资项目的有限合伙人由于其所持份额一般较低，不能获得与融资人拥有处理项目重大决策的投票权。此外，由于项目的利润分配方案、弥补亏损措施以及重大事项均由所持份额比例较大的融资人把持，所以融资人实际掌握了项目运营的方方面面。股权众筹融资平台一般只放开融资项目资金总额的 20% 进行筹资，所以众多投资者无法参与到项目的实际运行中，自身的利益无法保障。因此，融资人融资成功后，即使获得利益却无意对投资者进行分红，对平台进行瞒报，此时股权众筹融资平台也没有有效的措施来强制融资人进行分红，投资人自身利益无法得到保障。①

融资人侵害投资人权利的具体表现可以是利用其持股比例压制小股东，妨碍后者行使表决、监督公司运行和退出的权利、拒绝分红损害投资人分享收益的权利、突然宣布公司倒闭并卷款而逃，从而严重侵害投资人财产权利等。现实中已经出现了相关案例，如一家名为 Bubble & Blam 的公司在股权众筹平台 Crowdcube 共筹得约 75 000 英镑资金，但两年后该公司就突然倒闭且杳无音讯，其投资人血本无归。又如发生在我国的"西少爷事件"，公司

---

① 刘明. 论私募股权众筹中公开宣传规则的调整路径——兼评《私募股权众筹融资管理办法（试行）》[J]. 法学家，2015（10）.

管理层在获得投资后存在不向投资人披露财务报告、随意使用筹得的资金并未按约定进行分红,甚至在其第二轮融资中存在未与投资人签署任何协议等问题。这些行为都严重损害了投资人股东权利的实现。①

6.1.3 与"领投人"或平台恶意合谋

融资人会企图串通领投人或平台,通过形成"利益联盟"来实现自身的目的、侵害投资人的权益。其可能会与领投人达成一致,以提供经济利益为对价使领投人放松监督和不对跟投人反馈公司真实情况,融资人也会为获得更低的进入门槛、筹得更多的资金或是在获得投资后对投资人隐瞒公司运作情况同平台达成协议,让后者在准入、估值和持续信息披露方面对其"睁一只眼闭一只眼"。这些行为在信息不对称存在的情况下很难被外人获知,这对投资人利益的保护相当不利。同时这些行为又可成为其他道德风险的成因,有着深远的负面影响。

6.2 投资人存在的道德风险

6.2.1 "领投人"在投后消极怠工

随着股权众筹的发展,股权众筹融资平台上的项目越来越多,而我国知名的天使投资人数量有限,一旦其参与股权众筹的项目过多,由于精力有限,将会影响其对项目进行调查和监管的效果。大多数领投人事业比较成功,他们有忙碌的工作,对于一个股权众筹项目的投资很可能是因为一瞬间的喜好

---

① 彭冰. 股权众筹的法律构建 [J]. 财经法学, 2015 (5).

以及对朋友的支持，由于股权众筹的低门槛，投资金额和回报对他们来说并不算多，投入与回报的不成比例会导致他们对投资后的管理不用心。而跟投人是基于对领投人的信任加入投资的，且跟投人与领投人相比，比较草根，资金实力有限。因此，对于项目的成败往往比领投人看得更重。另一方面，天使投资人和风险投资人对创业企业的作用，不仅是投入资金，还会提供资源，包括积极帮助企业改善管理、开拓市场、提升企业价值，从而使其投资增值。而股权众筹中的领投人很难做到这一点。例如，"大家投"股权众筹融资项目的投资总收益分成机制是：总投资收益的80%由各投资人按投资比例分享，总投资收益的20%为管理收益，领投人分享15%，大家投分享5%，投资经理分享2%，风险补偿基金2%，由于股权众筹投资人的投资所占比例较低，即使企业因某个投资人的帮助提升了价值，平摊到这个投资人身上的投资回报也并不多，使他们丧失了提供其他帮助的积极性。

虽然我国许多平台对领投人都采取了许多激励手段试图保证领投人在投入后的工作效率和质量，如给予领投人更多股权、允许领投人对投资收益提取一定的业绩报酬以及根据以往领投工作的表现评定出"明星领投人"并在平台网站上进行公示等，但事实上这些举措是否真能达到预期目标令人怀疑，领投人在募集阶段结束后懈怠、偷懒，不积极履行其职责等行为在信息较为封闭的投资和运营过程中是很难为外人所知，尤其是跟投人很难发现和判别的情况，这就会使这种道德风险行为变为现实。

6.2.2 "领投人"与"融资人"共谋

我国股权众筹融资平台大多采取了"领投＋跟投"机制，即由富有投资经验的投资机构或个人作为领投人，有投资需求却缺乏投资经验的普通投资者进行跟投。该机制旨在通过专业投资者的带动，将缺乏专业能力但拥有资金和投资意愿的人带动起来，解决普通投资者无法确定投资目标的问题。但是，在"领投＋跟投"机制下，存在领投人与发起者共谋损害跟投人利益的道德风险。①

在"领投—跟投"模式中,领投人肩负多重职能,包括发现值得投资的项目并进行尽职调查、与融资人协商确定发行价格、在投后协助并监督融资人进行项目运作、督促融资人进行信息披露和分红等。其在资金募集、项目运营和投资人保护等各个环节都发挥着重要作用。领投人在工作中较强的自主性使其拥有了信息优势地位,于是为了自身利益而与融资人共谋,通过协助融资人进行"窗饰",即掩饰、美化经营情况欺骗平台和投资人或是故意放松对融资人的监督而从中渔利等行为是其可能存在的道德风险。

尤其是在领投人与融资人本就存在特殊关系时(如在某个股权众筹融资现实案例中,领投人是融资人的亲属),问题尤为严重。如果领投人与项目发起者存在某种利益关系,则领投人可能会在项目上线后出资较大比例认投项目以表示对项目的认可,普通投资者出于信任领投人,会对项目跟进投资。随着跟投人数的增多,会产生"羊群效应",导致更多的普通投资者跟投此项目。项目筹资成功后,领投人需负责项目的投后管理工作,并向跟投人说明项目的相关情况。但是在领投人与发起者存在某种利益关系的情形下,领投人并不会履行相应的义务,甚至可能与发起者合伙以投资失败等为借口,共同瓜分跟投人的资金或不与跟投人分享投资收益。而跟投人很难发现也很难举证发起者与领投人之间存在合伙勾结行为,所以在遭受损失后只能归咎于不可预期的投资风险。②

上市公司是面向社会公众筹集资金,具有公众属性,监管部门为保护社会公众的利益会对上市公司进行严格监管,并承担法律规定的一系列义务,以最大限度地保护投资者的权益。而通过股权众筹融入资金的初创企业不具备上市公司标准,不能适用《证券法》规定的监管规则,中国证监会出台的管理办法也并未对发起者的信息披露义务进行说明。虽然跟投人作为企业股

---

① 文静.论股权众筹的法律性质及其运用的风险防范 [J].经济师,2015(2).
② 赵尧,鲁篱.股权众筹领投人的功能解析与金融脱媒 [J].财经科学,2015(12).

东可以依照《公司法》行使股东权利,对项目进展情况和资金运作情况进行监督,但单个投资者的监督力度非常弱,而且成本高昂。此外,投资者都会存在"搭便车"心理,不会主动单独对项目进行融后管理。因此,当公司融资成功后,其资金运用是否合理、公司治理是否完善、管理层是否尽责、公司是否盈利等,都没有相应法规要求公开,也未处于相关部门的监督之下。在信息不对称的情况下,跟投人可能会面临融资人与领投人合伙损害其利益的道德风险。①

6.2.3 窃取"融资人"的创意和知识产权

在股权众筹平台上进行筹资的多为具有高技术含量的 TMT(Technology,Media,Telecom)项目。这类项目的核心竞争力是融资人的优秀创意和知识产权,一旦遭到他人的盗用则将造成巨大损失。而在我国创意并未受到《知识产权法》的保护,同时在知识产权保护效果欠佳的背景下,假冒投资人的身份进行投资,实则意在窃取创意和知识产权,从而有利可图。

通过股权众筹进行筹资的项目从登录股权众筹平台展示到融资成功,一般会有几周到数月的时间,例如大家投股权众筹融资平台的项目平均融资期是 79.36 天。根据股权众筹的特点,股权众筹平台上的项目大多通过创意吸引大众投资者,项目融资人只有通过尽可能详细的项目展示和可行性分析才能吸引更多的关注和支持。若筹资项目展示不充分会影响投资者的投资决策和投资兴趣,展示过多又会使发起者面临被"山寨"的风险。尤其是对于高新科技型项目,知识产权风险尤为巨大。我国国内存在严重的盗版山寨经济行为现象,筹资期间盗版完全有可能从仿造创意到量产再到流通市场销售。而我国知识产权保护以及打击山寨方面的法律制度还不够完善,违约成本很小,知识产权保护意识还有待加强,知识产权保护难度很大,特别是在互联

---

① 安邦坤.股权众筹在多层次资本市场中的定位概论[J].现代管理科学,2015(2).

网信息时代，信息与获取者之间已不再是一个线性的通道，这也大幅增加了知识产权保护的难度。创造力是创业企业的灵魂，如果平台无法保障其安全性，会打击创业者的信心，磨灭他们的积极性，导致创业者不敢将自己精心设计的项目精髓完全披露给大众或选择不通过股权众筹的方式筹集资金，从而制约了股权众筹平台乃至股权众筹融资模式的发展。①

6.3 运行平台存在的道德风险

6.3.1 放松对"融资人"和"投资人"的审核和监督

在我国当前大多数平台的盈利模式下，提高项目融资成功率是增加平台收入，维系平台持续经营的必然选择，但这其中蕴含着道德风险。平台为了吸引并让更多的项目获得融资而有意降低其审核标准，并减少投资人资格审核和投资人教育力度，同时在投后管理中放松对融资人的监督。这就使大量"问题"项目、不合格投资人或是对股权众筹风险认识存在偏差的投资人进入到股权众筹中，并且导致融资人在获得投资后无法得到平台的有效监控，这无疑会降低平台上项目的质量，从而出现投资人利益受损的情况。② 从长期来看，这种行为会不断累积平台上项目失败和投资人利益受损的风险，并可能出现集中爆发的情况，从而损伤平台声誉，使投资人转投其他声誉更好的平台，影响平台的长远发展。

---

① 董安生，刘庆. 论股权众筹合法化的前置性规则构建 [J]. 中国物价，2015 (2).

② 龚鹏程，王斌. 我国股权众筹平台监管问题研究 [J]. 南方金融，2015 (5).

6.3.2 与"融资人"恶意合谋

平台的恶意合谋行为主要指平台同融资人串通，联手侵害投资人利益的道德风险行为。具体的表现形式可能是经过串通平台通过降低项目审核标准、在信息披露中允许融资人发布虚假信息以及放松对融资人的日常监督以获得一些事先约定的利益。有学者认为，对于平台的运行要注重控制信息不对称和提高融资成功率两个方面。应该说前者是后者的前提之一。平台与融资人的共谋会增加信息不对称的程度进而推高道德风险的发生概率，加大融资的失败概率，最终损害平台的效率和口碑。此外，这种行为会使那些"问题"项目因平台掩护而外观优秀受欢迎，使那些本就优秀的项目无法突出优势，最终使股权众筹平台和整个行业沦为"旧货市场"。同时也不能排除平台存在通过与融资人之间进行关联交易、内幕交易或者进行"自融"来获取利益等行为。[①]

6.3.3 挪用筹集期资金

投资人在募集期投入资金的安全性是一个值得关注的问题。大多数平台对该阶段的资金多采取先打入平台事先开立的账户，由平台进行保管和划转的办法。中国证券业协会新出台的《私募股权众筹融资管理办法（试行）》（以下简称《管理办法》）中亦对此予以了支持。但这种方法不但将使平台面临违规设立资金池的法律风险，而且还存在着平台挪用筹集期资金的道德风险。大家投股权众筹平台为了防范这种风险进行了有益的探索，其委托兴业银行通过"投付宝"进行投资资金监管、保管和划转。这种采取类似三方存管的思路是值得借鉴的，但其是否能够真正解决问题还存在着较大的疑问。[②]

---

① 李加宁，常嵘. 境外股权众筹监管启示 [J]. 中国金融，2015（2）.
② 吕明凡. 股权众筹的发展及其风险研究 [J]. 合作经济与科技，2015（2）.

一是由于实践时间短,潜在风险尚未爆发;二是"投付宝"的性质尚不清楚。大家投股权众筹平台的网站上显示"投付宝账户系由深圳市创国网络科技有限公司委托,兴业银行深圳分行负责监管,深圳市创国网络科技有限公司无法挪用或转移该账户的一分钱,因此该账户的资金绝对安全"①。但平台创始人在公开场合称为了实现保值增值,股权众筹募集期资金由银行托管后,将投资于理财产品。这就不免使人产生困惑,用募集期资金购买理财产品的指令由谁做出?如果是平台,那么就与"无法挪用或转移该账户的一分钱"的说法相矛盾。而如果是平台之外的第三人,情况将更为复杂和危险。可见,目前我国股权众筹募集期资金的管理现状中潜藏着发生道德风险的可能。

上述道德风险问题看似在短期内能给行为人带来利益,但从长期来看,危害是深远和广泛的,其对于融资人、投资人和平台等各相关主体利益的实现都有着明显的威胁。同时,对整个股权众筹行业的健康发展也十分不利。融资人的创意和知识产权无法得到有效保护、投资人的合法权利不能得到切实保障以及平台声誉因各类道德风险事件的出现而不断恶化无疑会打击社会大众对股权众筹的信心,最终使整个行业陷入危局。②

6.4 诱发道德风险的因素分析

国家的宏观金融政策、社会整体公司治理环境、相关法律法规、融资人的动机以及股权众筹融资模式扩大了具体投融资活动中的信息不对称程度,也形成了错误的激励约束机制,这五方面都对我国股权众筹道德风险的存在起到了不同程度的推动作用。

---

① 陆晖. 解析股权众筹的投资者风险 [J]. 知识经济,2015 (1).
② 董竹,尚继权,孙萌. 对《私募股权众筹融资管理办法(试行)(征求意见稿)》的讨论 [J]. 上海金融,2015 (8).

6.4.1 国家宏观金融抑制政策

"金融抑制"理论最早是在20世纪70年代由罗纳德·麦金农（Ronald McKinnon）和爱德华·肖（Edward Shaw）两位学者提出，主要是指政府对金融市场进行主动、全面干涉，通过扭曲诸如利率和汇率等要素价格来实现其特定时期的特定目标。金融抑制的表现形式十分多样，如国家对存贷款利率和存贷比设置一定的范围以保障国家能对资金价格进行有效引导，使实体经济的融资成本可控，对金融市场设置严苛的进入门槛以及对新型金融产品实施严格的管制等。[①] 这些表现形式几乎都能够在我国金融市场中轻易地找到，且都对股权众筹道德风险的发生具有一定推动作用。这是由于存贷比的限制迫使银行在发放贷款之前必须先吸收一定规模的存款，而在目前银行吸存难度不断上升的情况下，其放贷规模增长乏力，从而增加了创业企业通过银行进行间接融资的成本。同时，创业企业进行直接融资的道路也因资本市场相对较高的进入门槛而困难重重。[②] 至此，创业企业进行间接融资和直接融资的进路都因金融抑制而变得不通畅，这使在此背景下出现的股权众筹在某种程度上成为其获得创业资金的"救命稻草"，而为了抓住这根稻草，利用互联网虚拟世界带来的信息不对称而通过美化公司前景、夸大创业者能力、粉饰公司基本情况等行为来"骗得"投资人资金的道德风险行为就应运而生。[③] 不难看出，以上述两大现象为代表的金融抑制政策对股权众筹中道德风险的发生具有一定影响。另外，《刑法》中含义模糊的非法集资犯罪、对公司股东人数的严格限制和对新金融产品较高的准入条件等金融抑制政策的产物不但未能为股权众筹预留出足够的空间，而且还因其对股权众筹等"非

[①] 徐小俊. 发展新三板股权众筹 [J]. 中国金融, 2015 (2).
[②] 程晋. 股权众筹投资者权益保护的思维变革与制度完善——如何构建有效的股权众筹投资者保护机制 [J]. 金融发展研究, 2015 (4).
[③] 陈森. 股权众筹合格投资者制度的国际比较与启示 [J]. 金融与经济, 2015 (8).

正规金融体系"未能做出有效回应而导致许多法律适用难题成为众多道德风险问题的起根发由。我国现有政策和制度非但未能有效规范和约束股权众筹的发展，反而起到了一定的负面激励效果。

6.4.2 公司治理环境欠佳

公司治理一般被视为降低公司内部代理成本和交易费用的一系列制度的集合。长期以来，股权结构不合理导致的大股东专权，信息披露失实造成的信息不对称致使公司内部治理退变为一个无法为外人所探知的"黑匣子"，内部和外部监督无力导致公司所有者经营者缺乏真正有效的约束机制，使机会主义行为泛滥，高管勤勉义务、忠实义务未得到切实履行导致股东代理成本增加，以及股东文化缺失导致股东无心对公司进行监督等问题屡见不鲜，这反映出我国整体公司治理水平欠佳，我国公司中的代理成本较高。同时，交易费用问题仍旧突出，未能使我国公司成为科斯笔下一种为减小交易费用而存在的机制。学术界和实务界对此颇有微词，而整体必然会对局部产生影响。中国各类公司中普遍存在的治理问题自然也会出现在参与股权众筹的创业企业中，更何况这些企业又大多处在初创期，各方面都尚未步入正轨，各种公司治理问题不免表现得更为普遍和严重。①

6.4.3 相关法律法规的缺失

股权众筹在我国还是一个新鲜事物，国家监管层面对其的态度虽然显得较为支持和重视，但在将其纳入监管并进行有效规制方面仍缺乏真正富有实效的行动，股权众筹基本上仍处在"野蛮生长"的情况之下。这主要体现在两个方面：其一，在涉及股权众筹的法律法规层面，目前主要有《刑法》《合同法》《公司法》《合伙企业法》知识产权相关法律以及互联网信息服务

---

① 刘瑜恒. 美国股权众筹立法发展及其借鉴意义 [J]. 证券法苑，2015 (5).

办法以及其他一些相关法规和规范性文件,然而这些法律法规大多由于"年久失修"很难从中寻觅对股权众筹具体内容的规制,甚至在其中找寻股权众筹的生存空间也十分困难。虽然中国证券业协会制定了专门针对股权众筹业务的管理办法,但仍处于征求意见阶段,基于目前业内对其争议较大的现状,短期内出台真正意义上的规范性文件似乎较难实现。同时,一部专门的规则也很难完全解决问题,如何对现有制度体系进行改造从而为股权众筹的发展提供有效支撑也是一件不得不做且耗时耗力的工作;其二,在监管主体层面,目前要开设一家股权众筹平台只要向工商部门和通信管理部门申请相关经营许可证执照即可,其后续的运营并无其他部门对其进行监管。[①] 之前相关人士曾透露股权众筹融资将归于中国证监会监管,且中国证监会已经采取了积极的行动,但要监管效果呈现尚待时日。固然,不能否认法律在面对新生事物时所表现出的滞后性,但以上两个方面的问题确实造成当前平台运营模式、信息披露标准、各方参与者行为规范和法律责任以及配套制度设置等缺乏科学合理的安排,有效的激励约束机制尚未建立,信息不对称无法完全消弭,股权众筹的运行和发展至今也仍处在更多依赖各参与主体自律的状态,各类道德风险的防范存在着较大的不可控性。[②]

6.4.4 融资人的多元动机

在股权众筹中,融资人的动机是多元的,而在某些动机中就隐含了某些道德风险发生的可能性。对融资人而言,其除了获得融资之外的目的。主要有以下几种:一是希望通过股权众筹吸引一些专业人士参与自己的事业,以弥补自身的不足;二是想借助股权众筹平台对自己的项目进行宣传,起到一定的营销效果;三是通过分析投资者对其项目的反应(包括关注度、提问以

[①] 李洋,计明军. 英国股权众筹的发展、监管及启示 [J]. 内蒙古民族大学学报(社会科学版),2015 (7).

[②] 张雪琦. 股权众筹:现状、风险及应对策略 [J]. 青海金融,2015 (3).

及意见等)来检验项目的合理性和前景并作出相应的修正;四是试图通过在股权众筹平台上的表现来引起知名天使投资人或创业投资基金的关注。类似的动机还有很多,但其共同点都不是为了获得直接的融资。正如一位业内人士所言:"股权众筹就是筹人脉、筹资源、筹机会、筹合作"。以天使客平台为例,在很长一段时间内,向其提交的项目没有一个能够通过初步审核,许多项目空有一个创意,连团队都没有,其目的仅是希望能在平台上做宣传,以募集到所需要的资源。这就使一些主要出于这些动机而参与股权众筹的融资人可能会采取夸大宣传、披露虚假信息以及其他一些侵害投资人利益的道德风险行为。①

6.4.5 股权众筹融资模式的缺陷

(1)"领投—跟投"模式带来了诱发道德风险的可能。这种模式虽然有效减少了股东的人数从而规避了法律对公司设立人数和非公开发行条件的限制,也意图借助领投人的经验和能力增加投资方的力量,但这种投资形式无法很好地适应股权众筹的要求,因为其并未在实质上改变投资人,尤其是跟投人在信息获得方面的劣势地位,并提供了错误的约束机制。②

主要体现在以下几个方面:其一,跟投人被施加了过多约束。在有限合伙制企业中,跟投人在意思表达和权利行使两方面受到的约束较多。这是由于合伙制"对外一致"的特性使得具有不同理念的合伙人必须花费大量的时间和精力来统一意见,这大大降低了跟投人投资行为的自主性。同时,跟投人只是有限合伙企业的合伙人而不是所投资公司的股东,作为股东所享有的大量权利和救济无法获得,这种情况使其只能选择投资哪家公司,而在完成投资后要想参加公司经营则困难重重,常感话语权不够,权益受保护的程度

---

① 唐士奇,李凯南. 股权众筹的理论、实践和未来展望 [J]. 西南金融,2015 (12).

② 罗欢平,唐晓雪. 股权众筹的合法化路径分析 [J]. 上海金融,2015 (8).

也不足。对于许多希望通过参加股权众筹来获得创业乐趣的投资人而言,其体验势必将大打折扣。

其二,领投人被约束程度不够。在"领投—跟投"模式中,领投人在投资活动中占据着主导地位。融资人在股权众筹平台进行融资之后,即同领投人产生了密切的联系。在多数平台中,领投人对融资人能否成功融资、能够融到多少资金以及获得投资后的进一步指导都起着巨大作用。而两者之间在这些活动中形成了不利于跟投人的共谋机制。目前我国股权众筹信息披露机制尚未真正有效建立,且跟投人在投资过程中容易出现"羊群效应"和"集体行动困难"的背景下极有可能出现。

其三,"领投—跟投"模式使得投融资双方的信息通道变得更不通畅。因为这一模式可视为一种"双重委托—代理结构",这将不可避免地导致"双重代理成本"问题,即融资人与领投人以及领投人与跟投人之间都会产生"委托—代理"问题,三者间的代理成本较大,并带来更严重的信息不对称问题,为道德风险的出现埋下隐患。而这一问题也是领投人偷懒懈怠道德风险的成因之一。因为作为领投人,其整体效用与其懒惰程度成正比而与受监督程度成反比。而在信息不对称程度较大,致使跟投人和平台无法有效监督其工作努力程度,同时领投人市场尚未形成、声誉约束尚不能发挥其作为外部约束机制作用的条件下,偷懒懈怠,不认真履行其职责就能成为增进其效用的可选方法。此外,虽然平台对领投人的任职资格常设有较为严格的限制,但事实上大多数领投人的专业能力同传统意义上的天使投资人仍存在着不小的差距,加之担任领投人也只是其业余活动,能够或者愿意投入的精力也较为有限,这也可视作其道德风险行为产生的缘由之一。[①]

(2)股权结构设置不合理,投资人处在弱势地位。股权众筹融资模式下带来的众多投资者会显得"人多嘴杂",并使融资人面临更多被收购的可能,这是融资人不得不考虑的问题。于是,降低通过股权众筹出让的股权比例自然成为融资人常见的策略。现实中,融资人仍是其创业企业的大股东,股权

---

① 万国华,王才伟.论我国股权众筹的证券法属性[J].理论月刊,2016(1).

众筹投资人所占有的股权比例往往不高，一般都在30%以下。在这种局面下，融资人大股东身份所带来的信息优势和话语权将鼓励其在经营策略、公司分红、高管薪酬、关联交易和收购兼并等重大问题上压制作为小股东的投资人，其能受到的约束较为有限。虽说公司法中赋予了许多中小股东自我保护的权利和途径，但大多属于一种费时费力的事后救济手段，效果有限。

（3）定价方法不科学。公司的估值和定价关系股东的权益，其背后映射的是新股东拥有公司股权比例的问题。公司在进行股权融资时，一般事前都需由有资质的第三方对公司作出客观、公允的评估，并以此来确定新进股东的股权占比。但我国现有股权众筹融资的定价方法都显得较为随意，如"天使汇"由领投人负责确定，平台也可在其提供的"一对一创业投资顾问"服务中给出建议；"浙里投"由推荐人协助发起人确定；"大家投"则由创业者先公开报价，之后的议价由领投人负责。不难看出，我国股权众筹在确定发行价环节中，领投人和平台占有主导地位，跟投人一般无法参与。这就造成领投人或平台与融资人之间容易出现利用定价过程封闭性所带来的私人信息达成某种协议，以及故意抬高定价的道德风险。例如，一家注册资本只有10万元的新公司在平台上发布其融资需求共30万元，占其股权的10%，可见该公司的估值高达300万元。虽说不能完全否认其确有较好成长性的可能，但其中是否存在公司价值被故意高估的情况也是无法排除的。

（4）投资人退出通道不畅。我国的股权众筹中，投资人想退出将面临许多难题。例如在"领投—跟投"模式下，投资人都是所成立的有限合伙企业的合伙人，其要退出必须遵守法律对退伙的规定，即要满足《合伙企业法》的诸多条件。又如股权众筹中的创业企业有些是有限责任公司，而该种类型公司所具有的闭锁性使股东退出较为繁琐，股东向外转让股权必须经其他股东过半数的同意，并满足公司章程对股权转让可能设定的某些条件。同时，即使股东符合转让股权的诸多条件，也可能面临买方难寻的困境。而股权众筹的退出难问题具有陷投资人于"被套牢"境地之虞，致使投资人一旦进行投资即会沦为融资人的"交易专属性资产"，而这就意味着当融资人发现投资人不能或者低成本地通过"用脚投票"来约束自己时,其就会出现各类机会主义行为,影响投资人的利益。

(5) 信息披露质量有待提高。有人认为,融资人披露信息成本及其创意和知识产权被盗风险同投资者知情权之间存在着巨大的张力。这确实是一个在股权众筹中无法回避的问题。让融资人承担过重的信息披露标准可能会违背其寻求低成本融资的初衷,而让平台担负信息披露的审核又极其考验其专业能力。但在信息披露方面因噎废食是不可取的,因为这定会造成融资人和投资人之间严重的信息不对称,成为大多数道德风险的重要根源。我国在此方面的情况是不容乐观的,在多数股权众筹融资平台中,除了大家投对信息披露要求比较详细且实现了标准化之外,其他网站在这方面的工作是稍有欠缺的。天使汇的信息披露较为简单,也没有实现标准化。浙里投的信息披露则主要依据其业务规则或是遵从投融资双方在项目融资说明书中的约定。这一现状的后果使我国股权众筹的投资人大多并不能获得融资人公司真实、准确、完整和及时的信息披露,信息不对称问题普遍存在,为融资人借此实施一些道德风险行为创造了条件。①

(6) 股权众筹平台盈利渠道单一。由于我国平台是信息流和资金流的中心,肩负着前期投资人审核、辅导融资人发布商业计划书、确定股权结构和估值以及代办线下相关手续,中期负责股权和资金的划转以及后期提供多样的投后服务等重要而复杂的职责,这就要求平台的收入足以覆盖其在履行上述职责时所产生的巨大成本,并获得足够的盈利以支持其进一步发展。但我国平台盈利基本只依靠交易手续费,即只对平台上项目抽取一定比例的佣金(如天使汇对筹融资双方各抽取 5% 作为佣金),而鲜有通过提供多样增值服务来收取费用的平台。以国内领先的创投圈股权众筹融资平台为例,其盈利模式是项目成功融资后收取一定比例的佣金作为服务费。投资人查看和约谈项目、享受平台的项目推荐服务、参加合投全部免费,同时其为融资人提供

---

① 郭菊娥,熊洁. 股权众筹支持创业企业融资问题研究 [J]. 华东经济管理,2016 (1).

的线上推广、市场宣传、线下路演、机构引荐等服务也一律免费。平台官网首页也显示了其"不收费，不占股"的理念。国内其他平台的做法相对类似，除天使汇对其提供的股权认购和深度融资指导收取一定的费用之外，大多数只收交易佣金，提供免费或低价增值服务的盈利模式。较为单一的盈利渠道使平台不但难以获得足够多的收益来提供更加优质的增值服务和实现平台进一步发展，而且还足以导致平台在资金需求和资金收入存在较大缺口时，会通过故意放低进入门槛、提高融资成功率等手段来赚取更多佣金的可能性。①

---

① 韩国栋，麦志英. 股权众筹融资的监管逻辑及国际经验 [J]. 宁夏社会科学，2016（1）.

| 第 7 章 |

"股权众筹"的法律风险

7.1 投资者所面临的法律风险

7.1.1 隐私泄露的法律风险

《办法》规定，投资者需进行实名认证，并且股权众筹平台必须对投资者的信息真实性、资产状况以及承受风险的能力进行审核并且存档。虽然该办法规定了平台具有保护客户隐私的义务，非因法定原因不得泄露投资者的相关信息，但是如果出现不法平台将投资者的信息销售给其他方并获利的情形，或者网络平台技术不过关，遭到黑客攻击，使信息数据遭到非法窃取、篡改或者泄露的情形，此时投资者便面临着隐私泄露的法律风险。如何来维护投资者的合法权益，保证隐私不被泄露成为当务之急。维持平台的公正性、独立性、稳定性及可信性是保证股权众筹可以稳步发展的首要步骤。①

7.1.2 涉及合同欺诈的法律风险

通过股权众筹平台进行的投融资活动的参与人有包括平台在内的三方，与传统的只有融资者和投资者所参与的两方参与者相比，通过互联网平台进行股权众筹所面临的欺诈风险更高，同时投资者与融资者的资格审核都是由平台按其设定的标准单独完成的，这种非透明性使融资过程中合同诈骗的风险提高。②

---

① 夏恩君，李森，赵轩维. 融资项目的不确定性对股权众筹融资绩效的影响——以领投金额为中介变量 [J]. 技术经济，2016 (7).
② 刘爱萍. 股权众筹平台回归互联网金融中介地位路径分析——以区域性股权交易中心参与股权众筹为视角 [J]. 金融发展研究，2016 (5).

由国内股权众筹平台的对比介绍可以看出,目前国内众筹平台都普遍采用"领投+跟投"的投资机制。假设某个初创企业需要融资 100 万元,出让 20% 的股份,在网站上发布相关信息后,A 做领投人,出资 20 万元,B、C、D 做跟投人,分别出资一定金额,最终四人共投资 100 万元。凑满融资额度后,所有出资人就按照各自出资比例,共占初创公司 20% 的股份,之后各投资人转入线下。在融资公司的协助下办理相应的企业成立、投资协议签订、工商变更等手续,该项目融资计划就算顺利完成了。[①]

透过"领投+跟投"的投资机制可以看出,其设置初衷是为了降低跟投人的投资风险,尤其是缺乏相应投资知识与经验的初级投资者。在此机制下,丰富经验的专业投资人可以充分利用自己的专业优势,对多个投资项目进行评定,带领跟投人进行投资,规避风险。尽管如此,跟投人在此领域知识和经验的匮乏的状况并未改变,而该方面的缺乏在一定时间内将持续下去。正是由于跟投人的自然缺陷,如果领投人与融资者出于某些不正当利益或背后操作的情形,二者达成不利于跟投人的协议,那么将严重损害跟投人的利益,而领投人可以将跟投人的利益损失归咎于投资风险,因为知识匮乏的跟投人要发现欺诈的勾当相对困难。

从项目审核的角度来说,平台和融资者之间也可能存在着不正当的利益交换。股权众筹融资平台需对每一个融资者、每一个项目进行监督和审查,而这一审查完全是平台单方面的,审查的人员和各个环节都可能使达不到平台审查标准的筹资人、筹资项目进入平台并融资。监督和审查的不透明在实际操作中并未降低投资人的投资风险,而平台由于其服务协议中的某些不合理的免责条款,往往可以推卸责任。因此,投资人尽管花费大量精力去规避风险,但被欺诈的风险依然较难避免。

上述欺诈的法律风险发生往往是由领投人与跟投人之间、跟投人与融资人之间的信息不对称、透明的监督制约机制的缺乏所导致的。而一旦在领投

---

① 万魏. 国外股权众筹监管发展及监管模式对我国的启示 [J]. 西南金融,2016 (6).

人、平台和融资人三者之间出现不正当利益联系或私下协议，投资风险将会更大，最终可能发生严重后果，严重损害跟投人的利益。①

7.1.3 资金池的法律风险

股权众筹融资平台的作用是通过互联网对具有剩余资本的投资者以及具有项目和创意的融资者进行信息优化配置，尽可能消除由于信息不对称所带来的资本浪费。大多数股权众筹融资平台在融资的过程中发挥着中介的作用，其根本目的是为了完成撮合投融资交易的实现，在这个过程中保证投资者资金的安全是至关重要的。② 例如，大家投股权众筹融资平台推出的"投付宝"应运而生，投资者投资项目时把投资款转入托管账户，待投资协议达成，与融资者线下协商成立有限合伙企业之后，再按照投资者的意见分批次将有限合伙企业所有合伙人的投资款分批次转入有限合伙企业基本账户，之后再转入目标项目公司基本账户。

在股权众筹融资平台的实际操作过程中，很多项目的融资具有一定的期限，如 60 天、90 天等等。融资未完成之时，项目将继续在线融资，已经募集到的资金将沉淀在股权众筹融资平台的账户中，或者在股权众筹融资平台所指定的第三方基金托管机构的账户中，要达到预期数额后才进行流转。相比与大多数 P2P 点对点式的资金流转而言，在这种情况下，将有大量的资金因为项目融资尚未完成而沉淀在股权众筹相关账户的资金池中，而中央银行明确禁止平台设立资金池。③ 需要考虑：在资金池中的该部分资金在尚未完成融资这段时期的利息如何计算，股权众筹融资平台以及第三方基金托管机

---

① 张宏婧，王洁. 股权众筹平台的内部控制与外部监管——基于投资者保护视角的探讨 [J]. 南方金融，2016 (7).

② 林晓燕. 股权众筹豁免制度探析——从法律定性的角度出发 [J]. 中国商论，2016 (9).

③ 马永保. 股权众筹行业市场退出机制的现实与发展道路 [J]. 金融理论与实践，2016 (11).

构是否会利用该笔资金进行再投资,该部分资金会否被股权众筹融资平台或者第三方基金托管机构进行非法的投资。如果该部分资金被平台或者第三方利用进行了非法的投资,投资者应承担何种法律风险。如果平台或者第三方挪用资金造成资金损失,投资者将承担怎样的法律风险,是投资者、平台以及监管部门需要考虑的问题。

7.1.4 退出机制的法律风险

如何成功退出股权众筹并且获利是投资者最大的期待也是公众投资股权众筹的动力。2014年底,大家投股权众筹融资平台出现了第一例成功退出的案例。2013年3月,大家投股权众筹融资平台出让20%的股权,对外募资100万元。2014年年初,大家投股权众筹融资平台完成第二轮融资,出让10%股权筹资300万元,至此参与大家投股权众筹融资平台首轮融资的18个人在第二轮股权众筹时已实现成功退出与盈利。由于互联网的便捷性,投资者在选择项目进行投资时十分容易,使用在线支付即可完成,而一旦募集成功,组成合伙企业入股后,此时投资者因个人原因等要求退出的请求较难实现。目前,股权众筹融资的股东退出主要是通过回购与转让两种方式。投资人退出项目的行为关键在于如何退出合伙企业。《合伙企业法》第46条进行了规定,若合伙人未约定期限,可在不影响合伙企业事务的前提下提前30天通知其他合伙人退货。由于股权众筹融资均通过股权众筹融资平台进行操作,因而如何通过网络平台通知其他合伙人,在操作上有一定难度,而直接通过线下通知其他合伙人,将花费较大的时间和成本来聚集其他合伙人,操作性较差,其退出机制存在一定的法律风险。①

---

① 万国华,张崇胜,孙婷.论我国股权众筹豁免法律制度的构建[J].南方金融,2016(11).

7.2 "股权众筹"平台所面临的法律风险

7.2.1 触及公开发行证券的红线

2013年年初,某文化传播公司在网上以销售会员卡赠股权的方式转让其原始股,但随后被中国证监会叫停,并对外通报。该公司此举属于"新型非法证券活动",其通过此举所获得的转让款须悉数退还,至此国内首例互联网股权转让案例以触及监管红线告一段落。中国证监会对该转让股权的监管符合我国现行法律的规定,因为有限责任公司不具备公开募股的主体条件,公开发行证券必须由中国证监会批准,而向不特定对象发行证券或向200人以上的特定对象发行证券就会被界定为公开发行证券。此外《公司法》对于股东的数量有明确的上限,股份有限公司的发起人人数不能超过200人,有限合伙企业的股东人数不能超过50人。[①]

股权众筹的发展冲击了传统的公募与私募界限的划分,线下的私募融资若通过互联网的模式进行,则从表现形式来看触及了公募融资的领域,进而有触及法律红线的风险。《证券法》第十条的规定,证券公开发行必须经过核准的法定要求。而公开发行所需要的审核条件不仅复杂、门槛高,而且充满了不确定性。[②] 因此,为了避免不确定的公开发行审核,大部分证券发行人愿意选择不公开发行的方式进行募资。关于公开与不公开募资的划分,《证券法》第十条第二款对公开发行做出了界定,即包括向不特定对象发行证券的,也包括向特定对象发行证券累计超过200人的。在这样的界定下,

---

[①] 张亚欣. 科技型小微企业股权众筹融资探讨 [J]. 科学管理研究, 2016 (10).
[②] 王艺林, 王斯瑶. 基于美国经验的中国股权众筹发展现状及相关建议 [J]. 中国市场, 2016 (1).

希望避免走核准程序的证券发行，就只有一种情况，即向特定对象发行，并且累计不超过200人。同时，《办法》第十二条规定，股权众筹的融资者采用公开方式或者变相采用公开方式进行融资，不得向不特定的对象发行证券，融资完成后，融资者与投资者所控制的公司的股东人数累计不得超过200人，此规定同时满足了《证券法》对于公开发行的限制以及《公司法》对于股东人数的限制。所谓"不特定性"的问题，其不特定性意味着出资者是与吸收者没有联系的人和单位。在股权众筹融资平台的操作中，主要是通过实名认证将不特定的投资者变为特定的实名投资者，但是特定性与不特定性的区分仍然是一个模糊的概念，众筹平台的做法难免有擦边球的嫌疑，因此法律风险较高。①

7.2.2 触及非法集资的法律红线

非法集资罪是指违反法律和法规，通过诈骗等不正当的渠道向社会公众或者集体募集资金的行为，其不仅破坏了国家的金融监管秩序，并且损害了投资者的利益，对社会的稳定性产生了极大的影响。《刑法》规定了四种非法集资类的犯罪，包括非法吸收公众存款罪、集资诈骗罪、欺诈发行股票、债券罪和擅自发行股票、公司、企业债券罪。股权众筹融资的运营模式存在触及非法吸收公众存款罪、集资诈骗罪以及擅自发行股票罪的法律风险。②

（1）触及非法吸收公众存款的法律风险。非法吸收公众存款指的是未经主管机关批准向公众融资，并且承诺还本付息的活动；或者未经主管机关批准，不以吸收公众存款的名义，向社会不特定对象吸收资金。二者均为还本付息的活动。最高人民法院《关于审理非法集资刑事案件具体应用法律若干

---

① 杜木丹. 我国股权众筹发展现状评析——以天使汇为例 [J]. 产业与科技论坛，2016 (1).

② 朱湘杰. 股权众筹信息不对称的风险应对 [J]. 金融经济，2016 (3).

问题的解释》第一条规定：首先，就"未经主管机关批准"的要件而言，股权众筹融资模式最初确实未经主管机关批准。第二，就"通过媒体等方式进行推介"的要件而言，股权众筹所采用的是通过互联网的方式向公众展示融资公司与项目进而进行融资，虽不属于"媒体、推介会、传单、手机短信"的方式，但是该条的"等"字作为兜底条款应当包括互联网这种传播更为广泛、涉及公众更多的推广模式。第三，针对承诺固定回报的要件，理论上存在两种理解：一是认为不能以股权作为回报；二是认为可以以股权作为回报，但不能对股权承诺固定回报。[1] 若采用第二种观点，可采用"预期收益率"的措辞，但是不保证绝对的固定回报。若采用第一种观点，则股权众筹符合"承诺在一定期限内以货币、实物、股权等方式还本付息或者给付回报"的要件。第四，针对"向不特定对象吸收资金"，股权众筹最大的特征就是通过互联网向社会公开宣传进行融资，目前股权众筹融资平台实行会员实名认证制，即平台项目并非向所有公众公开，规避了不特定对象这一要件。但综上所述，四个要件中股权众筹融资模式满足三条，并且第四条也属于运用策略才能规避的模式，这在一定程度上使其运营模式与非法集资罪的行为具有同一性质，具有触及非法吸收公众存款的法律红线的风险。[2]

（2）触及集资诈骗罪的法律风险。股权众筹融资平台承担线上创业项目的审核、展示和披露职责，平台必须确保投融资双方进行实名认证，对用户信息的真实性进行必要审核，并且对项目的合法性进行必要审核。在实际股权众筹融资操作的过程中，不乏一些不法分子利用一些新奇的想法或者创意，草拟一份项目策划书甚至注册一个空壳公司便在众筹平台上进行融资，如果众筹平台没有对进行融资的项目进行审核导致投资者的利益受到损害，股权众筹融资平台可能也会脚踩集资诈骗的红线。现实中的股权众筹融资平台分为两类：一类是单纯的中介平台，仅仅为融资者与投资者搭建一个接触的平

---

[1] 范文波. 股权众筹公开发行制度探析 [J]. 中国金融, 2016 (3).
[2] 闫夏秋. 股权众筹合格投资者制度立法理念矫正与法律进路 [J]. 现代经济探讨, 2016 (4).

台；一类是为融资活动提供担保服务的股权众筹平台。如果出现融资方诈骗的行为，股权众筹融资平台也应承担相应的保证责任，甚至有触及集资诈骗的法律风险。①

(3) 触及擅自发行股票罪的法律风险。对于擅自发行股票罪，《刑法》第一百七十九条进行了规定：未经国家有关主管部门批准，擅自发行股票，数额巨大，后果严重的应进行处罚。最高人民法院《关于审理非法集资刑事案件具体应用法律若干问题的解释》第六条指出：未经批准，向不特定对象发行或者向特定对象发行股票累计超过200人次的当属擅自发行股票罪。②因此，在股权众筹融资的实践中，股权众筹融资平台都会通过线上合意和线下操作两个部分来完成投融资过程。当项目达到融资额度后且投资者不超过50人时，投融双方转入线下成立合伙企业，依《合伙企业法》《公司法》与创业者签订股份转让协议。在这个过程中，股权众筹融资平台不参与股权的转让和交割，在一定程度上避免了擅自发行股票的嫌疑，但始终无法回避项目宣传的公开性问题。如果严格按照《刑法》中"非法公开发行股票罪"的规定，融资项目在互联网公开进行宣传即属于"信息公开"的要求，股权众筹融资模式便存在触及擅自发行股票罪的法律风险。③

7.3　项目融资人所面临的法律风险

相比较投资者众多的法律风险，融资者的法律风险相对集中，主要集中在涉嫌洗钱的法律风险与隐私、商业秘密泄露的法律风险，因为就融资者而言，其所付出的只有创意，项目策划书以及融资成功后给付平台的佣金，更

---

①　王阿娜. 股权众筹的退出方式探讨 [J]. 中国集体经济，2016 (8).
②　纪玲珑，隋静. 股权众筹与小微企业融资 [J]. 银行家，2016 (7).
③　卜亚. 股权众筹监管经验的跨国比较及启示——基于激励相容视角的分析 [J]. 华东经济管理，2016 (9).

多的风险源自在实际生产经营过程中的商业风险。[1]

7.3.1 涉嫌洗钱的法律风险

洗钱罪是指为明知是毒品犯罪、黑社会性质的组织犯罪、恐怖活动犯罪、走私犯罪、贪污贿赂犯罪、破坏金融管理秩序犯罪、金融诈骗犯罪的所得及其产生的收益，却提供资金账户，或协助变现，或通过其他方式协助资金转移等行为。[2] 最高人民法院《关于审理洗钱等刑事案件具体应用法律若干问题的解释》第一条规定，若无正当理由协助他人将巨额现金散存于多个银行账户或者在不同银行账户之间频繁划转的均属于洗钱罪中的"明知"的情形。[3] 也就是说，在股权众筹融资过程中，如果投资者的钱来源是上述七类犯罪所得及其产生的收益，那么融资者如果明知投资者的款项为上述非法所得却利用投资者的款项进行融资，将产生具有涉嫌洗钱罪的法律风险。[4] 因为目前国内股权众筹融资平台正在尝试采用打包的方式，将几个不同公司的融资项目打包进行投资以分散投资者的风险，容易造成投资者的资金在股权众筹融资平台多次划转的情形。[5] 如果投资者的资金来源为上述七类犯罪所得及其产生的收益，则即使融资者在自己不知情的情况下借助股权众筹融资平台频繁划转投资者的款项，亦会使融资者具有涉嫌洗钱罪的法律风险。[6]

7.3.2 隐私与商业秘密泄露的法律风险

《办法》规定，融资者需进行实名认证，并且股权众筹融资平台需要对

---

[1] 李华. 我国股权众筹投资者权益保护机制之完善 [J]. 南京社会科学，2016 (9).
[2] 陈晨. 股权众筹的金融法规制与刑法审视 [J]. 东方法学，2016 (11).
[3] 王啸，马妍妍. 股权众筹的美国经验与本土之路 [J]. 博鳌观察，2016 (1).
[4] 刘子仪. 中美股权众筹平台商业模式对比分析 [J]. 经济师，2016 (1).
[5] 周文. 论松绑股权众筹融资 [J]. 南方金融，2016 (1).
[6] 李晓玺，袁天昂. 股权众筹平台盈利模式研究 [J]. 时代金融，2016 (3).

融资者的信息真实性以及项目进行审核并存档。虽然该办法规定了平台具有保护融资者隐私的义务，非因法定原因不得泄露投资者的相关信息，但是若出现不法平台将融资者的公司信息或者项目信息透露给其他方的情形，或者不法平台对于融资者的创意和项目自主占用，或者若网络平台技术不到位，遭到黑客攻击，对初创企业的商业秘密进行非法窃取、盗窃、披露或者使用，融资者将面临隐私或者商业秘密被泄露的法律风险。若融资项目的创意被窃取，项目未上市就流产，所产生的著作权、知识产权以及商业秘密等争议波及范围甚广，必然会引发涉及泄露隐私与商业秘密的法律风险。①

---

① 刘再杰. 股权众筹发展的现实制约与经验借鉴［J］. 武汉金融，2016（3）.

| 第 8 章 |

"股权众筹"的风险防范

受我国互联网金融投资环境不完善,信息披露机制仍在建立当中,投资参与者的法律保护体系尚不成熟等因素影响,互联网金融系列风险的防范伴随金融改革成为永恒的课题。

相对于传统的股权众筹融资模式,互联网股权众筹融资模式涉及的领域更加广泛,除了融资项目具有很强的创新性、可开发性之外,还包括融资成功后创业企业与平台间资金的管理、项目的具体运营能力、盈利能力以及风险规避能力等等。投资者对融资项目也不仅仅是资金上的支持,更是一种自我理想的实现和共鸣,同时也为融资项目进行宣传,扩大融资项目的影响力,吸引更多优质的投资者进来,这也就要求投资者的商业投资素养,拒绝盲目跟风的情况。为了尽可能保护投资者的利益不受损害,更应该加强对投资者的审核,也应要求创业融资者承担信息披露的义务,防止欺诈行为让投资者利益受损。[1] 同时,互联网股权众筹融资平台因其依托互联网使得其虚拟性大大高于传统股权众筹,其虚拟性和隐匿性都可能会对平台的参与者决策及判断造成影响,平台可以考虑与银行和第三方机构采取线上和线下强强联手,并多开展线下交流的活动,让参与者面对面交流,进一步增加投资环境的安全性,促进融资项目更好地利用投资者周边的资源和渠道实施项目,实现共赢。对互联网股权众筹融资模式的风险防范应当以促进小微创业型企业发展、保护大众投资者权益的原则为出发点,从对融资者的鼓励、平台的监督与管理以及对投资者的引导三个方面展开。[2]

---

[1] 彭景,卓武扬. 制约股权众筹本土化发展的瓶颈及监管研究——以中美比较为视角 [J]. 西南金融,2016 (4).

[2] 钱颖,朱莎. 基于项目类型的股权众筹羊群行为及领投人作用研究 [J]. 科技进步与对策,2016 (9).

8.1 加强对投资者的引导和管理

股权众筹融资模式下要实现对股权众筹投资者权利保护,首先需要对股权众筹投资者进行规制。对股权众筹投资者的要求分为三个阶段。在股权众筹投资者投资之前设置一定的准入门槛,以避免风险能力较弱的投资者进入股权众筹市场。在股权众筹投资者投资之后,需要通过对投资者进行适当的管理,以保护股权众筹投资者合法权利。在投资前,股权众筹投资者准入制度的设立是股权众筹市场健康发展和投资者权利保护首先需要解决的问题。股权众筹投资者准入制度在美国、英国、日本等不同国家和地区也不尽相同,但其设置投资者准入制度的目的确殊途同归,都是为了促进行业的发展和投资者权利保护。建立合理的股权众筹投资者准入制度,有两个方面作用:规避股权众筹市场给投资者带来的风险和促进股权众筹市场的健康发展。在投资后,对股权众筹投资者进行合适的管理,保护股权众筹投资者合法权利不受侵害是股权众筹健康发展的方向。对股权众筹投资者进行事前、事中和事后要求,以确保在不同的阶段股权众筹投资者权利都得以保护。[①]

8.1.1 投前要求:股权众筹投资者市场准入规制

设置股权众筹投资者市场准入制度的目的是通过对股权众筹投资者资格进行规制,保障市场参与主体的权利。股权众筹投资者准入制度在形式上设置了准入条件,实质上是为了事前防范风险并促进股权众筹的健康发展。因此,股权众筹投资者首先面临的重要问题是市场准入问题。现行法律对不同资质的股权众筹投资者设置了不同的投资门槛和范围。股权众筹投资者的准

---

① 白江. 我国股权众筹面临的风险与法律规制[J]. 东方法学, 2017 (1).

入制度在我国相关征求意见稿中已经有所规定，但仍然存在不少问题。我国的股权众筹融资平台面对不同的投资者要求缺乏统一的标准，很难形成对股权众筹投资者的有效保护。

（1）准入制度之合格投资者路径选择

合格投资者制度是发展我国股权众筹和化解监管争议的核心和基础。合格投资者是指那些拥有大量净资产并具有一定投资经验和知识，具有相应的风险识别和承受能力的人。向合格投资者发行证券，不管针对个人还是机构，都可以适用注册豁免制度，不受《证券法》关于信息披露条款的保护，但是欺诈情形除外。《征求意见稿》中关于投资者准入制度的争议聚焦在股权众筹上就是股权众筹合格投资者的制度安排上，其核心问题是我国私募股权众筹是否应当引入合格投资者制度。我国目前的私募股权众筹投资者市场准入门槛设置是否过高，认定合格投资者的标准是什么，私募股权众筹和公募股权众筹对投资者的要求有什么不同，如何设定合格投资者制度才能到达便利融资和投资者保护的平衡，这些都是股权众筹合格投资者制度所关注的问题。合格投资者制度的设定是影响股权众筹发展和社会稳定的关键因素。合理的股权众筹合格投资者制度的安排不仅有助于股权众筹投资者权利的保护，也有利于促进整个股权众筹行业的发展。股权众筹合格投资者制度的设立具有特定的目的和作用。

对于证券的公开发行，必须经过注册（如美国）或者审批（如我国），但是如果是非公开发行（或称私募），则向合格投资者发行，就可以豁免注册或者审批。如果是公开发行，在美国，就要到SEC进行注册，如果属于私募只要向合格投资者发行就可以豁免注册；在中国，如果属于公募就需要报中国证监会批准，如果是私募只需要向合格投资者发行就可以豁免审批。对于我国目前的股权众筹只有中国证券业协会出台的《私募股权众筹融资管理办法（试行）（征求意见稿）》。按照该征求意见稿，目前我国的股权众筹是设定为私募性质的。根据私募的相关规定，只需向特定的合格投资者发行，就可以豁免审批。因此，对于私募股权众筹的合格投资者的条件和标准的设立尤为重要。①

目前我国法律对于合格投资者的相关规定主要体现在两个方面：一是体现在现行的《公司法》和《证券法》中；二是体现在部门规章或者规范性文件中。首先，关于法律中的规定，我国《公司法》和《证券法》都没有具体规定。只有《公司法》中有关于设立股份有限公司可以向"特定对象"募集和《证券法》第十条规定了"非公开发行"的定义和情形。而首次提到"合格投资者"概念的是在2012年12月28日修订通过、2013年6月1日施行的《证券投资基金法》。其次，在部门规章或者规范性文件中的规定分别见于中国证监会的《私募投资基金监督管理暂行办法》（简称"证监会办法"，2014年6月30日施行）、原中国银监会颁布的《信托公司集合资金信托计划管理办法》（简称"银监会办法"，2007年3月1日施行）和商务部颁布的《外商投资创业投资企业管理规定》（简称"商务部规定"，2003年3月1日施行）。"证监会办法"中关于合格投资者的规定主要见于第十二和十三条。"银监会办法"中关于合格投资者的规定见于该办法的第五条和第六条。而"商务部规定"只在第六条第二款中规定非法人创投企业投资者和单个投资者的认缴最低限额和必须以人民币出资，没有提到"合格投资者"概念。《私募股权众筹融资管理办法（试行）（征求意见稿）》中的合格投资者条件和私募基金中规定的合格投资者条件是一样的，其条件高于"银监会办法"和"商务部规定"。

2015年5月，央行金融研究所所长姚余栋代表央行互联网金融研究小组提出了股权众筹的金融创新"54321方案"，建议将股权众筹按照公募、小公募、大私募和私募四个层次来进行划分，引入"众筹合格投资者"的概念。目前，引入合格投资者制度的目的是为了引导市场提供差异性产品和服务，促进市场的长期稳定和规范化发展，提高股权众筹市场安全和市场效率。基于此目的，在制度安排上要服务于投资者权利保护和行业发展的双重任务。由于股权众筹市场是高风险市场，合格投资者群体的选择是为了避免股权众

---

① 李杰. 股权众筹概念特点研究 [J]. 知识经济, 2017 (1).

筹市场的投机性和波动性，为了股权众筹行业的长远发展。

对股权众筹投资者采取合格投资者还是非合格投资者进行市场准入，理论界和实务界持有两种截然不同的观点。一种观点认为，我国的股权众筹由于其高风险性，应该引入合格投资者制度，严格股权众筹投资者的市场准入，如《私募股权众筹融资管理办法（试行）（征求意见稿）》中的相关规定。另外一种观点认为股权众筹的发展不应当引入合格投资者，而是应该把合格投资者扩展到普通投资者才更符合股权众筹的本质。

对于进行何种路径的选择，笔者认为不能一概而论，而应该区别对待。根据我国股权众筹发展现状，由于现阶段还缺乏股权众筹良好的发展土壤和配套的法律法规，目前阶段可以依照该征求意见稿中对合格投资者的规范对股权众筹投资者设置一定的市场准入条件，以利于通过对合格投资者的不断培养逐渐形成良好的股权众筹市场。然后再逐步开放公募股权众筹市场，引入普通投资者进入该市场。毕竟从股权众筹的本质来看，如果一直把普通投资者拒之门外无益于整个股权众筹资本市场的发展。但是把股权众筹扩大到普通投资者也不是毫无限制，可以对公募股权众筹投资者进行一定限制以达到保护股权众筹投资者的目的。因此，笔者认为可以分阶段按照公募和私募两种情形对股权众筹投资者的准入实行不同的标准。[①]

（2）我国股权众筹投资者准入制度缺陷

在我国，现行股权众筹投资者准入要求主要体现在《私募股权众筹融资管理办法（试行）（征求意见稿）》中。该征求意见稿填补了股权众筹一直以来法律制度的空白状态，对合格投资者条件作了初步的界定。该征求意见稿第14条规定了私募股权众筹的投资者准入条件。该征求意见稿出台后，各大股权众筹网站创始人撰写博文表示，大部分投资者都达不到这个标准，股权众筹投资者准入标准太高、不太合理。相关规定不符合互联网金融小额分散的特点，会限制股权众筹平台的发展。我国股权众筹投资者门槛的设立是否

---

① 魏琼，吕金蓬. 我国股权众筹市场的监管体制、方式和原则［J］. 商业经济研究，2017（1）.

过高，学界和业界持截然不同的观点和看法。

一种观点认为，目前我国股权众筹属于私募股权众筹，对于私募股权众筹应当参照私募证券发行或者私募投资基金管理办法，只能向特定的合格投资者发行，并对投资者设置一定的准入门槛，该特定投资者即为合格投资者。由于我国股权众筹市场还欠发达，所以应当把风险识别和承受能力较低的非合格投资者排除出去。所以该观点认为该征求建议稿对允许私募股权众筹向合格投资者开放是正确的，并且认为征求意见稿中关于合格投资者的设置标准并不算高，符合我国众筹行业发展现状以及实现对股权众筹投资者的法律保护。

另外一种观点认为，目前我国只把股权众筹定位为私募股权众筹的做法有失妥当，应当将股权众筹分为公募和私募两种形式，不同的类型对投资者的要求也不同。私募股权众筹应当向合格投资者开放，公募股权众筹可以设置一定的保护措施对股权众筹融资进行注册豁免或者登记豁免。同时，目前我国私募股权众筹对合格投资者的准入门槛也过高，投资单个股权众筹项目金额也偏高。

笔者赞同第二种观点，我国私募股权众筹应当限定在合格投资者范围内，只是在合格投资者的设定标准上存在问题，而对于公募股权众筹，应当扩大到非合格投资者，但是可以对投资者设置一定的保护手段。前述征求意见稿中关于私募股权众筹投资者的要求还存在一定的问题。

第一，对私募股权众筹投资者的准入门槛设置过高。互联网众筹的特性本来就是"小"和"众"，为了规避投资风险，对私募股权众筹投资者设置一定的准入门槛本身是合理的，但如果设置的门槛过高是不合理的。征求意见稿对投资者的门槛设置偏高，不利于股权众筹行业的发展。同时，设置过高的收入标准而不是设置一定的投资比例也起不到保护股权众筹投资者的作用。如果一个拥有净资产300万元的投资者，他倾其所有投资到一个项目上和一个净资产只有10万元的投资者倾其所有投资到一个项目上，而如果项目失败带来的打击是一样的，都会对其基本生存及家庭带来灾难性的伤害。因此，通过设置高收入门槛本身达不到保护投资者的目的，只能把众多投资者拒之门外，这不是股权众筹的初衷，设置过高的投资准入门槛只能把股权众筹变成高净值群体的专属市场。

第二，未规定领投人制度与我国私募股权众筹现状不符。征求意见稿中并未规定业内现在普遍采用的领投人制度，各大股权众筹融资平台对领投人的要求和规定也不一样，具体标准模糊不清，缺乏强制性规定。在我国，领投—跟投已成为最常见的模式，但若要求领投人和跟投人采取相同的准入标准，显然是不合理的。况且，若项目中所有投资者都具有相同的资质，领投人的领投作用则无法体现。股权众筹融资项目的领投人包括在平台注册的天使投资者、明星投资者等，他们都属于特殊的投资者。他们选中某个项目后，会率先进行大额投资，项目一旦有了领投人，普通投资者往往会出于对领投人的信任而跟投。这种做法背后存在合同欺诈风险。因为在这种模式下，与领投人相比，跟投人处于信息劣势，为了防范领投人与融资者合谋损害跟投人的利益，必须对领投人的实体准入条件加以特殊限制，以保障跟投人的权益。但征求意见稿并未规定领投人的实体准入条件，而是将领投人直接纳入普通投资者范畴。[①]

第三，最低投资数额不合理，也未设置投资者上限。征求意见稿要求：股权众筹投资者，无论单位还是个人，投资单个项目的投资金额不低于100万元人民币。这一规定也是不合理的，原因在于：一是对单位和个人都设置100万元人民币的统一标准不合理；二是这一数额的规定本身不合理。对个人和机构投资者都设置这一过高的投资数额限制极不合理，也和实践不符。实践中，各大股权众筹融资平台都把筹集资金单个投资者的投资数额设置从1万元到100万元不等。而征求意见稿中并未规定如果投资者对单个投资数额达不到要求的后果。所以此条规定形同虚设。三是股权众筹本来就是为了集合众人之力开展股权融资，为了避免过大投资项目失败所带来的毁灭性的后果，所以设定一定的投资者投资上限会更为合理。

---

① 安高宏. 我国股权众筹平台的风险与完善 [J]. 河北企业, 2017 (2).

股权众筹到底适合什么样的投资者进入股权众筹市场？股权众筹是否适合普通投资者？从股权众筹投资者权利保护的角度需要遵循两个基本原则：一是投资回报和投资风险相匹配；二是股权众筹投资者的风险承受能力和投资风险相匹配。股权众筹多属于创新类高科技企业，项目风险大，其对应的回报率也高。对于早期的项目不仅要求投资者具有很强的风险承受能力，还要有较强的判断能力。股权众筹往往把单个金额降低到普通投资者可以接受的程度，给人低风险高回报的误解。股权众筹投资者的风险承受能力不仅仅和额度有关，还和可支配财富有关。例如5万元对于天使投资者来说是个小数目，对于普通工人家庭可能就是个大数目。降低投资额度只是降低了额度，降低的是准入门槛，并没有降低项目的风险。

如何保护股权众筹投资者权利，逐步放宽对股权众筹投资者的准入门槛，让更多的投资者参与到股权众筹投资中，是股权众筹立法所要解决的重大问题。股权众筹投资者缺乏金融、投资、交易结构和估值等专业知识，容易遭受损失。如何设定投资者的准入门槛，如何防范过度放宽投资者准入门槛给投资者造成的不必要的伤害，都是股权众筹投资者权利保护亟须解决的问题。

中国和美国的差异性就在于美国的资本市场相对比较成熟和发达，投资者也相对比较成熟，即使在股权众筹投资中失败，也不会引起社会动荡。投资者投资的项目虽然是平台介绍的，但是投资者需要承担最终的风险和责任。而中国的股权众筹投资者对股权众筹了解的程度还比较低，大多存在投机心理，还有许多平台为了促进成交易量采取担保的方式给投资者吃定心丸，使得投资者认为股权众筹投资是低风险高回报的行业。中国股权众筹投资者的不成熟需要靠各方的力量花时间进行教育和培训。但是我们不能因此就对股权众筹投资者设置过高门槛，把普通投资者拒之门外，这不符合众筹的大众化投入和资金小额化特征。为了对股权众筹投资者权利进行充分保护，在立法时可以考虑根据不同的股权众筹类型设置不同的投资者准入门槛。对于私募股权众筹，建议仍然按照征求意见稿中规定的合格投资者准入制度对投资者进行保护，只是重新划定合格投资者的标准。将来有条件进行公募股权众筹时，可以根据我国的股权众筹行业实践，对领投人和跟投人设置不同标准的投资者准入门槛。未来我国《证券法》的修改，应该为我国公募股权众筹证券化留下立法空间，在股权众筹投资者准入门槛和股权众筹豁免方面保持一致。①

关于股权众筹投资者是否符合实体准入制度条件的审查，征求意见稿仅仅在第八条第二款中作了如下规定：平台有义务对其用户进行实名认证和对用户信息的真实性进行必要审核。但并未规定具体审查程序，也未规定对不符合投资者准入条件的投资者进入平台后的法律责任，股权众筹投资者准入条件形同虚设，起不到规范平台和投资者权利保护的作用。

（3）美国股权众筹投资者的要求对我国的借鉴和启示

从美国股权众筹的立法经验来看，对股权众筹投资者的准入实行的是把股权众筹投资者扩大到非合格投资者，但是通过设置投资者上限、投资比例和单个项目的金额实现对投资者保护的目的。美国对合格投资者进行了分类，并采取了收入标准。但是单纯的对投资者设置收入投资比例和投资上限并不能完全达到保护投资者的目的。目前，我国股权众筹领域的立法程度已经远远落后于股权众筹的发展速度。就股权众筹投资者准入条件而言，借鉴国外立法经验对我国具有如下启示：

第一，设置合理的股权众筹合格投资者标准。股权众筹的两大永恒主题是便利融资者筹资并保护股权众筹投资者权利。股权众筹这种模式，对融资者而言就是以尽量低的融资成本获得最大预期资本；对投资者而言就是能够在知晓融资项目相关信息的基础上进行投资并取得预期回报。随着经济水平和互联网金融的不断创新，不同法律法规和部门规章对合格投资者提出了不同的标准，合格投资者的门槛需要制定相应的统一标准。但合格投资者的法定标准也不能朝令夕改。过于严格的合格投资者标准，无法适应股权众筹的发展实践。目前，我国股权众筹投资者的准入要求是合格投资者。我国股权

---

① 黄琦文. 国内外多个股权众筹平台的运营模式对比分析 [J]. 科技经济导刊, 2017（1）.

众筹应该逐步区分为私募股权众筹和公募股权众筹。对于私募股权众筹，笔者建议采用目前征求意见稿中的合格投资者制度，但是需要对合格投资者的标准重新界定，采取更加灵活的投资者标准。对合格投资者的准入门槛不能设置太高，需要根据股权众筹投资实践现状和投资保护的目的设置更为合理的投资者准入标准。将来随着《证券法》的修改和公募股权众筹的合法化，公募股权众筹应该推及非合格投资者。对于非合格投资者权利的保护可以借鉴国外的先进经验，在投资者限额和准入标准上采取更加合理的形式。对于合格投资者和非合格投资者的收入标准采取不同的方式。对于合格投资者可以采取收入或者资产净值的标准；对于非合格投资者，可以采取净收入标准，扣除股权众筹投资者必需的生活花费，用多余的、可以投资股权众筹的收入的一定比例投资股权众筹。

第二，建立不同类型的股权众筹投资者准入条件。基于股权众筹投资者类型不同，股权众筹平台需要根据不同的股权众筹投资者的风险偏好和风险承受程度推荐不同的项目，以实现有针对性的保护，推动股权众筹投资者的积极参与。就股权众筹投资者的准入条件而言，各国立法中可归纳为如下几类：投资者的身份、收入及财务状况、专业知识、投资经验等。而我国征求意见稿仅采用投资者身份和财务状况作为划分衡量指标，并未涉及投资知识经验把收入情况作为重要标准。而不论是自然人还是法人，投资者不同的知识经验也意味着他们在风险承受能力上的差异。作为自然人投资者，如果其具备长期资本市场投资经验，不论其资金实力如何，都比一般投资者的风险识别和承受能力要强。而作为金融行业的法人，其投资经验和策略必定强于其他行业的法人，相对而言不需要对其有太高程度的保护。[①]

第三，关于投资限额的规定。是否需要对投资者投资限额作出规定也是仁者见仁智者见智，不同的国家做法也不尽相同。有观点认为要想保护投资者权利，需要对投资者的投资限额作出规定，其相反观点认为，对投资限额

[①] 潘永明，朱茂东，李雪. 基于股权众筹融资机制的小微企业团体融资模式创新 [J]. 大连理工大学学报（社会科学版），2017（1）.

的规定并不能很好地保护投资者权利。投资者有权利决定自己是否投资以及投资的额度,有自由支配其财产的权利。法律上到底是否应该对投资者投资限额作出法律规制也是理论界和实务界一直争论的问题。支持对投资者的投资限额作出规制的一派理由是股权众筹是高风险行业,对投资限额作出一定的规制有利于投资者权益的保护;反对派认为对投资限额作出规制有违市场竞争和个人的自由支配权的实现。

对于是否应当对投资者的投资限额作出限制应该视具体情况而定。不同的国家由于其众筹的实践和市场环境不同,不能用统一的标准。对于股权众筹市场发达的国家,投资者经验相对比较成熟的国家,其已经允许采取公开募集的方式发行股权众筹证券,其类似于股票市场,对投资者的投资不应当作出过多的限制,而应遵循"买者自负"的原则由投资者自行承担其投资风险,这样可以使股权融资市场更加活跃,吸引不同的投资者把大量闲散资金用于提高社会整体效益。而对于股权众筹市场还欠发达的国家,可以通过对投资者投资限额的规制逐步降低投资者因投资失败带来的风险。但是如果过度限制投资者的投资限额又不利于股权众筹行业的发展。对于投资限额的规范应该根据每个国家的国民人均生活水平、人均收入和股权众筹的市场发展状况来定。

征求意见稿指出,众筹项目不限定投融资额度,充分体现风险自担,平台的准入条件较为宽松,实行事后备案管理。出于对投资者权利保护的目的,虽然设置投资上限并不能规避股权众筹法律风险,但是可以避免部分投资者经不住利诱把全部资产作为赌注压在某一个股权众筹上,万一项目失败而倾家荡产,也会影响社会的稳定和投资者最基本的生存。建议对股权众筹投资额度可以按照分层采取设置上限的方式,采取净收入标准,针对公募股权众筹投资者和私募股权众筹投资者设置不同的标准,具体采用哪种标准还要看哪种情形更有利于投资者权利保护和更有益于实践操作。

8.1.2 投中要求：对股权众筹投资者的适当管理

在股权众筹投资者进入股权众筹市场后，需要对股权众筹投资者进行监督管理以充分保护股权众筹投资者合法权利。

（1）股权众筹投资者的区别保护

由于股权众筹投资者千差万别，相关的财力、专业知识水平和投资经验等相差很大，其承受风险的能力也完全不同。因此，有必要对股权众筹投资者进行适当地分类保护。如果对所有股权众筹投资者不加区别统一保护可能会产生诸多弊端。首先，从经济学角度来说，对于不需要保护的投资者如果实行统一的保护会带来不必要的社会资源和成本的浪费。因此，对股权众筹投资者进行适当的区分以分配负担和成本，可以扩大效益，抑制风险。其次，如果对股权众筹所有投资者进行无差别低程度的保护，这种保护也形同虚设，对整个股权众筹市场发展不利。再次，向有能力提高自我保护的却提供多余的保护有悖于法律的公平正义。因此，对股权众筹投资者进行分类保护不管是对股权众筹投资者还是对融资者都是基础性措施，是规制的重中之重。

对投资者的分类规制中，可以选择"可投资净值""投资者净收入""投资者投资和管理经验"等。"可投资净值"，扣除了影响基本生活条件的资产，如基本居住条件、养老金、寿险保障等。对于投资收入一般用投资中的个人近三年的收入或者家庭的整体收入为依据。投资者的投资和管理经验等指的投资者近三年作为高管或者成功投资历史记录。到底采取何种标准更有利于对投资者权利进行保护需要综合考量。既要考虑实践中的可操作性，又要考虑充分保障投资者的权利，降低因投资风险而带来的后果。

（2）股权众筹投资者教育

对股权众筹投资者教育是为了更好地实现股权众筹投资者掌握股权众筹专业知识增强抗风险能力。股权众筹往往涉及较高风险，确有必要教育投资者谨慎防范风险。对股权众筹投资者的教育要从不同的角度进行。

首先，从政府的角度推动股权众筹投资者教育。我国股权众筹归属于中国证监会监管。因此，中国证监会在出台股权众筹相关法律规则时，应该把对股权众筹投资的教育当作一项法定的义务。监管当局应当把股权众筹投资者教育作为对股权众筹投资者监督管理的一个重要的组成部分，在股权众筹领域形成以监管当局为主导的覆盖全社会的金融知识教育管理及保障体系。

美国证券交易委员会通过一系列措施加强对股权众筹投资者的教育。以立法和监管措施构建起对投资者的综合教育。美国 JOBS 法案通过低成本小额融资手段让更多的投资者参与到股权众筹投资类型中。因此，众筹法案要求投资门户为投资者提供严格的保护和提供相关的教育活动和教育材料。非成熟投资者可以通过教育材料作出更好的投资决策。这些材料包括以往投资案例和解释说明文件等。从这些材料中股权众筹投资者可以了解基本金融和投资知识，深层潜在风险分析以及相似投资风险和收益的分析数据。

英国 2013 年出台的《众筹平台和其他类似活动规范行为征求意见报告》中，通过问答的方式梳理和总结了股权众筹可能和已经出现的问题。在信息采集和整合的过程中，广大投资者参与其中体现了英国立法对市场信息反馈的重视。英国非常重视投资者教育和消费者保护，借用多样化的教育形式和手段，引导公众投资者进一步参与到金融教育中来。[①]

其次，从股权众筹平台的角度强化对股权众筹投资者教育。笔者认为，股权众筹融资平台应当认真遵守监管部门对于股权众筹投资者教育工作的相关规定，重视并落实好投资者教育工作。平台可以采取多种方式提示风险，比如在平台网站设立投教专区、制作投教手册等方式，众筹平台须严格遵守监管部门关于事前风险揭示书的签订事项要求。股权众筹平台有义务向投资者提供相关教育资料。平台应当用平时的大众化语言告知投资者如何开立账户、该众筹项目所存在的风险、股权众筹投资者的转售限制以及法定投资限额等。让股权众筹投资者知悉其投资的相关风险以及其所投项目的相关信息，让投资者充分了解所投资的项目及项目的执行情况。股权众筹平台还可以举

---

① 李涵，陈子婕. 股权众筹问题的法律监管制度研究 [J]. 知识经济，2017 (1).

办定期的教育培训讲座,以考试的方式来考察教育培训效果。股权众筹平台还可以通过自身网络的优势,和股权众筹投资者采取网络互动教育,在网上形成讨论区和社区,建立公共微信交流平台等方式,普及对股权众筹投资者的教育培训,使其成为股权众筹的成熟和理性的投资者。

再次,强调股权众筹投资者自身的不断学习。随着互联网金融的不断创新和发展,股权众筹投资者要想适应不断变化的金融资本市场发展,需要不断提高专业知识和风险防范能力。股权众筹投资者可以发挥主观积极能动性,通过多种方式自觉学习股权众筹包括互联网金融的各种创新知识,强化自我保护体系。俗话说"自助者天助"。股权众筹投资者要通过不断自我修炼和学习,增强自身的素质,从而更好地保护自身权利。

总之,通过对股权众筹投资者教育把潜在的普通投资者培育成成熟股权众筹投资者,使股权众筹投资者能够利用自身掌握的知识进行股权众筹项目的筛选和甄别,从而降低股权众筹投资风险。我们应当建立多层次、多渠道的综合性金融教育体系,让金融投资教育普及并惠及普通的股权众筹投资者,培养其风险识别和防范意识。这需要监管方及其各方市场主体乃至整个社会的共同参与。建议借鉴英美的经验,把股权众筹投资者教育理念融入立法框架。建立股权众筹市场反馈机制,重视调查研究,通过多样化的教育形式调动股权众筹投资者的学习积极性,培育股权众筹市场参与主体的理性和独立性,形成健康发展的理性的股权众筹投资市场。

(3)股权众筹投资者的参与治理

股权众筹和普通的证券投资者或者是纯粹的公司股东有所不同。股权众筹投资者通过第三方中介平台进入公司成为公司的股东,同时还有领投人加跟投人等模式,加上股权众筹除了筹资外,还有筹智和筹人脉等因素,这就导致股权众筹投资比较复杂。因此,股权众筹投资者的参与管理权不同于普通公司股东的参与治理权。[1]

我国目前的股权众筹以领投加跟投模式为主,其常见模式是领投人和跟

---

[1] 付晨.股权众筹法律规制路径探析[J].法制博览,2017(1).

投入成立合伙企业基金,然后合伙企业以有限合伙的身份投入到股权众筹项目中。在这种模式中,不管是领投人还是跟投人,按照《合伙企业法》的规定都无权参与公司经营管理权。我国的《合伙企业法》排除有限合伙人的参与管理经营权,不得参与合伙事务的执行。《合伙企业法》的立法本意是平衡普通合伙人和有限合伙人之间的利益,也是保障合伙企业高效运营的手段。但是,股权众筹中的有限合伙人具有其特殊性。因此,有必要修改《合伙企业法》,赋予特殊情形下的有限合伙人的经营管理权,使得股权众筹中以有限合伙人身份投资的股权众筹投资者有权参与到所投资的众筹业务中。

股权众筹投资者作为有限合伙人享有参与企业管理权,其理由如下:第一,众筹的立法本意就是筹集众人的智慧、金钱、人脉等各种因素,如果把股权众筹投资者排除在公司经营管理之外,就和众筹的原本宗旨相违背。第二,股权众筹投资者享有参与合伙事务的管理权,是其出资的内在要求。作为有限合伙企业的出资主体,出资者享有对合伙企业财产的管理权。法律不应该禁止其参与企业经营管理。股权众筹投资者参与到所投资企业并不会损害企业的利益,反倒会为所投资企业增值。因此,法律不应该限制对其自身和企业都有益的事情。第三,从先进国家的立法经验来看,赋予有限合伙人"安全港"是国际立法趋势。2001年,美国修改了《统一有限合伙法》,赋予有限合伙人一定的参与经营权。第四,融资者单独享有管理权容易导致其权利滥用,不当使用股权众筹投资者资金。权利是平等的,任何权利的垄断都会导致实质上的不公平。在股权众筹事务中,如果赋予股权众筹投资者的参与管理和监督权,可以制衡融资者的权利,督促其正确使用股权众筹资金,勤勉经营众筹项目,还可以及时知悉和众筹项目相关的重大信息,为股权众筹投资资金的安全和众筹项目的顺利运营创造条件。

8.1.3 投后要求:股权众筹投资者"买者自负"原则的特殊性

"买者自负"原则基本含义是:"投资者在进行证券投资时,无论其结果盈利还是亏损均由投资者本人自行承担责任。"股权众筹投资者在购买股权众筹产品后，可以如证券投资一样遵循证券市场投资者的"买者自负"原则。股权众筹虽然类似于证券投资，但是其高风险性又和证券股票类投资不同。"买者自负"原则从来就不是一个孤立的原则，它的适用并不是绝对的、无条件的，其股权众筹投资者的"买者自负"原则具有自身的特殊性。

第一，"买者自负"原则应建立在公平的基础上。"买者自负"原则是建立在买卖双方公平交易的基础上，并且买卖双方的地位悬殊不是太大，有互相进行讨价还价的能力。如果双方地位悬殊，本身已经构成不公平。因此，把该原则适用于股权众筹时首先要确认股权众筹投资者和融资者是否在公平的情形下进行交易的。

第二，"买者自负"原则要求买者在交易时如果尽到充分的注意义务时，自行判断收益和风险并承担相应的后果。正常的股权众筹投资者因获得收益，也应当承担与投资相应的风险和履约责任，以及因其自身不慎行为而造成的不利后果，这是公平原则的基本要求。"买者自负"原则符合市场经济的契约精神，有利于维护投资市场的健康发展，创造良好的投资氛围。"买者自负"原则作为市场经济基本理念应当被遵守。自由主义经济学家从亚当·斯密到弗里德曼都倡导"政府放弃监管、买卖绝对自由"的原则。弗里德曼甚至认为，如果保安取代警察，私人公司承保国防，可以大幅度降低公民的个人赋税，促进整个资本市场的发展。其次，"买者自负"原则以合格投资者为前提。

第三，"买者自负"原则中的买者是资本市场中理性的、谨慎的合格投资者。在股权众筹投资市场中，要求融资者和股权众筹融资平台通过股权众筹投资者认证，把合适的产品卖给适合的股权众筹投资者。融资者通过股权众筹平台向广大股权众筹投资者融资，通过出售股份进行融资，本身就类似证券的性质，类似于一种理财产品。但是其和理财产品又完全不同。理财产品如股票等即使跌了还有涨回来的可能性，并且股票是上市公司股权凭证，其管理运营等相对比较规范。而股权众筹的融资企业大多是初创企业，并且大多以失败而告终。如果股权众筹像股票一样可以卖给任意投资者，则可能因为有部分股权众筹投资者因投资失败而影响个人及其家庭的基本生存，甚至危害整个社会的稳定。因此，股权众筹一般对投资者都设置了一定的准入门槛。股权众筹投资者"买者自负"原则适用于股权众筹中的适格投资者。如果股权众筹平台和融资者为了自身的利益把股权众筹卖给了不适格投资者，股权众筹平台和融资者将承担自身不当行为所带来的不利后果。

第四，"买者自负"原则以信息的充分获取为核心。股权众筹投资收益是与风险共存的，股权众筹投资者的"买者自负"原则建立在信息完全对称的基础之上。如果股权众筹投资者的相对方违反该交易规则，融资者如果利用自身的优势地位夸大宣传股权众筹项目，而股权众筹融资平台为了获取中间报酬极力促成双方的交易，帮助融资者美化其众筹项目而隐瞒其投资风险，将影响股权众筹投资者的判断力，影响其投资结果。股权众筹投资本身风险就极高，如果不能充分获取项目信息，会严重导致股权众筹者权利受损，也影响"买者自负"原则的适用。

8.2 规范融资者的行为和义务

对股权众筹融资者进入市场准入条件的设置是保护股权众筹投资者权利的前提和基础。合适的融资主体和合法合理的融资方式不仅能够促进股权众筹行业的整体发展，还有利于股权众筹投资者权利的法律保护。股权众筹融资者准入门槛的设置是保障股权众筹投资者权利的第一步。股权众筹投资者虽然可以主动决定是否投资，但是信息被控制在融资者和股权众筹平台手中，使得投资者无法正确辨别信息的真实性。股权众筹投资者囿于自身专业知识和经验也不能全面识别投资风险。"阳光是最好的防腐剂，灯光是最好的警察"，要实现对股权众筹投资者的法律保护，对融资者设置一定的准入门槛是股权众筹投资者权利保护的前提和基础。第二步，要建立股权众筹的强制性信息披露制度,这是股权众筹投资者保护的核心和保障。第三步,对股权众筹融资者实行适当的监管是保护股权众筹投资者资金安全的方式和手段。①

8.2.1 对股权众筹融资者的资格要求

设置股权众筹融资者市场准入制度的目的是通过股权众筹市场入口处的监管来维护市场秩序,保护股权众筹投资者权利。虽然股权众筹市场设置了融资者的准入,看似限制股权众筹行业的发展,实质上是为了促进其发展。限制性的市场准入是为了行业的健康发展提供基础性条件,避免行业之间恶性竞争,从技术、安全和环境等各方面增强融资者自身素质,有利于更进一步保护股权众筹投资者权利。

(1) 对融资者准入门槛的要求

我国对股权众筹融资者主体的要求目前主要规定在《征求意见稿》和《指导意见》中。这两个文件中都只规定了融资者应当为中小微企业或者发起人,都没有给出具体的中小微企业的标准。不少股权众筹融资平台在其融资规则或者融资协议中也都有类似的规定或者约定。对于融资主体理论界存在两种不同的观点。一种观点认为,股权众筹融资者的准入门槛必须是初创企业或者中小企业。股权众筹的最初目标就是解决新兴企业的融资难问题,建议在股权众筹融资者的市场准入方面必须以实体和程序审查相结合的方式进行。为了避免融资者的融资范围和新三板中的融资困难的中小企业相区别,应当把股权众筹融资者规定为成立时间在两年内或者正在发起设立的小微企业,应当将股权众筹融资者的范围严格控制在初创企业的种子期。另一种观点则认为,股权众筹融资者不一定仅仅被限制在中小企业或者发起人。马永保(2015)认为,虽然股权众筹融资平台的初衷是为中小微企业服务,但是股权众筹服务应该不以企业规模来识别,而是服务于企业本身的融资。如果

---

① 史欣媛. 我国股权众筹投资者适当性制度的构建 [J]. 现代经济探讨, 2017 (2).

仅仅把股权众筹限制在中小企业或者发起人，会人为地限制股权众筹行业的发展。他认为，在股权众筹项目中，很多项目融资都超过千万级别甚至会出现更大融资规模。例如被称为互联网"独角兽"WIFI万能钥匙，在股权众筹平台目标融资额是 3 250 万元人民币，而经过项目的 5 天预热期后，意向投资高达 72 亿元人民币。

《征求意见稿》出台后，对于股权众筹融资者准入门槛的争议也比较大。是把股权众筹融资者严格限制在中小微企业，还是可以扩大到普通企业，也是仁者见仁智者见智。笔者认为，对于股权众筹融资者准入门槛应当采取灵活的方式而不能一刀切。应当根据股权众筹的不同类型设置不同的准入门槛。对于私募股权众筹不应当将其囿于中小微企业，对于公募股权众筹融资需要设立不同的标准。对于公募数额巨大时需要对融资者设置较高的准入门槛，而对于融资数额较小的企业可以设置为中小微企业。对于中小微企业的标准应该以具有可操作性为基础。关于股权众筹融资者准入门槛应当从以下几个方面入手：

一方面，对于私募性质的股权众筹融资者应当扩大到一般企业。首先，私募性质的股权众筹对应的投资者多为合格投资者，并且《征求意见稿》中规定，股权众筹投资者投资单个股权众筹项目金额不低于 100 万元人民币。按照《证券法》不超过 200 人计算，理论上股权众筹融资可以高达接近 20 亿元人民币。而《征求意见稿》中也没有设置最高的投资限额，理论上可能融资的金额更大。而如此大规模的融资早就超出了中小企业本身的规模。即使股权众筹发源地美国，股权众筹的融资总金额也有高达数亿美元的。因此，《征求意见稿》中把我国的股权众筹融资限定在私募范围内，把投资单个项目金额又设定为不低于 100 万元人民币，而把融资者的融资主体限制在中小微企业，本身就是自相矛盾的。出于从股权众筹投资者权利保护的角度来看，将融资者扩展到普通企业更有利于股权众筹投资者权利保护。因为中小微企业的项目经营失败率更高，如果是一般的成熟企业也可以进行股权众筹，则对投资者收益的获取更有保障。

另一方面，对于公募股权众筹应当根据融资限额设置不同的融资者准入门槛。对于公募股权众筹来说，股权众筹投资者风险更大。可以根据融资者融资额度的不同设置不同的门槛。对于融资额度比较大的股权众筹融资者可以推广到比较成熟的企业；对于融资额度不大的可以覆盖初创企业或者小微企业。融资额度如何划分更为合理，需要进一步论证。而关于中小微企业或者初创企业的认定目前也没有统一的标准。中小微企业是个相对的概念，是在人员和资产等方面处于相对比较小的企业。各行业对于中小微企业的认定标准也不太一样，具体以成立时间还是以注册资本多少来划定中小微企业也都观点不一。美国《JOBS 法案》规定，融资者每年融资金额在 500 万美元以内。笔者建议中国的公募版股权众筹可以设置 500 万元人民币融资限额，单个融资者每年通过股权众筹平台融资 500 万元人民币以下的可以为中小微企业或者普通企业；融资金额在 500 万元人民币以上的，只能是成立两年以上的成熟企业。这样不但有利于股权众筹企业的融资，也有利于促进股权众筹投资者的保护。

(2) 股权众筹融资者的资格审查和认定

我国对股权众筹融资者资格的审查和认定主要规定在《征求意见稿》中。股权众筹融资者如果要通过股权众筹融资平台向广大投资者融资，必须经过股权众筹平台的实名认证。但是对于股权众筹融资者资格的审查和认定到底采取何种方式《征求意见稿》却没有给出具体的规定。对融资者的资格认定是进行程序审查还是实体审查也是争议焦点之一，观点各异。形式审查便于操作，但是难以控制融资项目的风险，不利于股权众筹投资者权利的保护。而实质审查则会降低融资效率，提高融资成本，加重股权众筹融资平台的负担，但更有利于股权众筹投资者权利的保护。

到底采取何种审查方式笔者认为不能一概而论，也要采取比较灵活的方式。从平衡融资者、股权众筹融资平台和投资者三方利益出发，可以分类别划定一个融资额度。例如，可以规定私募股权众筹融资额在 500 万元人民币以下的可以采取形式审查的方式，只要求融资者提供完整的项目书面材料，并且明确告知投资者采取的是形式审查的方式,只要通过平台的认证注册即可,并提醒投资者在和融资者商谈投资的过程中注意防范风险。如果超过500万元人民币的融资额度就需要进行实质审查。对于公募股权众筹建议进行实质审查。除了要通过平台的实名认证注册提交书面材料之外,平台还得通过约谈融资者或者通过实地考察等方式进行实质审查,以达到更好地保护投资者目的。另外,关于"形式审查"和"实质审查"的范围以及责任主体在《征求意见稿》中也没有规定。

对融资者进行股权众筹融资资格的认定到底是采取注册制、审批制还是备案制,各国做法不一。美国的《JOBS法案》规定,只要发行人或者卖方采取合理的步骤证明合格投资者,就可以依法享受注册豁免,依法向广大投资者出售证券。该法案为私人公司创设了一种新的向公众融资的方式。《JOBS法案》规定,只要通过在SEC注册为经纪人的中介平台,私人公司就可以不去SEC注册而直接在该平台上向众多的投资者筹集资金。美国采取的是小额公开发行注册豁免的方式。只要该私人公司在12个月内筹资总额不超过100万美元,就可以不去SEC注册。美国对融资者的资格认定采纳的是注册制。这一规定和美国的证券发行相一致。美国这一小额公开发行注册豁免的规定为中小企业融资提供了方便快捷的途径,降低了融资成本,提高了融资效率。如果年度融资额在100万美元以下,只要在经过SEC注册为经纪人的网站上就可以向广大公众筹资,从而豁免向SEC注册。

英国对股权众筹融资的规定主要见于2014年公布的《关于网络众筹和通过其他方式发行不易变现证券的监管规则》中,对众筹融资这一新型方式给予了充分的肯定,为公司融资提供了除银行和风险投资之外更多的选择。与美国对股权众筹融资的注册制管理不同,英国采取的是审批制。英国FCA规定,从事股权众筹必须得到其许可。所以英国的股权众筹融资者要向广大投资者进行股权众筹融资,必须到经过FCA许可的股权众筹平台上进行注册,得到平台的认证后方可进行股权融资。

我国对股权众筹融资者资格的认定目前采取的是平台认证加备案登记制

方式。股权众筹融资者要进行股权众筹融资必须先通过股权众筹融资平台的资格认定。而股权众筹融资平台要经营股权众筹业务必须到中国证券业协会备案登记，并申请成为中国证券业协会会员。而对股权众筹融资采取注册加备案登记的形式把我国的股权众筹融资者至于尴尬的境地。其既与目前我国公开发行证券的行政审批制不符，又没有实现审批的豁免，并且还和《公司法》及《证券法》的公开发行及发行人数的限制相冲突，一不小心就容易陷入非法吸收公众存款或者非法发行股票罪的《刑法》规制领域。

8.2.2　股权众筹融资发行行为的要求

我国对股权众筹融资发行行为的要求主要规定在《征求意见稿》、《公司法》和《证券法》中。股权众筹的实质是一种证券发行行为。目前我国股权众筹融资和现行的《公司法》及《证券法》还存在一定的冲突，因此，《征求意见稿》为了不和上位法冲突对股权众筹融资发行行为作了一定限制。

（1）融资方式的要求

关于融资方式的要求，首先涉及的问题是股权众筹融资能否向公众公开发行。目前，我国股权众筹融资在公募发行方面是和《证券法》相冲突的。如果公开向不特定对象发行股份或者超过 200 人以上的特定公众发行股份构成公开发行（公募），就必须向中国证监会提交发行申请，经过中国证监会批准后才可以发行。所谓特定的人一般理解为具有特别关系的熟人或者亲友。关于不特定的人一般指比较弱的关系或者陌生人。

对于股权众筹的发行方式是否属于公开发行的争议很大，也直接关乎股权众筹是否属于"非法发行证券"的问题。对于股权众筹发行通过互联网方式向广大公众筹集资金的行为是否属于公开发行证券的行为理论界和实务界也存在两种截然不同的观点。对于我国的股权众筹是否属于公开发行的行为，一种观点认为，我国股权众筹不属于公开发行，其理由是股权众筹融资只能向通过实名认证投资者出售股份。其发行方式主要是通过线下的方式，例如通过朋友圈、发放传单、QQ或者微信等媒体向特定的对象做宣传，因此不属于公开募集资金的行为。反对派观点认为，由于互联网的天然特性，即使股权众筹融资只能向经过实名认证的投资者募集资金，或者通过社交媒体进行宣传，这些手段或者方式只是在规避我国《证券法》的规定，其本身并不能实质上构成对公开发行行为的否定。

2014年3月，最高人民法院发布的司法解释进一步明确和界定了公开的界限和范围。根据该司法解释，特定人进一步被局限在与资金募集人第一层强关系范围之内，不能扩展到第二层（亲戚的关系、朋友的朋友为第二层）。另外，为了募集资金而设立的特定的组织和圈子也算公募行为。可见，对待公开募集资金的行为界限和尺度，我国司法界的态度还是偏紧的、谨慎的和严格的。正是上述原因，导致我国股权众筹融资发行急需一部中国版的JOBS法案，并在修改《证券法》的时候为股权众筹公开发行小额豁免留下发展的空间。在修改《证券法》时，应当确定何为公募何为私募，对小额公募行为予以审批豁免，改为注册备案制。

其次，关于融资人数的限制问题，能否突破《公司法》中200人的限制。关于股权众筹融资人数能否突破200人的限制，理论界和实务界也争论不休。美国《JOBS法案》颁布前，私人公司在册的股东人数如果超过500人且资产规模到了1 000万美元就必须到SEC注册登记。改革后的《JOBS法案》对众筹企业的股东没有人数限制，只设置了投资者投资上限和融资者的融资限额来保护投资者。该法案细则已于2016年1月21日正式实施。而我国《公司法》和《证券法》将公司股东人数都限制在200人以内。一种观点认为，应当扩大我国股权众筹融资人数的范围，《公司法》和《证券法》对于公司人数的限制阻碍股权众筹的发展，可以考虑适当放宽人数限制，修改《公司法》和《证券法》，把人数从200人增加到500人。在央行的股权众筹建议报告中，也建议打破《公司法》和《证券法》中关于股东人数200人的限制。另外一种观点则认为，目前在我国的股权众筹市场还不成熟的情形下，不应该扩大股权众筹融资人数的限制。立法的修改需要一个过程，包括配套的《公司法》和《证券法》都要作相应的修改。立法成本较大，时间较长，应该在现有法律框架内规范股权众筹融资行为。笔者认为，从立法上突破股权众筹融资人数的限制是大势所趋，也是众筹的本质所在。所以，逐步修改相应法律将更加有利于股权众筹行业的发展，促进中小企业融资，也使得更多有闲散投资资金却找不到投资门路的广大投资者能够从股权众筹投资中获益，是对股权众筹各参与主体都有益的事情。

（2）股权众筹融资限额的要求

关于股权众筹融资限额，《征求意见稿》未作规定。在《JOBS法案》中，则对股权众筹融资企业设立了融资限额。《JOBS法案》规定，融资企业在12个月内通过股权众筹融资额不超过100万美元。这一融资限额的规定是和美国的小额公募融资注册豁免制度统一的。我国关于《私募股权众筹融资管理办法（试行）（征求意见稿）》（2014）的起草说明认为我国股权众筹项目未设立投融资限额，充分体现了风险自担的特点。关于股权众筹融资是否应当学习美国的经验设置融资限额以及设置多大金额也是观点不一。

中国人民大学法学院副院长杨东（2015）认为，我国拟出台的股权众筹管理办法应当设置融资限额。有专家提议设置300万元的融资限额，杨教授认为300万元的限额太少，至少应当设置在500万元以上。就我国目前的股权众筹融资试点的京东众筹、阿里巴巴和平安三家企业来看，其绝大多数融资项目都超过300万元人民币。《征求意见稿》规定，投资者投资单个项目的投资金额不低于人民币100万元。如果融资限额规定300万元人民币，只能向三个投资者进行融资，这显然和股权众筹的初衷以及实践相违背。

中国目前业界对股权众筹融资是否应当设置融资限额以及设置多高的融资限额都还在争论中，这些争论也为立法者在正式的股权众筹管理办法中提供参考意见。笔者认为，应当对股权众筹的融资限额进行分类管理。对于通过私募方式进行的股权众筹融资不设置融资限额，因为私募股权众筹投资者为合格投资者，其具有相应的风险承担能力；对于未来有条件实行的公募股权众筹应当设置一定的融资限额，从而起到规避风险和股权众筹投资者保护的作用。

（3）发行禁止行为及法律责任

我国关于股权众筹融资者被禁止的行为主要规定在《征求意见稿》第十三条中。第十三条规定：首先，股权众筹融资者需遵守诚实守信的原则，不得欺诈发行；其次，股权众筹融资者不得向股权众筹投资者承诺最低收益亦或保证其资本金不受损失；再次，股权众筹融资者也不得将信息发布在股权众筹之外的任何公开场所。但是股权众筹融资平台并未规定融资者违反上述行为时所要承担的法律责任。

关于融资者不得欺诈发行是各国证券发行中的核心条款。股权众筹融资者不得利用股权众筹融资平台通过虚假项目向社会公众筹集资金。欺诈发行是证券市场中予以严厉打击和禁止的行为，也是股权众筹市场中需要坚决予以杜绝的行为。但是《征求意见稿》中并未规定融资者如果欺诈发行所要承担的相应法律责任。

关于承诺保本收益的限制也是针对在股权众筹和 P2P 市场中，某些融资者或者股权众筹融资平台为了吸引投资者而采取的一种引诱投资者的行为。股权众筹的实质是一种投资行为，而投资行为失败的风险和可能性极大。如果融资者不顾现实情况只是为了一时能够筹集到所需资金而对股权众筹投资者承诺保本收益，万一项目失败不但融资者和股权众筹平台面临刚性兑付的问题，股权众筹投资者也面临拿不回本金和收益的心理落差。因此，需要对融资者和平台的股权众筹融资的保本收益承诺行为予以禁止。但是《征求意见稿》虽然规定了融资者不得进行保本收益承诺，但是对于违反其规定也未规定其法律责任。这就给万一股权众筹融资者承诺保本收益而最终项目失败情况下投资者的维权带来了难度。

关于融资平台的选择，股权众筹融资者在不同时间只能选择一家平台进行融资还是可以从多家平台进行融资，《征求意见稿》也没有规定。股权众筹平台开展股权众筹融资活动，可以在互联网上进行公开发表意见，互相交流信息。允许融资者通过不同股权众筹平台会导致信息的分散，不利于众多投资者之间的信息交流和沟通。因为如果融资者通过多个股权众筹融资平台进行融资，对融资规模和融资次数都无法控制。因此，要对股权众筹融资者的融资情况进行实质审查，以避免这种限制只是形式。在具体实施过程中，股权众筹平台间的数据还没有形成共享机制，对于股权众筹融资者在同一时间在不同平台上进行融资的行为还没有形成同步数据共享机制，所以难以操作。《征求意见稿》也未规定就同一项目在不同时间向不同平台进行股权众筹融资是否合法。对于股权众筹融资者在同一时间就同一项目或者不同时间就同一项目向多家平台进行融资的行为也没有规定具体的法律责任。

关于融资者是否可以在融资过程中通过广告行为进行众筹项目的宣传，《征求意见稿》亦未作规定。而《JOBS法案》中，股权众筹融资过程中关于发行的内容不得进行广告宣传，但是其通知投资者或者众筹平台有关股权众筹项目的行为除外。禁止股权众筹融资者向推广众筹融资项目的他人支付报酬，但是如果已经向中国证监会报备或者已经得到报酬的除外。在美国《D》条例中，禁止采用公开劝诱或者广告的方式进行宣传。而《JOBS法案》则突破了这一限制，股权众筹融资者可以通过网站、报纸或者电视等传播媒介进行公开宣传，但是购买者必须为合格投资者。《JOBS法案》对广告行为本身作了一定的限制，不得对发行的内容本身进行广告。《JOBS法案》这种灵活的规定不仅能便利股权众筹融资，对股权众筹投资者权利保护也具有一定的作用。中国对广告宣传行为虽然未作规定，但是由于我国目前的股权众筹仅限于私募股权融资，私募融资行为本身也禁止通过广告等公开媒体进行宣传。但是如果在未来发展成如美国一样的小额股权众筹注册豁免时，则必须对广告行为进行相应的要求和规制才能更好地保护股权众筹投资者权利。因此，立法应当具有前瞻性。在未来公募版股权众筹立法时，应考虑到该行为的禁止性规范。

8.2.3 股权众筹融资信息披露的要求

股权众筹投资者的决策往往取决于股权众筹融资者对项目信息的披露情

况。理性投资者通过如实披露的信息就可以作出正确的抉择和判断,从而作出合理的投资选择。在证券领域的投资者保护,实际上是保护投资者的知情权,而股权众筹投资者的知情权对应的就是股权众筹融资者的信息披露义务。

(1) 融资者的信息披露义务的法定性

在股权众筹模式中,如果要求融资者承担过重的信息披露义务,必然导致其融资成本的增加;而如果对融资者的信息披露义务不法定化,又很难解决股权众筹投资者和融资者的信息不对称问题,很难解决股权众筹融资过程中产生的欺诈情形。如果单纯指望股权众筹投资者去识别风险,会导致股权众筹投资成本的加大,限制股权众筹融资的发展。到底如何平衡融资者和股权众筹投资者双方的权利义务,既不增加融资者的融资成本,又能兼顾投资者的权利,就需要对融资者的信息披露义务进行特别的规制。建立合适的股权众筹信息披露制度,对我国股权众筹行业发展和股权众筹投资者权利的保护意义重大。

股权众筹融资者的信息披露义务需要通过法律的规定成为一项强制性义务。融资者如果违反该义务,应当承担相应的法律责任。同时,单个的股权众筹投资者在维权时成本太大,不利于权利的充分行使。笔者认为,对于股权众筹融资者违反信息披露义务而产生的法律责任可以以行政部门追究其责任为主(替代性纠纷解决机制),用强化行政监管的作用为广大股权众筹提供投资服务,节约社会资源和司法资源。同时,在强化融资者信息披露义务法定性时,还要建立合理的信息披露义务,并通过行业协会的引导来提高融资企业的信息披露的标准和质量,使得股权众筹融资者的信息披露法定化和规范化。

在股权众筹融资过程中,需要确立强制性的股权众筹信息披露制度。股权众筹投资者如果不能获得真实、准确和完整的信息将会增加其投资风险。因此,必须通过建立强制性的信息披露制度来实现对股权众筹投资者权利的保护。这是股权众筹投资者权利保护中的核心制度。

建立强制性的股权众筹信息披露义务制度,不能套用上市公司的信息披露义务制度来对股权众筹进行规制。需要建立和股权众筹业务模式相适应的适合股权众筹发展和股权众筹投资者权利保护相协调的信息披露义务制度。

对于股权众筹融资者的信息披露义务要弱于上市公司的信息披露义务，适度的信息披露和融资项目相关的信息和融资者的相关信息即可。适度的信息披露制度包括可以根据不同的融资额度和运营模式进行不同的信息披露要求，可以根据融资额度设立一个标准。例如，对于融资额度在 100 万元以下的项目，可以豁免向证券监督管理部门进行申报，只要向股权众筹融资平台和投资者披露和融资项目相关的信息即可。但是融资者对信息披露的真实性和完整负责。对于 100 万元到 500 万元的项目，可以设置稍微严格一些的披露标准。例如增加必须向证券监督管理部门报备，增加融资者的融资项目说明书和相关的财务报告等。对于 500 万元以上的项目，设置更为严格的信息披露标准。具体对于项目融资数额以多少为准有待进一步的研究和考证。

另外，还可以根据股权众筹不同的融资方式设置不同的标准。对于公募股权众筹和私募股权众筹信息披露义务的标准也不相同。但是股权众筹信息披露的严格程度要远远低于上市公司的信息披露义务。为了保护股权众筹投资者的合法权利，又不能设置的过于宽松。因此，建立适度的分类别的分层股权众筹信息披露义务制度，既要为股权众筹行业的发展、便利融资服务，又要兼顾股权众筹投资者权利的法律保护。

（2）股权众筹融资者信息披露义务的范围和职责

信息披露制度在美国证券监管中有着举足轻重的地位。《JOBS 法案》虽然降低了融资者的准入门槛，但并没有放任股权众筹可能带来的风险，通过建立股权众筹融资者特定的信息披露要求从侧面帮助融资企业建立公信力，帮助保护股权众筹投资者权利。美国《JOBS 法案》通过放松投资者准入门槛，通过简化中小企业在美国的上市流程而降低企业的融资成本，吸引更多的融资企业赴美上市。《JOBS 法案》第三章对股权众筹小额融资进行注册豁免，第四章扩展原来的小额豁免，发展出一个大额的公募版股权众筹豁免。2015 年 3 月 25 日，美国证监会根据《JOBS 法案》的授权，制定了关于第四章 A＋条例的监管实施细则，增强了 A＋条例的实用性。美国证监会在 2015 年 10 月 30 日正式通过了股权众筹规则。新的股权众筹规则已经于 2016 年 1

月29日生效。公募股权众筹在美国已经完全合法化。

在正式施行的股权众筹规则中，为了保护股权众筹投资者的合法权利，SEC通过立法对发行人的信息披露义务作出了详细的规定。《JOBS法案》详细规定了股权众筹融资者信息披露义务的对象和范围。股权众筹融资在美国被视为一种众筹证券发行行为。融资者必须向证监会、股权众筹融资平台和投资者披露与众筹项目相关的信息、融资企业的经营管理人员的信息及公司的财务运营情况。

《JOBS法案》对发行人所要披露的信息范围作了详尽的规定。发行人的信息披露义务主要包括：（1）众筹证券的发行价格或者决定价格的方法、目标发行总额、发行目标的截止日期以及融资公司是否接受超额发行的部分；（2）有关发行人财务状况的讨论；（3）是否需要提交财务报告取决于在12个月内发行和售卖证券的总量和公司的税收情况。当融资公司发行证券金额在50万美元到100万美元之间时，SEC首次允许企业提交经过审核而不是审计的财务报告，该财务报告已经经过第三方独立审计师审核过的除外；（4）公司运营情况的说明以及发行收益的使用情况；（5）公司高管或者拥有公司20%股权的股东的个人信息；（6）相关方的关联交易；（7）获得股权众筹注册豁免的公司需要向证监会和投资者提供年度报告。①

我国对股权众筹融资者的信息披露义务主要规定集中在《征求意见稿》的第十一条。《征求意见稿》对融资者的信息披露义务规定的较为简单，没有对融资者提出过高的财务信息的披露要求，但是要求企业提供真实、准确和完整的融资项目相关信息。有观点认为，我国《征求意见稿》对融资者的信息披露义务规定的较为宽松是有道理的，其目的是为了促进股权众筹行业在我国的发展，便利股权众筹融资者融资，降低其融资成本。另外一些观点认为，我国《征求意见稿》对融资者的信息披露义务规定的太过宽松，不利于对股权众筹投资者权利的保护，容易导致融资欺诈和行业的不健康发展。

---

① 宋寒亮. 我国股权众筹法律规制的困境与出路 [J]. 大连理工大学学报（社会科学版），2017（5）.

我国股权众筹目前被定位在私募范畴，其对信息披露义务的要求可以比照我国对私募基金的信息披露义务要求。梁清华教授（2014）认为，当前我国私募信息披露制度也存在缺陷，缺乏保护投资者的有效制度。她认为，我国实现对投资者的保护，需要从立法上完善私募信息披露制度。可以借鉴美国的经验，使得我国的私募信息披露制度在平衡投资者保护和便利融资成本的利益时，要更偏重保护投资者。她认为，我国信息披露义务制度应当采取强制信息披露和自愿信息披露并举的形式，从投资者保护的角度出发，鼓励发行人自愿披露法定披露以外的内容，并为发行人设立安全港。笔者认为，从世界各国的众筹法规对融资者（或发行人）的信息披露义务的规定来看，我国《征求意见稿》对融资者信息披露义务规定太过简单，不利于股权众筹投资者权利的保护。另外，对于违反该信息披露义务也没有规定相应的法律责任。因此，需要进一步对我国股权众筹融资者的信息披露义务进行规范。

8.3 提高对股权众筹融资平台的管理

作为连接融资者和股权众筹投资者的中介，股权众筹融资平台在股权众筹活动中居于中心地位，在股权众筹投资者权利保护中起核心作用。对于股权众筹融资模式下如何规范平台的权利、义务和责任，从而实现对股权众筹投资者权利的保护是理论界和实务界普遍关注的问题。股权众筹能够促进融资效率并丰富资本市场，但是我国股权众筹投资者在投资过程却面临较高的法律风险。因此，应当努力实现并大力发展股权众筹行业、合理控制投资风险以及投资者权利保护，并将三者之间的平衡作为发展股权众筹平台的指导原则，从股权众筹平台的市场准入、投后管理和平台监管三个方面实现对投资者权利的充分保护和促进股权众筹平台的规范化发展。①

---

① 赵乃迪，王婉疆，李奇翰. 浅析我国股权众筹的发展 [J]. 对外经贸，2017（2）.

8.3.1 设置股权众筹融资平台的市场准入条件

由于我国社会征信体系和金融信用体系不健全，设立股权众筹平台的准入门槛，实行股权众筹平台的注册备案管理制度，明确股权众筹平台的中介性质，建立合理的股权众筹平台准入和退出机制可以提高对股权众筹投资者的保护。在完善股权众筹投资市场准入制度过程中，应根据股权众筹平台的法律地位，确立其合理的市场准入机制。股权众筹作为大众化的小额融资方式，其准入应秉承便利融资、促进竞争和投资者权利保护相结合的原则。设立股权众筹平台的市场准入是为了更好地实现对投资者权利的保护。

股权众筹平台作为股权众筹投资者和融资者的中间方为股权众筹融资和投资起着桥梁和纽带作用。规范股权众筹平台的市场准入条件有助于促进股权众筹投资者防范投资可能涉及的风险。因此，完善我国股权众筹平台的市场准入条件对进一步保护股权众筹投资者权利必不可少。

首先，应当制定灵活的股权众筹平台净资产限额。借鉴证券业中对证券业务的划分，股权众筹平台也可以根据业务类型来划分。不同的业务类型划分不同的资产净值。可以参考《证券法》第 125 条和 127 条相关规定，不同类型的业务设置不同的准入条件，还可以在此基础上设置一个金融资产所占比例，在兜底条款的基础上规定金融资产所占据比例越高其准入条件越低。

其次，增强股权众筹平台风险管控能力。目前，股权众筹投资者最大的威胁还是来自股权众筹平台对风险的把控能力。股权众筹平台风险控制能力越高，股权众筹投资者所遭受的损失概率就越低。在股权众筹投融资的过程中，股权众筹平台起到对双方资质审核的作用。如果股权众筹平台自身风险防控能力不强，平台上存在太多的劣质项目，不仅会损害股权众筹投资者权利，也会使股权众筹平台经营越来越差，最终导致平台经营不下去。股权众筹平台只设立高管对风险把控的要求是不够的，应当规定股权众筹平台设立专门的风险管控部门，有专门的内部部门对平台运营过程中的风险进行把控。

另外，还可以借鉴公司独立董事制度的经验，邀请和股权众筹平台没有利害关系的专家兼任股权众筹平台运营公司的独立董事，监督平台的运营，保障股权众筹投资者合法权利不被侵害。

最后，要建立和股权众筹平台相关的辅助机构的准入制度。股权众筹平台要避免设立资金池。一般讲，股权众筹投资者的资金由银行或者第三方金融机构托管，托管机构需要向中国证券业协会备案登记。为股权众筹平台提供服务的律师事务所、会计师事务所以及银行和第三方托管机构的资质也要有所规范。

8.3.2 明确股权众筹融资平台的职责

股权众筹立法活动应当将股权众筹的法律属性和非法集资行为等划清界限，为股权众筹投资者培育健康的投资环境，减少因缺乏法律法规不明确、不健全带来的法律风险。另外，应加强对股权众筹平台的管理，明确股权众筹平台的权利、义务及责任，建立行业标准规范，规范平台的经营活动，减少平台的违规行为，并建立完善的风险防控体系，为股权众筹市场提供良好的竞争环境。如果没有统一的经营规范，可能使股权众筹平台出于各种目的，从事超出其自身能力和专业水平之外的经营活动。因此，股权众筹平台应该履行恪尽职守、预防欺诈行为等职责，做好股权众筹投资者的权利保护工作。

（1）股权众筹平台的信息披露义务

股权众筹平台应当做好供需两端的审查和限制。对融资方的身份及项目真实性履行审查义务，不得发布风险较大的项目和虚假项目。股权众筹平台的信息披露义务是股权众筹交易中预防欺诈和投资权利保护的重要手段。有效的信息披露义务不但可以帮助投资者作出是否投资的决定，在投资后如果出现影响投资者权利的相关行为投资者还可以及时制止某种行为，维护自身的权利。平台的信息披露义务重要性不言而喻。

对股权众筹平台的信息披露义务，世界各国的规定也不尽相同。关于信息披露义务，美国的股权众筹平台遵守证监会的规定，致力于防范交易欺诈。具体包括：平台要了解各个证券发行机构的高管、董事以及拥有 20% 可流通股股东的个人背景，了解证券执法监管历史记录，了解在证券销售前 21 天内或 SEC 规定的其他期限内，平台应向 SEC 和潜在投资者提交相关信息。意大利则要求股权众筹平台机构要向投资者披露其融资企业的经营管理、融资企业的投融资信息等情况。

（2）对投资者的风险告知和提示

风险告知义务源于股权投资可能涉及高风险，根据《JOBS 法案》，须对投资者尽到足够的风险提示义务，主要包括：依照证券交易委员会相关规则审核投资者的信息，确保投资者已经了解潜在的投资风险，并且能够承担相应的损失。通过回答相关问题的形式，表明投资者了解了所投的初创企业、新兴企业以及小型证券发行机构的一般性风险级别，了解了无法立即变现的投资风险，以及依据证券交易委员会相关规则需要了解的其他相关事项。

股权众筹融资者大多是初创企业，投资失败率极高，因此法律应规制股权众筹平台以特别的风险提示义务。股权众筹的互联网化和信息的不对称可能导致股权众筹投资者的盲目投资或者跟风行为。股权众筹投融资中介平台，应对股权众筹投资者尽到基本的投资风险提示义务。平台应当在网站的醒目处和投资者所投项目的显著位置提示股权众筹存在的风险，明确该股权投资属于投资行为。投资行为就必然存在风险，不能收获预期收益或者不能收获任何收益也属正常情况，以达到警示投资者的作用。如果平台为了吸引投资者故意隐瞒风险或者承诺一定的投资回报将课以平台一定的法律责任，才能更好地达到保护投资者的目的。[①]

（3）股权众筹平台对项目的管理

股权众筹平台的项目管理义务目前在中国依然无法可依。《征求意见稿》中没有对股权众筹平台作出强制性规定。另外，股权众筹企业也非上市公司，

---

① 唐士亚. 股权众筹信息披露的履行标准与规则确立 [J]. 金融与经济, 2017 (3).

对于《证券法》中有关上市公司后续管理的相关规定不适用于股权众筹平台。由于缺乏相关法律法规，加之出于管理成本的考虑，多数平台并未真正建立有效的股权众筹投后管理制度。实际上，规定了投后管理制度的平台仍为少数。虽然依据我国《公司法》股权众筹投资者有权监督公司，但在实践中，股权众筹股东者的特点是数量多、金额小，因此这些分散的投资者很难获得关于所投资公司运营情况的关键信息。由于投资者投资额度的不同，其获取信息的意愿也存在差别。因此，完善投后管理制度，担任监督者、保障投资者权利的义务赋予股权众筹平台将更加有利于促进融资规范经营和投资者权利保护。

股权众筹平台的投后管理工作是决定投资者投资后是否能拿回投资者权益的有效保障。主要包含对融资者公司运营管理的持续性监督以及对投资者资金使用情况的有效监督。这种做法旨在防止股权众筹出现类似于像P2P平台、E租宝和泛亚这样的骗局，防止融资者或者融资平台卷款跑路的情况出现。一旦发生信用事件或者股权众筹平台运营者跑路的情形，股权众筹投资者将面临巨大的损失。因此，完善的股权众筹平台投后管理机制对于股权众筹投资者权利保护至关重要，同时也间接促进了股权众筹行业的健康发展。相反，股权众筹平台一旦在投后管理方面出现缺失，无形之中将加剧股权众筹项目的失败风险和股权众筹投资者的回报风险。

（4）股权众筹平台的禁止行为及违约责任

对股权众筹平台规定一定的禁止行为有利于规范股权众筹平台的发展，以免股权众筹平台为了自身利益不惜牺牲股权众筹投资者权利。因此《征求意见稿》对股权众筹投资者的禁止行为作了规定。如果股权众筹平台违反股权众筹合同，或者明知道融资者存在欺诈或者其他违法行为时，仍然隐瞒或者促成交易，股权众筹平台应当对股权众筹投资者的损失承担相应的法律责任。当股权众筹平台违反法定或者合同义务时，应当承担其不利后果。通过规范股权众筹平台的民事责任、行政责任和刑事责任来加强对股权众筹投资者权利的法律保护。

8.3.3 提升股权众筹融资平台的监管

世界上第一个股权众筹平台，是美国在 2010 成立的 Angellist 平台，为其他国家股权众筹平台提供一个基础性蓝本。如果缺乏对股权众筹平台进行严格监管，股权众筹平台可能会为了自身利益而损害投资者权利，引发"柠檬市场"现象，对股权众筹行业健康发展产生严重影响。监管股权众筹平台对预防欺诈和保护投资权利都具有重要的意义。股权众筹是依托互联网众筹平台通过让渡一定股份方式进行融资，其本质和股份发行类似。不管采取何种监管手段，世界各国都以股权众筹平台为核心。因为股权众筹平台类似证券发行的性质，股权众筹平台也就类似证券交易所或者经纪商，很多国家将股权众筹平台的监管比照证券中介的监管进行。①

（1）国外股权众筹融资平台的监管经验

● 美国对股权众筹平台的监管。美国是率先对股权众筹立法使得股权众筹合法化的国家。美国通过专门的立法《JOBS 法案》对股权众筹平台进行监管。美国对股权众筹平台的监管要求主要体现在以下几个方面：第一，《JOBS 法案》要求股权众筹交易平台要通过美国证券交易委员会（SEC）注册为证券交易商或者是资金门户网站。在 SEC 注册的股权众筹平台必须遵守股权众筹法案的监管条款。法案授权 SEC 制定监管细则，要求股权众筹交易商或者是资金门户必须向投资者披露交易风险和提供投资者教育相关材料。美国赋予股权众筹合法化并规制股权众筹平台的规范经营。第二，SEC 在制定具体规则时具有自由裁量权，可以对股权众筹平台设置更为具体的要求。众筹监管规则要求为了实现对投资者权利的保护，要求注册为交易商或者资金门户的网站必须确保股权众筹投资者获悉股权众筹项目的相关信息，确认理解其投资风险，确保投资者对所要投资的初创企业或者成长型小企业的风险识别。第三，赋予股权众筹交易商或者资金门户尽职调查义务。股权众筹

---

① 张园园. 中国股权众筹发展的困境及建议 [J]. 吉林金融研究，2017（4）.

交易商或者资金门户需要调查融资者的管理人员、董事和主要股东的管理和投资背景以及证券管理历史记录来减少投资者欺诈的风险。股权众筹交易商或者资金门户也被要求向股权众筹投资者和 SEC 至少在发行前的 21 天履行通知义务。第四，中国证监会还规定股权众筹平台对投资者投资资质和投资总额的审核义务以及融资者通过该平台发行总额的限制。第五，为了实现对股权众筹投资者的保护，美国证监会加强对股权众筹平台的监管，让股权众筹平台分担监管职能以预防欺诈和承担起股权众筹投资者保护职能。

美国的股权众筹法案为了保护股权众筹投资者，对股权众筹平台实行严格监管。美国通过立法对股权众筹平台的某些行为予以禁止，例如自我融资或关联融资、误导投资者、参与投融资双方的交易等被明确予以限制；还通过股权众筹平台分担政府的监管职能，加强股权众筹行业自律监管。美国通过释放部分监管权限给股权众筹平台，通过股权众筹平台来确保股权众筹投资者的投资安全性和融资便利性。另外，美国证监会还制定了监管细则，规定了股权众筹平台的责任机制。当股权众筹平台滥用权力或者怠于履行职责时，需要承担相应的法律责任。美国通过制定一部新的法律来赋予股权众筹平台合法化地位，同时为了实现对股权众筹投资者权利的保护，对股权众筹平台实行严格监管。

- 英国对股权众筹平台的监管。股权众筹的参与主体对股权众筹拥有信心的根源在于股权众筹平台能够以一种专业化方式进行活动。在欧盟层面目前还没有统一的众筹监管规则。欧盟主要通过现有指令来规制股权众筹。欧盟国家试图通过统一的立法规则来对其成员的股权众筹行为进行监管。在现有法律法规之外，各国都在加紧制定相关规则以适应正在迅猛发展的股权众筹行业。而各国在制定众筹监管规则时，基于本国的国情对股权众筹平台的监管也不一样。即使在欧盟层面内部各个国家也没有统一的标准。有的国家出于鼓励众筹行业发展和便利融资的角度会放松监管，而有的国家则为了保护投资者权利而加重股权众筹平台的负担。欧盟层面的股权众筹以英国发展最为迅速。英国通过引导股权众筹平台自主发展，把股权众筹平台监管纳入现有金融监管模式。[①]

英国在 2014 年 3 月 6 日出台了《关于网络众筹和通过其他方式推介不易变现证券的监管规则》（简称《股权众筹监管规则》），于 2014 年 4 月 1 日起正式施行，使得股权众筹在英国取得合法化地位。英国金融行为监管局（FCA）规定，股权众筹平台在英国如果从事股权众筹活动，必须进行注册。如果从事"受监管活动"之外的股权众筹平台可以豁免注册。FCA 是英国股权众筹活动的监管主体。英国对股权众筹没有专门的立法，而是通过制定规则对股权众筹平台的活动进行规制。2014 年底，FCA 通过对股权众筹的调研，决定在 2016 年继续修订既有规则，仍然维持通过现有的金融主管部门加强对股权众筹平台的监管和股权众筹投资者权利的保护。

欧盟层面由于没有统一的众筹立法或者规则，英国的大多数众筹平台，例如英国最大的股权众筹平台 Crowdcube 被限制向平台注册之外的国家发行股权众筹项目。英国 FCA 还建立了股权众筹平台最低审核资本标准，建立了客户资金保护规则和信息披露制度，规定股权众筹平台的信息报告制度，平台要赋予投资者合同解除权（后悔权），以及确立股权众筹倒闭后的争端解决机制和股权众筹平台的信息披露制度。英国的监管规则对股权众筹平台的信息披露要求包括两个方面：一是和股权众筹平台自身相关的信息；二是股权众筹平台所提供的关于融资者的相关信息。

英国引导股权众筹平台的自主发展，并对股权众筹平台进行特例审批，使得逐个审批制度和单个许可的程序被替代。英国政府部门对股权众筹平台进行宽松监管并鼓励行业自律。股权众筹平台要根据 FCA 的相关规定履行相关义务。例如股权众筹平台未经许可不得进行金融推介服务，要设立对投资者的适当性管理制度并进行风险告知等，但是并未明确股权众筹平台如何确定投资者的适合性，也没能规定如果投资者不适合股权众筹，平台应当承担的法律责任等事项。鼓励股权众筹平台自主寻找化解风险的方法，而不是加以强制性规定，充分发挥行业自律的效力。例如 Crowdfunding 协会提出要分

[①] 李飚. 股权众筹融资风险分析及防范 [J]. 时代金融，2017（2）.

业经营，保障信息安全，实行资金冻结期和为客户对平台的投诉等。英国股权众筹平台的监管模式是欧盟范围内的一种典型和代表。

（2）完善我国股权众筹平台监管对策建议

目前我国股权众筹平台法律监管缺位，主要依赖融资者的自觉和股权众筹平台的程序性监管，缺乏配套的法律法规，无法对投资者形成有效的保护。因此，借鉴境外先进的股权众筹平台监管经验，构建适合我国本土化股权众筹平台发展的制度，形成股权众筹行业健康发展和投资者权利保护的规范化体系，是我国股权众筹平台监管的当务之急。

目前我国股权众筹平台的发展还遭遇法律障碍，股权众筹平台的运营还受到诸多限制，不但行业自身不能在合法的环境中生存，对股权众筹投资者权利保护也不利。我国股权众筹平台在发展过程中也存在诸多问题，例如监管法律缺位，股权众筹平台地位尴尬，监管力度和平衡点很难把握，平台自身存在运营风险和道德风险等。因此，构建适合我国股权众筹平台发展的监管体系，对股权众筹平台进行合理监管是实现行业发展和股权众筹投资者权利保护的利器。对我国股权众筹平台的监管可以从以下几个方面着手：

- 赋予股权众筹平台合法化地位。《征求意见稿》虽然规定了股权众筹平台一定的职责并认定其为中介性质，但是其法律定性依然模糊，不能满足我国股权众筹平台的健康发展。由于我国《公司法》和《证券法》对于公开发行和公司人数的限制以及《刑法》对非法集资类犯罪的规制，股权众筹平台一不小心就会陷入非法集资的泥潭。因此，需要将股权众筹平台和非法集资犯罪之间划清界限，赋予股权众筹平台确定的法律地位，使其能够在合法的轨道上良性发展。非法集资类犯罪也应当保持《刑法》的"谦抑性"，股权众筹过程中的合意行为和风险应当通过合同法和民事纠纷解决途径加以解决。

股权众筹平台如何定性，需要考虑各种因素。从不同的角度来看，股权众筹平台其作用和地位并不一样。从融资者角度来看，股权众筹平台实际上起到了把融资者的股份销售给公众的作用，类似于证券承销商；而有的股权众筹平台运用自身的网络渠道和优势向投资者出售融资者的部分股份从中收取一定比例的费用，类似于证券代销中的佣金，此时股权众筹平台类似证券承销商。而从投资者角度来看，股权众筹平台接受投资者的委托，帮助其建立个人资金账户并购买拟投资项目一定的股份，此时股权众筹平台又类似于证券经纪人的角色。从融资者角度来看，股权众筹平台通过尽职调查和筛选出合格的融资者在平台上上线出售其股份，允许经过身份验证的投资者进行购买股份，此时的股权众筹平台又类似于"交易所"的性质。这也是各国为何对股权众筹平台定位不一的原因。[①]

有观点认为，目前我国缺乏股权众筹平台发展的土壤，因此对我国股权众筹平台定位为居间人比较合适。有学者反对此观点并给出了反对的理由。也有观点主张我国应使股权众筹证券化，赋予股权众筹平台类似券商的地位和性质，学习美国的做法使得股权众筹平台地位合法化。反对此观点的学者认为我国缺乏成熟的股权众筹投资者和完善的股权众筹证券资本市场，因此应当学习英国的做法将股权众筹定位为提供金融服务的特殊机构，受到现有金融法方面的规制。有的观点则主张大陆应学习我国台湾地区的做法，建立"证券柜台买卖中心"来监管和规范股权众筹平台地位。反对者认为，中国台湾地区的"创柜板"和美国的股权众筹还存在较大差距，前者的股权众筹平台只提供"股权融资"和辅导功能，其根本不具有直接交易功能，并且对投资者的限制也不够灵活，部分资质一律规定仅能投资6万元新台币。

对于我国的股权众筹平台到底属于什么性质及法律地位仍然争论不休。笔者建议将股权众筹平台定位为具有金融服务性质的特殊互联网金融机构，以专门从事"股权众筹服务"的互联网金融组织来对待更为妥当。这和股权众筹平台自身的业务和金融活动密切相关，又和股权众筹平台不同于一般的居间人或者中介公司相关，股权众筹平台还承载着互联网金融服务的功能。因此，我国应借鉴英国和美国的有益经验并在此基础上进行创新，用专门的

---

① 孙彦辰，宁修齐. 在供给侧改革背景下再谈股权众筹[J]. 湖北经济学院学报（人文社会科学版），2017（1）.

立法赋予股权众筹平台的合法化地位，不再让股权众筹平台缩手缩脚的发展。对股权众筹平台予以准确的定位和定性，对股权众筹平台合法的发展和实现对投资者权利的保护都有益处。因此，我国在修改《证券法》的过程中，应当为股权众筹的发展留下空间。随着公司注册制改革的发展，股权众筹平台也应该实行注册制和备案豁免制度。同时，在制定新的股权众筹监管规则时，把股权众筹平台的性质和地位定义明确，以适应股权众筹行业发展和投资者权利保护。

- "严格准入，适度监管"模式的选择。对股权众筹平台监管模式的选择一直是理论界和实务界争论比较大的问题。杨东（2014）认为，我国股权众筹行业处于发展初期，应当对股权众筹平台"宽进严管"，放宽股权众筹平台的市场准入，有利于引进各种创新企业进入股权众筹行业中来，促进股权众筹行业的市场竞争。另外，在股权众筹平台进入市场后要对股权众筹平台进行严格监管以保护投资者权利。不应当实行严格准入把众多有志于发展股权众筹的平台拒之门外。

另外一种观点则正好相反，认为股权众筹行业处于发展初期，为了规范股权众筹市场的良性发展应当对股权众筹平台设置高准入门槛，在优秀的、有能力做股权众筹业务的平台进入市场后，再对这些平台放松监管，以促进股权众筹资本市场的形成，便利中小企业融资，促进整个社会的创新和发展及带动中小企业提供更多的就业机会。如果门槛设置过低会使得股权众筹平台良莠不齐，鱼龙混杂，不仅影响股权众筹行业的良性发展还会给投资者权利保护带来不利。让一批优秀的资质良好的股权众筹平台进入行业并对其实行放松监管的方式，有利于促进中国股权众筹行业的发展，促进股权众筹资本市场的形成。①

股权众筹监管方式和强度在不同地区不尽相同，如何平衡金融创新和投资者保护还需要根据我国的金融状况和文化背景进行具体考量，对于仍处于

---

① 周雅婧.资本形成、投资者保护与股权众筹平台监管——来自美国《众筹法案》的启示［J］.金融经济，2017（2）.

发展初期的我国股权众筹平台监管的力度确实难以把握。笔者建议对我国股权众筹平台应当采取"严格准入，适度监管"的方式。严格股权众筹平台的市场准入的原因在于股权众筹业务是专业性比较强的业务，需要一定的专业知识经验和资金作支持。如果门槛太低会扰乱股权众筹市场，影响行业的规范化发展。另外，股权众筹平台还兼具互联网金融的功能，对于承担金融功能的股权众筹平台类似于证券平台的性质。因此，需要较大的资金和较强的专业知识作支撑。在我国，之所以选择"适度监管"模式，原因在于股权众筹的发展起步时间较短，需要鼓励其创新和发展。为了避免我国传统行业"一管就死"的现象，可以对股权众筹平台进行"适度监管"的方式。[①]

对股权众筹平台进行"适度监管"可以在外部监管的同时强化行业协会的自律监管功能。为了克服金融安全与效率之间的冲突，对于股权众筹模式，在鼓励金融创新、促进资本市场形成的同时也要维护好金融业安全和保障好股权众筹投资者的权益。此外，考虑到股权众筹融资依托互联网，投资品种也不尽相同，风险不确定性很高。因此，可以利用行业协会的力量补充外部监管，提高监管效率，增强监管灵活度。对于音乐、高新技术开发类专业性比较强的行业，行业协会更应进行专业判断，为股权众筹投资者提供有效而及时的保护。另外，还可以参考日本的经验，由行业协会为股权众筹平台相关人员提供专业培训，通过资格考试或者研修的方式确保平台管理人员具备专业审核能力，从而强化对股权众筹投资者权利的保护。

- 股权众筹平台的"形式审查和实质审查"相结合。股权众筹平台作为中介机构，能为股权众筹的投融资两端提供以下服务：发布信息、对接需求、协助资金划拨等。股权众筹平台理应承担重要的责任。平台在发挥居间作用的同时，也掌握了投融资过程中的重要信息并负责对投融资双方进行审核。法律赋予股权众筹平台法定的权利、义务和责任，从保护投资者个人信息、

---

① 姚瑶.股权众筹信息披露制度的监管逻辑与实现路径[J].上海金融，2017(12).

事前审核双方的信息和事后对股权众筹项目的监督和风险提示及投资者教育等都给予明确规范。

对于股权众筹平台审查责任到底课以何种责任,理论界和实务界争议也比较大。在审核的形式上到底采取"形式审核"还是"实质审核"也是仁者见仁智者见智。从审核形式的选择上来看,不同的审核方式会带来不同的后果,对风险防控也将产生巨大影响。在互联网金融兴起、微型金融便捷化的趋势下,股权众筹平台也应当为投融资双方提供更加及时、方便和安全的交易平台。因此,股权众筹平台如果对投融资双方仅仅实行"形式审查"的话,会加剧股权众筹投资风险,影响交易资金的安全。如果都采取"实质审查"的话,会加大平台的责任,加重融资者和平台自身的负担,不利于融资的便捷性。因此,股权众筹平台的审核责任是一个利弊权衡的过程。笔者建议,采用"形式审查"和"实质审查"相结合的方式,灵活分层。例如可以根据投融资金额的大小确立形式审查和实质审查。对于融资者来说,融资金额达500万元以上时,需要实质审查其融资者资格和融资项目的真实情况;而对于这一金额之下可以采取形式审查的方式,只要融资者提交相关的材料即可。对于投资者的审查也可以采取设置投资金额的形式区分是要进行"形式审查"还是进行"实质审查",根据不同的情况采取不同的审查方式,兼顾效率、安全和投资者的权利保护。

8.4 完善相关法律制度及规则

8.4.1 建立健全相关法律制度

美国《JOBS法案》确立了互联网股权众筹的合法性,并在融资者、投资者以及平台三个方面均做出严格的规定与限制。笔者认为,中国在法律制度的建立和明确上可以借鉴美国。首先，肯定互联网股权众筹的合法性，并与非法集资等触犯法律的行为划清界限；其次，采用单一资本量来控制持股比例的模式替代融资项目人数限制。目前，《私募股权众筹融资管理办法（试行）》征求意见稿已经出台，大部分内容都借鉴于美国的《JOBS 法案》，行业内都在期待相关法律的正式出台。①

8.4.2 构建知识产权保护制度

如果互联网股权众筹融资模式想要得到更好的发展，就必须加强知识产权的保护，为融资项目提供赖以生存的基础，同时也是平台核心竞争力的体现，是吸引更多优质融资项目的前提。首先，互联网股权众筹融资平台培养指导并强化融资者的知识产权保护意识，注意对怀有剽窃创意目的的投资者的识别和防范。其次，建立知识产权备案制度，除非有充分的证据表明该备案不是创意持有人，否则都不得侵犯已备案的知识产权。融资者一旦发现项目发布过程中的侵权行为均可在备案审批后追诉剽窃者责任。最后，平台自身也应与融资者签订保密协议。②

8.4.3 明确合法与非法行为的界限

互联网股权众筹模式的出现将私募融资可能出现的法律风险放大，增加了产生"非法集资"风险可能性。纵观整个金融投资市场，如果类似的集资行为缺乏必要的引导，极其容易触发"羊群效应"，大部分投资者都会不加以自己的判断和经验思考而盲目地跟从，造成被投资者认为优秀的项目在投资的人数与规模上急剧膨胀，一旦风险发生便会酿成恶果。因此，法律对该

---

① 刘玉. 股权众筹平台法律地位界定及制度构建——基于对美国相关制度的考察[J]. 河北法学，2017（5）.

② 孙亚贤. 股权众筹要警惕哪些风险隐患[J]. 人民论坛，2017（12）.

类筹资行为无论是在筹资人数、筹资条件上还是资本与股权配比上都应有严格的规定。笔者赞同通过法律法规的制定来保护我国互联网股权众筹的健康发展，然而股权众筹作为新兴的融资模式，以互联网作为融资平台，其涉及的人群之广、数额之大往往与传统融资模式有很大的区别，所以对于法律法规制定在宽度与深度上均应与时俱进。①

8.5 业务操作中的风险防范

8.5.1 投资者审核的标准和操作

2013年6月1日起实施的《证券投资基金法》第八十八条中对私募基金合格投资者的要求描述为"达到规定资产规模或者收入水平，并且具备相应的风险识别能力和风险承担能力，其基金份额认购金额不低于规定限额的单位和个人"。通过这项最贴近互联网股权众筹融资模式对投资者标准要求的法律条款来看，对合格的投资者提出了三个方面的要求：收入的要求、具备风险识别和承担能力的要求以及投资金额的要求。

从这三个方面出发，结合目前发展比较迅速的互联网股权众筹融资平台天使汇和大家投等网站对投资者提出的要求，可以基本作为合格投资者的审核标准。②首先，就收入而言。可以说收入是投资资金的重要来源，应该针对机构和个人投资者设定不同审核标准，该标准可以参考全国一定地区范围工资的平均水平，对比最低生活消费要求，最大限度的保护投资者。其次，就风险识别能力方面而言，可以通过审核与行业和工作的相关经验及过往投

---

① 钱颖，朱莎. 股权众筹投资者决策行为影响因素研究 [J]. 科技进步与对策，2017（2）.

② 朱振洁. 我国股权众筹的风险及其监管 [J]. 河北企业，2017（7）.

资情况、过往退出的项目及退出情况来审核其能力是否具备。主要还是通过平台主页进行风险提示并对投资者的收入和个人信息进行审核。最后，就投资金额而言，规避目前法律上不得超过 200 人的要求，防止项目融资的投资者过于分散，导致管理上的不便从而阻碍项目的融资进程。①

从本部分对互联网股权众筹融资模式的运营方式研究来看，平台对投资者的资格审核仍然是形式上的并非实质上的，这也同样被提出质疑，平台这样审核的力度是否足够。如果没有实质性的审核，融资交易缺乏安全性的保障，宽松的投资者审核实质性作用难以发挥，甚至网站会出现免责声明来规避此类情况带来的风险，更使其缺乏严格执行实质性审核的动力。其实从互联网的特性说起，这种模式能在短短几年内迅速发展并得到推广和关注，跟互联网金融服务的及时化、便捷化是紧密联系的。传统的股权融资依托互联网快速发展也是因为平台为创业融资者和投资者带来了及时、快捷、安全的服务。所以，如果平台对创业融资者采取实质性的资格审核，不仅会增加平台的审核成本，也降低了股权众筹的融资服务的及时性、便捷性，影响融资效率。

笔者认为，基于创业筹资者与投资者对互联网股权众筹融资模式的内在需求，平台对投资者的资格审核仍可以采取形式化审核。在此基础上严格把控，并承担一定的审核责任。比如由于平台主观臆断导致不符合资格的投资者进入市场进行融资活动造成融资项目受到影响和损失的，应该追究平台责任。与此同时，对投资者的资格审核不能一视同仁，应该根据不同的融资项目情况、投资者的收入或交易记录对其进行适当分类，对于投资权限，不宜设定的过于严格，否则可能缩小投资者的投资空间，减少参与量，反之过于宽松又失去审核的意义。既满足不同投资能力的投资者需求，也便于有效监督管理，保障不同需求投资者的安全，稳定金融市场。

---

① 邱佳砚，贺翔. 我国股权众筹发展现状及风险研究 [J]. 时代金融，2017（10）.

8.5.2 防范项目审核推荐涉及的欺诈

互联网金融的发展,一方面使得信息传递更及时和便捷,但其虚拟化的特性也提高了信息造成欺诈的可能。目前,各大平台的项目审核多依托于商业计划书的提交以及领投模式的调查报告,然而为了更好地了解融资项目的真实性,对通过初选的项目采取线下约谈是一个很好的检验方式,不仅可以面对面了解融资项目的团队及其他相关情况,促进融资项目的进程,也可以降低仅通过领投人推荐而产生合同欺诈的可能性。而且约谈过程中的问题讨论都是开放性的,更有当天签约的融资项目。然而,这种线下约谈的成本很高,还需要平台和投资者共同支持。

8.5.3 资金流的控制

互联网金融及时与敏捷的特性使信息不对称的问题有所改善,互联网股权众筹融资平台充分对社会的富余资本闲散资金进行汇集使用,提高资本利用效率,在创业融资者与投资者之间进行优化配置。互联网股权众筹融资平台为创业融资者和投资者提供了一个中介桥梁的作用,撮合融资交易,控制项目资金的流动和利用,一旦涉及资金的交付就可能存在平台挪用滥用的风险,一旦被不合法谋利的平台挪用资金,对投融双方利益带来的损失将会难以弥补。目前,发展较早的平台多使用银行或者可信任的第三方托管方式管理平台的资金,但是仍然会有部分平台自己管理并使用资金,节省托管成本,但出于平台资金安全性的考虑,建议均使用这种托管的方式对资金流进行控制。①

---

① 吴艳梅,李敏.论股权众筹平台的法律性质[J].北方民族大学学报(哲学社会科学版),2017(7).

8.5.4 防控融资期限和超额融资风险

为了实现互联网股权众筹融资平台中融资项目资源的优化配置与及时更新管理,应当对融资项目的融资期限予以明确限定,具体的每个融资项目应该按照其所在行业的整体情况以及具体项目自身特点状况进行限定。对于融资金额也应当依据法律要求和行业状况,并结合相关投资者的实际投资能力进行限定,既规避了法律风险,也可以更好地控制融资规模,控制投资者风险。这既是保证互联网股权众筹融资平台健康发展的有效举措,也是维护互联网金融市场发展秩序和社会稳定的必然要求。

8.5.5 入资方式的规制

发展较早的互联网股权众筹融资平台对入资方式的考虑是可以认同的,以成立有限合伙企业的方式使投资者成为创业公司股东,投资者不参与企业的内部经营,按投资金额持股获得收益。在法律尚未明文禁止的范围内,依照目前的法律法规,允许平台就入资方式进行适当的创新或变通,以防进入法律禁区。因此,从防范入资方式不合理所涉及的流程还是隐含法律问题的角度来看,不允许互联网股权众筹融资平台诱导投资者先成立有限合伙企业后再进行融资,防止因为入资方式而引发对股权进行代持,并对融资的人数和金额进行严格限制。[①]

[①] 姚瑶. 股权众筹平台投资者适当性义务的证成与制度构建[J]. 南方金融, 2017(11).

8.6 健全信用体系

8.6.1 制定行业准入机制

政府部门负责制定互联网股权众筹行业准入机制,实现注册制或者资格审查制,以及投资者权益保护、风险防范等的基本规则及禁止性规定,保障股权众筹融资平台的质量,包括其自身风险控制及互联网技术应用能力及对众筹模式和流程等的制定等,为互联网股权众筹融资模式在中国的发展奠定相关的制度基础,保证其发展有法可依、有序进行,约束平台及参与各方的具体工作交给行业自律组织去做,更好地调动市场自律行为,促进行业标准的形成以及约束机制的建立。

8.6.2 完善征信体系

政府要改善国内的信用环境,健全我国个人投资者的信用体系,完善互联网的信用监测机制以及联网征信纪录,为参与投资的各方资信审核提供较为客观的依据。对于目前的体系缺失,平台可以与近期出现的个人信用互联网评级机构合作,充分利用现有的资源为平台的融资环境提供保障。为此,我国政府应当与时俱进,尽快完善互联网信用监控机制,改善国内的信用环境,提升大众对于互联网股权众筹融资平台的信任度。[1]

---

[1] 匡琼. 创业企业股权众筹融资研究 [J]. 会计师,2017(10).

8.7 完善监管体系

8.7.1 明确监管主体

就目前的监管主体而言，互联网股权众筹暂由中国证监会监管。2014年10月31日，中国（深圳）第一届互联网股权众筹大会在深圳举办，国内众筹行业内的首个股权众筹联盟成立，这是一次互联网股权众筹领军平台合作与突破，也向公众展示了行业发展的信心与自律行为。对于互联网股权众筹行业的监管主体，不应存在多个管辖部门，应职责到位，确定某个具体的部门机构，便于统一管理，整理与收集相关资料数据；同时，防止监管主体朝令夕改，树立监管权威，便于互联网股权众筹融资平台具体制度的贯彻与执行。

8.7.2 完善监管制度

与此同时，互联网股权众筹监管相关的政策制度也应紧锣密鼓的筹划开来，尽早制定完成。《私募股权众筹融资管理办法（试行）》征求意见稿的发布表明监管制度的制定已经大步向前。在此问题上，笔者认为，对于监管法规的制定，监管部门应该给予互联网股权众筹融资平台适当的发展空间。监管制度过于宽松，会引起金融秩序的混乱，过于僵硬，也无法适应层出不穷的创新模式。在最终的监管制度没有确定的情况下，仍然应考虑构建政府加市场自律的双层监管体系。

8.8　发展互联网安全技术

互联网股权众筹融资模式依赖于互联网技术的发展与应用，然而互联网技术本身都存在很多不安全的因素，因此，必须加强技术安全的建设。互联网基础设施的完善是互联网股权众筹融资模式发展的必要保障。我国互联网基础设施在建设上较为滞后和缓慢，现有互联网基础设施的质量也令人担忧，处处存在运行过程中的安全隐患。[①] 因此，要把互联网基础设施建设放在国家的角度考虑，加大建设力度，构建有效的互联网金融基础。

首先，需采用综合的智能互联网管理系统，提供较为全面的一体化管理服务，对互联网资源进行优化配置，进行互联网的性能、故障、恢复等服务，使系统安全高效运行。其次，要完善系统设施的内部控制管理，构建综合、可循环的管理控制过程，对于互联网股权众筹融资平台的信息安全建设关注互联网权限设定、数据加密、安全操作管理系统、防火墙、黑客入侵防御以及病毒识别过滤等互联网技术风险的防范。最后，可以利用身份和信息认证技术，建立更为信任的交易关系。

8.9　加强对互联网股权众筹的宣传与教育

虽然传统文化根深蒂固，但是互联网时代的到来使金融的发展模式发生翻天覆地的变化。传统的股权融资模式也依托互联网衍生出互联网股权众筹融资模式。近些年，该模式在中国的迅速发展也吸引了不少公众的目光，更多的创业者和投资人加入其中，公众开始问这是什么、这怎么操作、可靠性

---

① 胡栋. 股权众筹平台的法律风险及防范 [J]. 法制与社会，2017（12）.

和保障性如何等等一系列问题。① 正是这些疑问的存在，让公众对互联网股权众筹融资模式的发展缺乏了解，会出现盲目跟风，只顾预期收益不考虑投资风险，妄想其成。少数创业融资者也将其当作圈钱的工具，损害投资者利益和平台声誉，影响互联网股权众筹融资模式的健康发展。② 笔者认为，对于公众的投资辅导是十分重要的，公众应该利用互联网平台的充足信息源尽可能充分掌握平台、创业融资人和融资项目的相关信息，积极调整投资心态，以端正的态度参与投资。同时，创新互联网股权众筹融资模式对专业人才的需求是十分迫切的，尤其是平台的操作以及管理人员。最后，平台和政府也应该正确引导公众，营造良好的互联网投资氛围，加大公众投资风险认知的宣传，让公众更好地参与投资，推动投资市场健康快速发展。③

---

① 李苗苗. 股权众筹中介的法律性质剖析和制度完善 [J]. 山东青年政治学院学报，2017 (11).

② 吴杏彩，张芳芳. 我国股权众筹信用风险及其防范研究 [J]. 时代金融，2017 (11).

③ 夏恩君，李森，赵轩维. 股权众筹投资者动机研究 [J]. 科研管理，2017 (12).

第 9 章
"股权众筹"的创新展望

2016年,在互联网金融相关法规及众筹行业相关细则出台的背景下,众筹行业迎来了创新发展的利好趋势。中关村众筹联盟和融360大数据研究院2016年1月12日联合发布的《2016中国互联网众筹行业发展趋势报告》指出,未来股权众筹将有更多的创新空间,可从四个方面来考虑:可转债、股权期权、股权众筹支付对价创新和组合式股权众筹。

9.1 "股权众筹"的"可转债"式创新

在现行法律法规体系下,我国可转债指的是上市公司发行的可转债,但该模式也可以用于非上市公司发行该产品,其好处是可以化解投资人的股权投资风险,在投资期结束后,若投资人愿意将债权转为股权成为公司股东,则可以行使权利,若到期后并不看好公司则可以拿回本金及收益。

由于可转债兼具债券和股票的双重特征,因此上市公司在这方面整体上有不错的表现。上市公司"浙能电力"就是一例。

[例9.1] 2014年4月13日,上市公司浙能电力发布公告称,2013年10月13日发行的可转债正式进入转股期。浙能电力可转债的初始转股价格为每股5.66元,而2014年4月13日浙能电力的正股收盘价已达到8.27元,较初始转股价溢价高46%。如果浙能电力继续维持在当前股价附近,估计很快会触发强制赎回机制。

浙能电力的可转债募集说明书规定:如果公司股票在任何连续30个交易日中有至少15个交易日的收盘价格不低于当期转股价格的130%(含130%),公司有权决定按照债券面值加当期应计利息的价格赎回全部或部分未转股的可转债。而设计为6年期的浙能电力可转债票面利率第一年为0.5%,第二年为0.7%,第三年为1.0%,第四年为2.0%,第五年为2.5%,第六年为2.5%。这就意味着,一旦达到触发强赎机制的边缘,浙能电力的可转债持有人会纷纷转股。随着A股的持续走强,触发强制赎回机制,导致市场上的可转债成为稀缺品种。可转债可投资标的的收缩,使得在新转债发行时出现了"抢筹"的现象。

浙能电力在可转债募集说明书中也对相关风险做出提示:在可转债触发回售条件时,若投资者提出回售,则公司将在短时间内面临较大的现金支出压力;而且,浙能电力本次发行的可转债未提供担保(公开发行可转换公司债券,应当提供担保,但最近一期未经审计的净资产不低于人民币15亿元的公司除外),因此,若公司经营活动出现未达到预期回报的情况,可能影响公司对可转债本息的按时足额兑付,以及投资者回售时的承兑能力。

(资料来源:《英才》杂志)

当时,可转债投资大致可以看成债券和看涨期权的组合。具体量化一下,一方面,投资者一般从纯债价值和转股价值两个方面来衡量转债的内在价值,与此相对应的两个指标是纯债溢价率和转股溢价率。当转债的价格在100元(一般可转债的发行价格)附近时,可以以同资质、同期限的债券作为参照,来计算纯债溢价率,并以此来度量转债的纯债价值。另一方面,可以将转债的转股价值与转债的市价进行对比来确定转股溢价率。通常来讲,这两个指标越小,转债的价值越大,当转股溢价率为负值时,可以通过买入转债转成股票的方式实现套利。

可转债经过近几年的实践,目前已经被看作股权众筹的一种创新模式。这种模式等于赋予了投资人可选择的权利,等于投资人拥有一个具有附加值的债权。当然,正因为拥有选择权,可转债与一般债相比,融资方给予的收益或利率比较低。该模式可以作为股权众筹的补充,对丰富股权众筹产品、满足投资者个性化需求及投资偏好具有非常大的作用。

9.1.1　可转债的特征和投资价值

可转债即可转换债券,是债券的一种,可以转换为债券发行公司的股票,通常具有较低的票面利率。本质上讲,可转债是在发行公司债券的基础上,附加了一份期权,允许购买人在规定的时间范围内将其购买的债券转换成指定公司的股票。可转债兼有债券和股票的特征，具有以下三个特点。

（1）债权性。与其他债券一样，可转债也有规定的利率和期限，投资者可以选择持有债券到期，收取本息。

（2）股权性。可转债在转换成股票之前是纯粹的债券，但转换成股票之后，原债券持有人就由债权人变成了公司的股东，可参与企业的经营决策和红利分配，这在一定程度上会影响公司的股本结构。

（3）可转换性。可转换性是可转债的重要标志，债券持有人可按约定的条件将债券转换成股票。转股权是投资者享有的、一般债券所没有的选择权。可转债在发行时就明确约定，债券持有人可按照发行时约定的价格将债券转换成公司的普通股票。如果债券持有人不想转换，则可以继续持有债券，直到偿还期满时收取本金和利息，或者在流通市场出售变现。如果持有人看好发债公司股票增值潜力，在宽限期之后可以行使转换权，按照预定转换价格将债券转换成为股票，发债公司不得拒绝。正因为具有可转换性，可转债利率一般低于普通公司债券利率，企业发行可转债可以降低筹资成本。可转债持有人还享有在一定条件下将债券回售给发行人的权利，发行人在一定条件下拥有强制赎回债券的权利。[1]

可转债兼有债券和股票双重特点，对企业和投资者都具有吸引力。1996年我国政府决定选择有条件的公司进行可转债的试点，1997年颁布了《可转换公司债券管理暂行办法》，2001年4月中国证监会发布了《上市公司发行可转换公司债券实施办法》（已废止），曾极大地规范、促进了可转债的发展。

可转债具有股票和债券的双重属性，对投资者来说是"有本金保证的股票"。可转债对投资者具有强大的市场吸引力，其有利之处体现在以下三个方面的价值。

（1）使投资者获得最低收益权。可转债与股票最大的不同就是它具有债券的特性，即便当它失去转换意义后，作为一种低息债券，它仍然会有固定

---

[1] 魏秀华，张雅洁. 我国股权众筹的风险识别与防范 [J]. 福建师大福清分校学报，2017（4）.

的利息收入；这时投资者以债权人的身份，可以获得固定的本金与利息收益。如果实现转换，则会获得出售普通股的收入或获得股息收入。可转债对投资者具有"上不封顶，下可保底"的优点，当股价上涨时，投资者可将债券转为股票，享受股价上涨带来的盈利；当股价下跌时，则可不实施转换而享受每年的固定利息收入，待期满时偿还本金。

（2）当期收益较普通股红利高。投资者在持有可转债期间，可以取得定期的利息收入。通常情况下，可转债当期收益较普通股红利高，如果不是这样，可转债将很快被转换成股票。

（3）比股票有优先偿还的要求权。可转债属于次等信用债券，在清偿顺序上，同普通公司债券、长期负债（银行贷款）等具有同等追索权利，但排在一般公司债券之后，同可转换优先股、优先股和普通股相比，可得到优先清偿的地位。

9.1.2 可转债的交易规则和操作要点

可转债是一个比较复杂的投资品种，投资者应在明晰运作机理、了解相应条款、熟悉交易规则后再介入。

（1）可转债定价。可转债理论价值是纯债价值与复杂期权价值之和，影响因素主要包括正股价格、转股价、正股与转债规模、正股历史波动率、所含各式期权的期限、市场无风险利率、同资质企业债到期收益率等。纯债价值可以通过贴现转债约定未来现金流计算得出；复杂期权价值可以采用二叉树、随机模拟等数量化方法确定，主要是所含赎回、回售、修正、转股期权的综合价值。转债理论价值与纯债价值、转股价值的关系是，当正股价格下跌时转债价格向纯债价值靠近，在正股价格上涨时转债价格向转股价值靠近，转债价格高出纯债价值的部分为转债所含复杂期权的市场价格。可转债的投资收益主要包括票面利息收入、买卖价差收益和数量套利收益等。[1]

---

[1] 李雪莹. 股权众筹监管模式及投资者保护研究 [J]. 北方金融，2017（2）.

(2) 可转债交易方式。可转债实行 T+0 交易，其委托、交易、托管、转托管、行情揭示、交易时间参照 A 股办理。可转债在转换期结束前的 10 个交易日终止交易，终止交易前一周交易所予以公告。可以转托管，参照 A 股规则。

(3) 可转债交易费用。深市，投资者应向券商交纳佣金，标准为总成交金额的千分之二，佣金不足 5 元的，按 5 元收取。沪市，投资者委托券商买卖可转换公司债券须交纳手续费，上海每笔人民币 1 元，异地每笔 3 元。成交后在办理交割时，投资者应向券商交纳佣金，标准为总成交金额的千分之二，佣金不足 5 元的，按 5 元收取。

(4) 可转债购买途径。可转债购买对于大多数投资者来讲还比较陌生，投资者可通过几种方式直接或间接参与可转债投资。第一，可以像申购新股一样，直接申购可转债。具体操作时，分别输入转债的代码、价格、数量等，最后确认即可。可转债的发行面值都为 100 元，申购的最小单位为 1 手 1 000 元。业内人士表示，由于可转债申购 1 手需要的资金较少，因而获得的配号数较多，中 1 手的概率较申购新股高。第二，除了直接申购外，投资者通过提前购买正股获得优先配售权。由于可转债发行一般会对老股东优先配售，因此投资者可以在股权登记日之前买入正股，然后在配售日行使配售权，获得可转债。第三，在二级市场上，投资者只要拥有了股票账户，也就可以买卖可转债。具体操作与买卖股票类似。

根据交易所规定，发行可转换公司债券的公司在其股票上市时，其上市交易的可转换公司债券即可转换为该公司股票，转换的主要步骤有三个：

第一，申请转股。投资者转股申请通过证券交易所交易系统以报盘方式进行。基于安全性的考虑，一般投资者准备转股时，最好不要通过电话委托或网上交易进行转股程序操作，而应到转债所托管的证券营业部填写提交转股申请。

第二，接受申请，实施转股。证券交易所接到报盘并确认其有效后，记减投资者的债券数额，同时记加投资者相应的股份数额。根据现有规定，转股申请不得撤单。

第三，上市流通。最后是转换股票的上市流通。转换后的股份可于转股后的下一个交易日上市交易。为方便投资者及时结算资金余款，对于不足转换一股的转债余额，上市公司通过证券交易所当日以现金兑付。

9.2 "股权众筹"的"股权期权"式创新

股权期权或称股份期权，是激励的一种方式，适用于上市公司，也适用于非上市公司。期权的主要操作方式是，公司先借款给自己的管理层或技术高层职工，他们利用公司的借款购买股权后，只享有分红权，有的可以享有决策权，但要看公司如何与职工约定。管理层或技术高层职工在享有股权后，股权不得转让、不得抵押、不得买卖，股权所得的分红不能领取，分红首先归还公司的借款。在公司的分红全部归还完公司借款后，职工的股权转化为实股，可以到工商行政部门办理；如果当年分红不足以支付职工应还借款时，职工个人需要拿出现金补足借款。有些期权还约定职工的股权在工作满一定年限后由公司进行回购，不同的公司要求不一样。所以，股权激励的工具比较多，也比较灵活。典型股权众筹交易模式的设计若采用股权期权的办法，对于参与众筹者，承诺给其期权，设定一个条件或期限，待条件成熟时以约定的价格授予参与人购买一定数量股票的选择权，从而避开200人的上限约束，但该方案也存在被认定为变相突破200人上限的法律风险。

下面结合从业者身边的真人、真事以及法院的实际判例进行分析，从股权激励双方——员工和公司两个角度，简单分析中国股权激励的现状和需要注意的问题。

9.2.1 厘清股权激励和期权激励的区别

实践中，员工激励机制常见有两种：一是期权激励，赋予员工未来取得公司股权的期待权利。例如，市场主流为约定激励对象有 4 年服务期，每满一年，员工可行使 1/4 的期权总额。二是股权激励，立即赋予员工实实在在的股权，但多设置服务年限、处置限制等附加条件。①

[例 9.2] 2014 年，北京市海淀区法院审结了员工张某与北京某技术有限公司的劳动争议纠纷，张某于 2011 年 4 月 6 日入职，担任技术经理，双方建立劳动关系，当日双方签订劳动合同书及劳动合同变更书，其中劳动合同变更书中约定："经双方协商一致，对本合同做以下变更：授予员工张某 10 万股期权（注：此处约定为期权），并在公司统一办理期权证书之时，发放期权证书。"针对该期权约定，双方在法庭上各执一词：张某主张双方对于该 10 万股期权，曾口头约定没有行权时间限制，行权价格为零，实际上为授予其 10 万股股权；而该公司主张该 10 万股为期权，待该公司审批上市后才可行权，对于行权价格则另行协商。2012 年 7 月 13 日，该公司提出与张某解除劳动合同，并签订《补充协议》约定："一、雇佣合同终止日为 2012 年 7 月 13 日……三、甲方（公司）于 2011 年 4 月授予乙方的 10 万股权由乙方（即张某）继续持有，但依据公司的规定，需由公司现有法人代表靳某持有，双方于 2012 年 8 月 31 日前办理相关的公证书……"对于上述第三项约定，张某主张双方确认张某拥有 10 万股股权，暂由公司法定代表人靳某持有，暂不进行工商变更登记，张某据此主张按照 10 万股股权，每股价格以 1 元计算，其应当持有公司 10% 的股权；公司主张上述约定中漏写"期"字，系期权而非股权，该项约定与劳动合同变更书约定内容一致。据查，该公司为有限责任公司，注册资本为 100 万元。

法院指出，尽管双方所签署的《补充协议》确认张某拥有 10 万股股权，但该协议中明确载明"2011 年 4 月授予乙方（张某）的 10 万股权由乙方继续持有"，而双方劳动合同变更书恰于 2011 年 4 月签订，约定公司授予张某 10 万股期权。基于此，法院选择相信张某与公司所签订的《补充协议》约定确系期权，而非股权，公司险胜。可以想象，公司方离开法庭时应该是一身

---

① 黄彬. 中国股权众筹研究现状与热点分析 [J]. 合作经济与科技，2017 (5).

冷汗。但可以推测，公司的麻烦并不会到此为止，即便张某持有的是期权，一个离职员工持有公司 10% 的期权，带着这样的镣铐，公司后续如何融资，如何上市？虽然员工张某输了一场战役，但仍然处于战略高地上，相信如果公司想要却下这副镣铐，最终也只能让步妥协。

（资料来源：《光明日报》）

9.2.2　"股权期权"激励问题及对策

股权期权激励常见的问题主要体现为：公司管理层没有从本质上理解股权激励及其风险，公司制订的激励方案存在瑕疵，股权激励实施的随意性（主要体现为公司随意允诺空头支票和员工权利意识淡薄），方案制订和实施过程中缺少专业的支持。①

股权或期权激励比较复杂，公司管理层切不可一知半解，草草承诺员工动辄多少万股的股权或期权，公司需要与专业人士商定激励股权池大小、激励对象、授予份额、授予数量、行权价格等诸多方面，才能拟订合理的激励方案。其中，涉及行权条件、权利限制（如有效期和员工离职回购等）等事宜，需要专业律师起草专业的激励文件。如涉及境内外上市公司，还将涉及审批程序、税务及外汇等事宜，更需要专业律师的指导，简单粗暴的承诺股权只会给公司带来更多的困扰。上海的一个案例很值得公司引以为戒。

[例 9.3] 2012 年 2 月，上海某信息科技有限公司与员工陈某签订《股票期权合同》，承诺以公司的股票给予陈某期权激励至少不低于 5 万股，具体数量、授予时间、期权的行权方式、行权期、行权价格、行权窗口期等具体操作事宜，将根据公司制定的《公司股票期权计划》及相关具体实施办法，并经股东大会通过以后实施；公司承诺的股票期权授予的前提条件是："陈某还至少应在公司连续工作或为公司提供服务达＿＿＿（此处为空白）年以上

---

① 王景利. 我国股权众筹发展的现状、问题及对策研究 [J]. 金融理论与教学，2017 (10).

或至引跑公司上市前6个月内……直到二审程序"，公司仍并未针对股票期权制定具体的计划，或出台相关的管理办法。

尽管该案件中激励对象的行权要求被法院以"服务期限直到上市前6个月"条件未满足为由驳回，但法院没有提及前边的空白服务期。如果签署的合同中服务期为空白，公司应该处在很被动的地位，而该公司在并无《公司股票期权计划》的情形下就许诺员工期权，那么，这些期权到底代表多大占比，5万股又如何得来？正如前文第一个案例所写："老板，你真的想给技术经理10%的激励股权吗？"股权期权激励涉及公司股权，岂可儿戏？

（资料来源：《光明日报》）

对于员工来说，股权激励可以说是重量级激励，因为"工资奖金能够养家糊口，而股权才能实现财务自由"。员工大不必像跟老板谈工资那样羞涩，反倒是不少创业股东通过实施股权激励（替代部分现金报酬）来判断员工对公司的忠诚度和信心。员工需要与老板或者主管部门详细了解激励股权期权所代表的公司份额，期权的行权方式、行权期、行权价格、行权窗口期，以及激励股权的各种限制，并保存好相关文件，为成为公司原始股东做好充分准备。

股权期权激励的实施，需要一整套规范的法律文件，通常包括：激励计划，股权期权激励大纲性文件；授予协议，根据激励计划授予各激励对象股权或期权的协议，包括授予时间及激励价格等内容；持股协议，比如由创始股东代持激励股权的协议或者持股实体的合伙协议；其他文件，如批准激励计划等事宜的股东决议、批准激励对象及相关文件的董事会决议以及公司章程的修改（如股权激励情形就可能涉及公司股权变更）。①

最后，提醒创业公司，股权期权激励制度虽好，但应当谨慎引入，并且务必在专业人士的协助下推出。股权期权激励涉及公司股权结构，不合理的股权期权激励会影响公司股权结构的稳定性。即使公司没有能力支付昂贵的

---

① 马广奇，史梦佳. 我国互联网股权众筹融资的博弈分析 [J]. 财会月刊，2017 (5).

律师费用，也应当使用规范的股权期权文件，尽可能预防股权期权激励实施过程中的风险和隐患。①

9.3 "股权众筹"的"支付对价"式创新

在目前的股权众筹中，投资人的出资方式为现金。该支付方式显然过于单一，融资公司往往需要的不仅仅是资金，有时也需要专利、品牌或者设备、场地等非资金性资源。在此情况下，可否考虑多种形式的出资方式呢？比如场地入资、知识入资、设备入资等多种形式，从而使得股权众筹融资的支付对价更加多元化，也与当前公司并购、公司出资的方式及规定接轨。②

对近年重大资产重组案例进行分析发现，所谓的创新交易案例主要是在现有《上市公司重大资产重组管理办法》及相关配套法规的框架下，对之前案例的交易方案的局部突破，主要突破点是支付对价、业绩承诺、业绩补偿与奖励方式，其他方面亦有创新，但案例较少。支付对价方面比较著名的例子是掌趣科技收购玩蟹科技，采取的是差异对价方式。

[例9.4] 2013年10月15日，在解决了版权问题后，掌趣科技与玩蟹科技的并购案终于尘埃落定。掌趣科技当日下午公告称，公司拟以25.53亿元并购玩蟹科技和上游信息。公告显示，掌趣科技拟以17.39亿元收购玩蟹科技100%股权，同时拟以8.14亿元收购上游信息70%股权。

本次并购以发行股份及支付现金相结合的方式，其中，玩蟹科技76 760万元对价和上游信息46 514.29万元对价，共计123 274.29万元将以现金支付；其余对价将由掌趣科技非公开发行股票支付，价格确定为19.83元/股。掌趣科技同时拟以不低于17.84元/股的价格进行配套融资85 100万元，同

---

① 刘波等. 预售众筹与股权众筹的选择：基于众筹平台与企业家声誉的视角 [J]. 金融研究，2017（7）.

② 曹阳. 国股权众筹的风险与法律规制 [J]. 改革与战略，2017（4）.

于支持收购玩蟹科技、上游信息现金对价款的部分来源。

与此前多个游戏行业的并购案一样，掌趣科技也制定了严格的业绩对赌条款。玩蟹科技承诺，2013 年、2014 年、2015 年、2016 年扣非后的净利润不低于 1.2 亿元、1.6 亿元、2 亿元、2.4 亿元。上游信息方承诺，2013 年、2014 年、2015 年、2016 年扣非后的净利润不低于 0.75 亿元、1.25 亿元、1.56 亿元、1.90 亿元。如果实际净利润低于承诺，标的公司将按约定进行补偿。

据公告显示，玩蟹科技已与金庸、畅游时代、完美世界共同签订协议，对于 2013 年 10 月 1 日前使用授权作品的行为，玩蟹科技一次性支付授权金；2013 年 10 月 1 日至 2016 年 12 月 31 日止，玩蟹科技将游戏入账净收入按规定比例分给畅游时代及完美世界。玩蟹科技是业内知名手机游戏开发商，明星产品为《大掌门》《忍将》。上游信息亦是国内知名游戏开发商和运营商，此前推出的手机游戏《塔防三国志》影响较大。

（资料来源：《财新周刊》）

支付对价是指非流通股要进入市场，避免给流通股带来新的损失而对流通股所做的补偿。如 10 股对付 3 股，即非流通股股东向流通股股东按流通股本每 10 股送 3 股。非流通股股东当时获得股票是在公司改制时，价格非常低，有的是面值获得的，而流通股股东都是从股票市场获得的股票，价格高得多，所以公平起见，应该支付对价。

支付对价是股权分置改革的新生事物，是一种新型的会计事项，现行会计制度对此没有做出规范。因此，必须把支付对价与股权分置的历史和现状结合起来进行剖析，找出其本质，以作为会计处理的依据。

9.3.1 "支付对价"的会计处理原则和方法

不同的会计主体在支付对价问题上的立足点不同，其会计处理也不同。股权分置改革经济事项涉及非流通股股东、流通股股东和上市公司三方利益主体，都必须做出相应的记录与报告。支付对价经济事项分别表现为：首先，非流通股股东将所持有的非流通股部分送出或按比例压缩、支付现金等；其次，流通股股东将获得送股、现金、权证等；最后，上市公司将发行认股权证、减少总股本、记录股本明细的变化等。明确会计主体可以为会计核算的讨论提供一个基本前提。①

（1）"支付对价"的会计处理原则

支付对价的会计处理原则有两个：一是充分应用实质重于形式原则。由于支付对价引起原非流通股股东和原流通股股东在上市公司的持股比例的变化，即存在此消彼长的关系，从而导致会计中的权益法与成本法的变化、合并会计报表范围的变化。按照我国《合并会计报表暂行规定》《企业会计准则—投资》等的规定，是否将被投资单位纳入投资企业合并会计报表范围主要看投资企业能否对被投资单位形成控制，而是否采用权益法进行核算主要看投资企业能否对被投资单位施加重大影响。二是认真贯彻明晰性原则、重要性原则。支付对价是股权分置改革的产物，它将对会计主体产生长期、较大的影响，因此要求会计记录准确、清晰，以便于理解和使用。

支付对价是股权分置改革的一项经济业务。非流通股股东支付的对价是送股、缩股、付现，权证等，获得的是一种流通权。在股权分置改革方案实施日，确认支付对价，进行相关会计处理。其中，权证在股权分置改革方案实施日，只确认已实际发生的金额，其余损失则在行权日确认。

用权责发生制原则和历史成本原则进行计量。支付对价具体表现是：其一，送股（缩股）用送出（减少）股份的投资成本（股份数×每股成本）加上按该比例应转销的损益调整、股权投资差额、股权投资准备之和计量；其二，付现用实际发生金额计量；其三，权证用申请发行的实际支出加行权日的行权价格与当日的收盘价的损失计量。

（2）"支付对价"会计科目的使用

《企业会计制度》规定，在权益法下，"长期股权投资"科目下分设"投资成本""损益调整""股权投资准备""股权投资差额"4个明细科目。支

---

① 伦贝. 股权众筹的发展路径与监管［J］. 青海金融，2017（6）.

付对价不属于损益调整和股权投资准备的性质。在权益法下，投资成本被界定为投资企业取得投资的初始成本，也不适合核算对价。权衡之后可以看出，由于将支付对价作为投资成本的追加，因此将其计入股权投资差额比较合适。《企业会计制度》列举了股权投资差额的三种情形，虽然尚未考虑股权分置改革的情况，但已经表明股权投资差额的用途在于记录权益法下长期股权投资的账面价值与应享有被投资单位所有昔日份额的差额。支付对价可视为这种差额，在"股权投资差额"科目中核算。

将支付对价在"股权投资差额"明细科目中核算虽然有一定道理，但也存在不足。如将支付对价与原股权投资差额混淆，不便于以后对其进行调整，影响了会计分析与评价，不符合明晰性、重要性原则。应设置"长期股权投资——支付对价"科目用于核算股权分置改革中经济事项的调整。当股权分置改革方案实施时：

借：长期股权投资——支付对价

贷：现金（或银行存款），长期股权投资——投资成本——股权投资差额——损益调整——股权投资准备

会计期末调整时，"长期股权投资—支付对价"科目余额在借方，表示待转支付对价。

（3）"支付对价"的会计处理方法

"支付对价"的会计处理有三种不同的方法。第一种：违约赔偿观点是将支付讨价费用化。非流通股股东向流通股股东支付违约金具有弥补流通股股东损失的性质。我国《企业会计制度》规定，企业因违约而向对方支付的违约金在营业外支出列支。这显然形成了一项费用，并在损益表中反映。其分录为借记"营业外支出"科目，贷记"长期股权投资—支付对价"科目。

违约赔偿观点实际操作比较困难。首先是赔偿对象的认定，存在着是赔偿申购新股的股东还是赔偿从二级市场购入股份的投资者的问题。其次是赔偿额度的认定，存在着是补偿股票下跌给投资者带来的全部损失还是扣除其中的系统性风险部分的问题。最后是支付对价费用化直接影响着大股东的业

绩和考核指标，也关系到再融资和股票特别处理等问题。这就违背了支付对价的本意，容易形成股权分置改革的阻力。

第二种：流通权观点将支付对价资本化。支付对价获得流通权符合会计上的资本支出条件。首先，支付对价符合资产的定义，流通权有带来未来经济利益（未来现金净流入）的能力。股权分置改革以对价方式承认流通权是具有价值的。其次，支付对价可以用货币计量，无论何种形式的对价（股份、现金或权证）都具有明确的金额或具备可以量化的条件。再次，支付对价"资产"与支付违约"费用"相比，前者在经济后果方面更容易被接受，尤其是资本化处理解决了国有资产单位出于资产保值增值考虑而对股权分置改革积极性不高的现实问题，也可以防止对其他非流通股股东（包括上市公司）的业绩产生不良影响。最后，符合长期资产的时间要求，非流通股在股权分置改革方案实施日虽然获得流通权，但股权分置改革的本质是解决制度缺陷问题，而不是减持股份，其投资目的仍是长期持有。不少公司配合对价方案做出了稳定股价的承诺，如增持计划、减持底价、回购计划、锁定流通期限等。所以，流通权具有资本化的条件。从会计要素的具体分类项目来看，流通权符合无形资产的定义和特征。

舍"资产摊销"而取"成本配比"。非流通股为实现同股同权支付的对价是附会在流通股上的一项权利，它并不会随时间的流逝而发生损耗，只会因实现流通（或称减持股份）而兑现。因此，不应对支付对价形成的长期投资进行分期摊销处理。原非流通股股东期末结转分录为：借记"无形资产——流通权"科目，贷记"长期股权投资——支付对价"科目。持有期间不摊销，待减持变现时，用流通性溢价与支付对价配比来计算损益。其企业分录为：借记"银行存款"科目，贷记"投资收益"科目。同时结转成本，借记"投资收益"科目，贷记"无形资产——流通权"科目。

流通权观点更符合股权分置改革的精神，不影响企业当期的财务状况和经营成果，不影响国有资产保值增值以及有关负责人的考核，更容易被非流通股股东接受。另外，它也符合会计准则的相关原则，容易被财会人员理解、执行。

第三种是权益补偿观将支付对价冲销权益。支付对价是针对过去的制度缺陷而产生的，非流通股股东将过去多得的权益补偿给流通股股东，以实现同股同权。其会计分录为：借记"资本公积——股权投资准备"科目，贷记"长期股权投资——支付对价"科目。

权益的补偿观虽然不影响经营成果，但直接影响着国有资产保值增值以及有关负责人的考核，不易被非流通股股东所接受，有悖于股权分置改革的初衷。

9.3.2 流通股股东与上市公司的会计处理

流通股股东是对价的接受者，按照证券交易规则，在股权分置改革方案实施日按自然除权原则进行会计处理。也就是说，流通股股东一方面获得新增股份、现金和权证，另一方面损失原有股份的市值，其结果是既不受益也不受损。送股在备查账簿或表外科目记录，缩股不做记录，付现冲减投资成本。认购权证在股权分置改革实施日的价格无法确定，因此它是一项或有资产，持有期间在备查账簿或表外科目记录，若在行权日之前转让，其收益冲减投资成本，核销记录。行权之日，若股票市价小于或等于行权价格，则认购权证的价值为零，核销记录；若股票市价大于行权价格，则认购权证的价值为市价与行权价格之差，其收益冲减投资成本，核销记录。认沽权证是一种保底卖出价格承诺，持有期间在备查账簿或表外科目记录。行权之日，若股票市价小于行权价格，则认沽权证的价值为市价与行权价格之差，其收益冲减投资成本，核销记录；若股票市价大于行权价格，则认沽权证的价值为零，核销记录。[①]

股权分置改革涉及上市公司股本的变化，其具体表现为：对价采取送股则总股本不变，股本明细变化，在股本账户内调整；对价采取缩股则总股本

---

① 周温涛. 股权众筹风险防范规制的域外经验及启示 [J]. 福建金融，2017（6）.

减少，股本明细变化，将减少的股本金额转入资本公积；认股权证发行股份按增发处理；付现、认购权证和认沽权证则不涉及上市公司。

9.4 "股权众筹"的"组合配置"式创新

虽然中国证券业协会发布的私募股权众筹监管办法禁止股权众筹平台从事P2P网贷业务，但是组合式的多元化众筹更符合我国金融的发展趋势。西方发达国家的金融采取的是混业经营，而我国金融却采取单一经营，这其实不利于综合金融的发展，也与金融发展的趋势相悖。我们也看到，我国其实已经出现了几个大型的综合性金融集团，例如中信集团、光大集团及平安集团等，这些金融集团其实是混业经营的典范。同样的道理，作为新金融的众筹融资平台也需要向综合化服务迈进，因为融资方的需求是多元的。例如创业项目在进行股权融资时，也考虑进行部分债权融资，在进行债权融资时也考虑进行产品众筹，这些组合众筹都有各自的优势，这对早期项目及刚创立的企业发展来说，具有很大的促进作用。①

9.4.1 "股权众筹"的"组合配置"式重要性

就"投资组合"问题有的股权众筹专家认为，股权众筹所涉及的种子期投资、天使投资和风险投资的失败率是很高的，虽然通过合理投资策略和专业化项目判断，如果投资组合中出现投资成功项目，成功的项目投资收益基本上可以覆盖失败的项目的损失。股权众筹中进行"组合配置"，对于部分投资者尤其是中产阶层投资者显得尤为重要。

目前，我国股权众筹主要分为实体店铺类与非实体店铺类。其中，非实

---

① 王阿娜. 股权众筹中的领投跟投模式分析及优化措施[J]. 金融教育研究，2017(7).

体店铺类主要以互联网科技、移动互联项目为主。单纯从回报来看，互联网科技类项目力求以上市或并购等再融资为退出方式，因此收益往往成倍增加，获利客观，但真正能够实现成功退出的项目，却凤毛麟角。因此，看起来再优秀的项目，即便有知名基金领投，也不意味着项目的成功退出概率有多大。有统计显示，传统 VC/PE 的投资项目，有 80% 是失败、平手，即便获取微利，也与投入的巨资不成正比。因此，如果条件允许，针对 TMT 类众筹，可选择不同行业、不同规模的项目进行分散投资，而不要只凭个人喜好进行选择。

对于实体店铺类众筹，笔者认为，虽然目前这个领域的热度不及 TMT，但更多只是源于市场与投资机构的认知偏好的缘故。以我国首家专注于实体店铺的股权众筹平台"人人投"来说，其对接的项目多为传统消费类行业，如餐饮、酒店、娱乐服务、亲子教育等线下实体连锁店铺，从直观上，确实没有 TMT 类"高大上"与"前卫"的感觉。但从投资的安全性来讲，实体店铺融资成功率高、融资快、分红快、整体收益稳定、股权结构不复杂，是追求稳健的投资者应该配置的一种股权投资种类。

通过对目前行业规模最大的实体店铺众筹平台"人人投"的分析可以看出，其上线的近 300 个连锁实体店项目整体融资成功率超过 95%，近 50% 的店铺已经产生分红，个别"人人投"平台的"明星项目"，其年平均回报率可达 100%，这意味着投资者一年时间即可实现回本，之后的分红都是"干赚"的。

可能有人说，实体店铺众筹项目存在"退出难"的问题，但随着新三板的不断扩容以及地方性股权交易市场的成熟，优秀的实体连锁店或将涌现一批上市或并购潮。

因此，如果投资者有适当的财力，并具备一定的抗风险能力与投资经验，可以在股权众筹中适当进行"组合配置"，例如以一定比例投资于高风险高收益的 TMT 行业，再以一定比例投入风险中高、收益相对稳定的实体店铺行业，如有剩余，还可考虑新型的、收益更加稳定的"收益型众筹"。当然，股权众筹占投资者全部资产的比例,建议不超过15%。如果资金实力有限,或初上手接触股权众筹,则可不进行"组合配置",而投资单一的方向(TMT或实体店铺二选一)即可。

在未来10年甚至15年,股权投资将有望为我国创造更多的中产阶层,并帮助现有的中产阶层实现资产的有效增值,而采取"组合配置"的投资方式,则可实现投资风险与收益的科学匹配。项目本身的风险不可避免,也并不可怕,但不采取组合配置,令风险高度集中,才是股权众筹投资者面临的困境。

9.4.2 "股权众筹"的"组合配置"式方法

如何通过股权众筹建立一个多样性的投资组合?

一是制定好一个策略,打长期战,比如5年或更久。不要急于投资你看到的一切,保留一些可以支配的资本,这样不会错过好的交易。记住,第一笔资金也可能在建立起投资组合之前就溜走了。不要放弃,这就是天使投资的本质——光明前的黑暗是漫长的。

二是了解使用的投资平台和投资者。首先,详尽地找出尽可能多的投资平台。投资者的保险措施是什么?难道它们只是交给你一个交易清单,然后把你扔在糟糕交易的风险之中吗?抑或他们全权管理?确认你的时间是否被用在分析潜在的投资机会上,它们是投资引导型的还是投资辅助型的?

三是与有领域投资知识的人一起投资。建立一个多样的投资组合,更倾向引导你到舒适圈外的区域。检查一下,是否在那个领域有经验的主要投资者将他们自己的钱投入其中,如果没有,就不要管它。

四是多样投资。建立一个可靠的多样投资组合,每年应该致力于5~10个不同区域的投资。考虑一下你一年准备投资多少,然后分为10份。这就是你平均每份的投资规模。

五是知道什么是基金管理费用。如果你投资股权融资平台,就会逐渐接触到那些专业的投资者，同时避免了专业管理基金的管理费用。

六是准备好跟进。积蓄你的力量，准备好在未来的工作中补充你的钱。如果你投资100万元，准备好跟进500万元，这将会使你的回报最大化。

总之，通过股权众筹平台建立投资组合所需的努力，不会与直接的天使投资差异过大。当平台关注那个部分时，合法的程序会被简化。通过使用投资平台，你会获得有经验的投资家们带来的有利项目。

附　录

附录1　股权众筹相关政策文件

附录1.1　私募股权众筹融资管理办法（试行）（征求意见稿）

第一章　总则

第一条　【宗旨】为规范私募股权众筹融资业务，保护投资者合法权益，促进私募股权众筹行业健康发展，防范金融风险，根据《证券法》、《公司法》、《关于进一步促进资本市场健康发展的若干意见》（国发〔2014〕17号）等法律法规和部门规章，制定本办法。

第二条　【适用范围】本办法所称私募股权众筹融资是指融资者通过股权众筹融资互联网平台（以下简称"股权众筹平台"）以非公开发行方式进行的股权融资活动。

第三条　【基本原则】私募股权众筹融资应当遵循诚实、守信、自愿、公平的原则，保护投资者合法权益，尊重融资者知识产权，不得损害国家利益和社会公共利益。

第四条　【管理机制安排】中国证券业协会（以下简称"证券业协会"）依照有关法律法规及本办法对股权众筹融资行业进行自律管理。证券业协会委托中证资本市场监测中心有限责任公司（以下简称"市场监测中心"）对股权众筹融资业务备案和后续监测进行日常管理。

第二章 股权众筹平台

第五条 【平台定义】股权众筹平台是指通过互联网平台（互联网网站或其他类似电子媒介）为股权众筹投融资双方提供信息发布、需求对接、协助资金划转等相关服务的中介机构。

第六条 【备案登记】股权众筹平台应当在证券业协会备案登记，并申请成为证券业协会会员。证券业协会为股权众筹平台办理备案登记不构成对股权众筹平台内控水平、持续合规情况的认可，不作为对客户资金安全的保证。

第七条 【平台准入】股权众筹平台应当具备下列条件：

（一）在中华人民共和国境内依法设立的公司或合伙企业；

（二）净资产不低于 500 万元人民币；

（三）有与开展私募股权众筹融资相适应的专业人员，具有 3 年以上金融或者信息技术行业从业经历的高级管理人员不少于 2 人；

（四）有合法的互联网平台及其他技术设施；

（五）有完善的业务管理制度；

（六）证券业协会规定的其他条件。

第八条 【平台职责】股权众筹平台应当履行下列职责：

（一）勤勉尽责，督促投融资双方依法合规开展众筹融资活动、履行约定义务；

（二）对投融资双方进行实名认证，对用户信息的真实性进行必要审核；

（三）对融资项目的合法性进行必要审核；

（四）采取措施防范欺诈行为，发现欺诈行为或其他损害投资者利益的情形，及时公告并终止相关众筹活动；

（五）对募集期资金设立专户管理，证券业协会另有规定的，从其规定；

（六）对投融资双方的信息、融资记录及投资者适当性管理等信息及其他相关资料进行妥善保管，保管期限不得少于10年；

（七）持续开展众筹融资知识普及和风险教育活动，并与投资者签订投资风险揭示书，确保投资者充分知悉投资风险；

（八）按照证券业协会的要求报送股权众筹融资业务信息；

（九）保守商业秘密和客户隐私，非因法定原因不得泄露融资者和投资者相关信息；

（十）配合相关部门开展反洗钱工作；

（十一）证券业协会规定的其他职责。

第九条 【禁止行为】股权众筹平台不得有下列行为：

（一）通过本机构互联网平台为自身或关联方融资；

（二）对众筹项目提供对外担保或进行股权代持；

（三）提供股权或其他形式的有价证券的转让服务；

（四）利用平台自身优势获取投资机会或误导投资者；

（五）向非实名注册用户宣传或推介融资项目；

（六）从事证券承销、投资顾问、资产管理等证券经营机构业务，具有相关业务资格的证券经营机构除外；

（七）兼营个体网络借贷（即P2P网络借贷）或网络小额贷款业务；

（八）采用恶意诋毁、贬损同行等不正当竞争手段；

（九）法律法规和证券业协会规定禁止的其他行为。

第三章 融资者与投资者

第十条 【实名注册】融资者和投资者应当为股权众筹平台核实的实名注册用户。

第十一条 【融资者范围及职责】融资者应当为中小微企业或其发起人，并履行下列职责：

（一）向股权众筹平台提供真实、准确和完整的用户信息；

（二）保证融资项目真实、合法；

（三）发布真实、准确的融资信息；

（四）按约定向投资者如实报告影响或可能影响投资者权益的重大信息；

（五）证券业协会规定和融资协议约定的其他职责。

第十二条　【发行方式及范围】融资者不得公开或采用变相公开方式发行证券，不得向不特定对象发行证券。融资完成后，融资者或融资者发起设立的融资企业的股东人数累计不得超过200人。法律法规另有规定的，从其规定。

第十三条　【禁止行为】融资者不得有下列行为：

（一）欺诈发行；

（二）向投资者承诺投资本金不受损失或者承诺最低收益；

（三）同一时间通过两个或两个以上的股权众筹平台就同一融资项目进行融资，在股权众筹平台以外的公开场所发布融资信息；

（四）法律法规和证券业协会规定禁止的其他行为。

第十四条　【投资者范围】私募股权众筹融资的投资者是指符合下列条件之一的单位或个人：

（一）《私募投资基金监督管理暂行办法》规定的合格投资者。

（二）投资单个融资项目的最低金额不低于100万元人民币的单位或个人。

（三）社会保障基金、企业年金等养老基金，慈善基金等社会公益基金，以及依法设立并在中国证券投资基金业协会备案的投资计划。

（四）净资产不低于1 000万元人民币的单位。

（五）金融资产不低于300万元人民币或最近三年个人年均收入不低于50万元人民币的个人。上述个人除能提供相关财产、收入证明外，还应当能辨识、判断和承担相应投资风险。本项所称金融资产包括银行存款、股票、债券、基金份额、资产管理计划、银行理财产品、信托计划、保险产品、期货权益等。

（六）证券业协会规定的其他投资者。

第十五条 【投资者职责】投资者应当履行下列职责：

（一）向股权众筹平台提供真实、准确和完整的身份信息、财产、收入证明等信息；

（二）保证投资资金来源合法；

（三）主动了解众筹项目投资风险，并确认其具有相应的风险认知和承受能力；

（四）自行承担可能产生的投资损失；

（五）证券业协会规定和融资协议约定的其他职责。

第四章 备案登记

第十六条 【备案文件】股权众筹平台应当在设立后5个工作日内向证券业协会申请备案，并报送下列文件：

（一）股权众筹平台备案申请表；

（二）营业执照复印件；

（三）最近一期经审计的财务报告或验资报告；

（四）互联网平台的 ICP 备案证明复印件；

（五）股权众筹平台的组织架构、人员配置及专业人员资质证明；

（六）股权众筹平台的业务管理制度；

（七）股权众筹平台关于投资者保护、资金监督、信息安全、防范欺诈和利益冲突、风险管理及投资者纠纷处理等内部控制制度；

（八）证券业协会要求的其他材料。

第十七条 【相关文件要求】股权众筹平台应当保证申请备案所提供文件和信息的真实性、准确性和完整性。

第十八条 【核查方式】证券业协会可以通过约谈股权众筹平台高级管理人员、专家评审、现场检查等方式对备案材料进行核查。

第十九条 【备案受理】股权众筹平台提供的备案申请材料完备的，证券业协会收齐材料后受理。备案申请材料不完备或不符合规定的，股权众筹平台应当根据证券业协会的要求及时补正。申请备案期间，备案事项发生重大变化的，股权众筹平台应当及时告知证券业协会并申请变更备案内容。

第二十条 【备案确认】对于开展私募股权众筹业务的备案申请，经审查符合规定的，证券业协会自受理之日起20个工作日内予以备案确认。

第二十一条 【备案注销】经备案后的股权众筹平台依法解散、被依法撤销或者被依法宣告破产的，证券业协会注销股权众筹平台备案。

第五章 信息报送

第二十二条 【报送融资计划书】股权众筹平台应当在众筹项目自发布融资计划书之日起5个工作日内将融资计划书报给市场监测中心备案。

第二十三条 【年报备查】股权众筹平台应当于每年4月30日之前完成上一年度的年度报告及年报鉴证报告，原件留档备查。

第二十四条 【信息报送范围】股权众筹平台发生下列情形的，应当在5个工作日内向证券业协会报告：

（一）备案事项发生变更；

（二）股权众筹平台不再提供私募股权众筹融资服务；

（三）股权众筹平台因经营不善等原因出现重大经营风险；

（四）股权众筹平台或高级管理人员存在重大违法违规行为；

（五）股权众筹平台因违规经营行为被起诉，包括：涉嫌违反境内外证券、保险、期货、商品、财务或投资相关法律法规等行为；

（六）股权众筹平台因商业欺诈行为被起诉，包括：错误保证、有误的报告、伪造、欺诈、错误处置资金和证券等行为；

（七）股权众筹平台内部人员违反境内外证券、保险、期货、商品、财务或投资相关法律法规行为；

（八）证券业协会规定的其他情形。

第六章　自律管理

第二十五条　【备案管理信息系统】市场监测中心应当建立备案管理信息系统，记录包括但不限于融资者及其主要管理人员、股权众筹平台及其从业人员从事股权众筹融资活动的信息。备案管理信息系统应当加入中国证监会中央监管信息平台，股权众筹相关数据与中国证监会及其派出机构、证券业协会共享。

第二十六条　【自律检查与惩戒】证券业协会对股权众筹平台开展自律检查，对违反自律规则的单位和个人实施惩戒措施，相关单位和个人应当予以配合。

第二十七条　【自律管理措施与纪律处分】股权众筹平台及其从业人员违反本办法和相关自律规则的，证券业协会视情节轻重对其采取谈话提醒、警示、责令所在机构给予处理、责令整改等自律管理措施，以及行业内通报批评、公开谴责、暂停执业、取消会员资格等纪律处分，同时将采取自律管理措施或纪律处分的相关信息抄报中国证监会。涉嫌违法违规的，由证券业协会移交中国证监会及其他有权机构依法查处。

第七章　附则

第二十八条　【证券经营机构开展众筹业务】证券经营机构开展私募股权众筹融资业务的，应当在业务开展后5个工作日内向证券业协会报备。

第二十九条　本办法自_____年____月____日起实施，由证券业协会负责解释和修订。

附录1.2　中国人民银行等十部委发布《关于促进互联网金融健康发展的指导意见》

近年来，互联网技术、信息通信技术不断取得突破，推动互联网与金融快速融合，促进了金融创新，提高了金融资源配置效率，但也存在一些问题和风险隐患。为全面贯彻落实党的十八大和十八届二中、三中、四中全会精神，按照党中央、国务院决策部署，遵循"鼓励创新、防范风险、趋利避害、健康发展"的总体要求，从金融业健康发展全局出发，进一步推进金融改革创新和对外开放，促进互联网金融健康发展，经党中央、国务院同意，现提出以下意见。

一、鼓励创新，支持互联网金融稳步发展

互联网金融是传统金融机构与互联网企业（以下统称从业机构）利用互联网技术和信息通信技术实现资金融通、支付、投资和信息中介服务的新型金融业务模式。互联网与金融深度融合是大势所趋，将对金融产品、业务、组织和服务等方面产生更加深刻的影响。互联网金融对促进小微企业发展和扩大就业发挥了现有金融机构难以替代的积极作用，为大众创业、万众创新打开了大门。促进互联网金融健康发展，有利于提升金融服务质量和效率，深化金融改革，促进金融创新发展，扩大金融业对内对外开放，构建多层次金融体系。作为新生事物，互联网金融既需要市场驱动，鼓励创新，也需要政策助力，促进发展。

（一）积极鼓励互联网金融平台、产品和服务创新，激发市场活力。鼓励银行、证券、保险、基金、信托和消费金融等金融机构依托互联网技术，实现传统金融业务与服务转型升级，积极开发基于互联网技术的新产品和新服务。支持有条件的金融机构建设创新型互联网平台开展网络银行、网络证券、网络保险、网络基金销售和网络消费金融等业务。支持互联网企业依法合规设立互联网支付机构、网络借贷平台、股权众筹融资平台、网络金融产品销售平台，建立服务实体经济的多层次金融服务体系，更好地满足中小微企业和个人投融资需求，进一步拓展普惠金融的广度和深度。鼓励电子商务企业在符合金融法律法规规定的条件下自建和完善线上金融服务体系，有效拓展电商供应链业务。鼓励从业机构积极开展产品、服务、技术和管理创新，提升从业机构核心竞争力。

（二）鼓励从业机构相互合作，实现优势互补。支持各类金融机构与互联网企业开展合作，建立良好的互联网金融生态环境和产业链。鼓励银行业金融机构开展业务创新，为第三方支付机构和网络贷款平台等提供资金存管、支付清算等配套服务。支持小微金融服务机构与互联网企业开展业务合作，实现商业模式创新。支持证券、基金、信托、消费金融、期货机构与互联网企业开展合作，拓宽金融产品销售渠道，创新财富管理模式。鼓励保险公司与互联网企业合作，提升互联网金融企业风险抵御能力。

（三）拓宽从业机构融资渠道，改善融资环境。支持社会资本发起设立互联网金融产业投资基金，推动从业机构与创业投资机构、产业投资基金深度合作。鼓励符合条件的优质从业机构在主板、创业板等境内资本市场上市融资。鼓励银行业金融机构按照支持小微企业发展的各项金融政策，对处于初创期的从业机构予以支持。针对互联网企业特点，创新金融产品和服务。

（四）坚持简政放权，提供优质服务。各金融监管部门要积极支持金融机构开展互联网金融业务。按照法律法规规定，对符合条件的互联网企业开展相关金融业务实施高效管理。工商行政管理部门要支持互联网企业依法办理工商注册登记。电信主管部门、国家互联网信息管理部门要积极支持互联网金融业务，电信主管部门对互联网金融业务涉及的电信业务进行监管，国家互联网信息管理部门负责对金融信息服务、互联网信息内容等业务进行监管。积极开展互联网金融领域立法研究，适时出台相关管理规章，营造有利于互联网金融发展的良好制度环境。加大对从业机构专利、商标等知识产权的保护力度，鼓励省级人民政府加大对互联网金融的政策支持。支持设立专业化互联网金融研究机构，鼓励建设互联网金融信息交流平台，积极开展互联网金融研究。

（五）落实和完善有关财税政策。按照税收公平原则，对于业务规模较小、处于初创期的从业机构，符合我国现行对中小企业特别是小微企业税收政策条件的，可按规定享受税收优惠政策。结合金融业营业税改征增值税制度的改革，统筹完善互联网金融税收政策。落实从业机构新技术、新产品研发费用税前加计扣除政策。

（六）推动信用基础设施建设，培育互联网金融配套服务体系。支持大数据存储、网络与信息安全维护等技术领域基础设施建设。鼓励从业机构依法建立信用信息共享平台。推动符合条件的相关从业机构接入金融信用信息基础数据库。允许有条件的从业机构依法申请征信业务许可。支持具备资质的信用中介组织开展互联网企业信用评级，增强市场信息透明度。鼓励会计、审计、法律、咨询等中介服务机构为互联网企业提供相关专业服务。

二、分类指导，明确互联网金融监管责任

互联网金融本质仍属于金融，没有改变金融风险隐蔽性、传染性、广泛性和突发性的特点。加强互联网金融监管，是促进互联网金融健康发展的内在要求。同时，互联网金融是新生事物和新兴业态，要制定适度宽松的监管政策，为互联网金融创新留有余地和空间。通过鼓励创新和加强监管相互支撑，促进互联网金融健康发展，更好地服务实体经济。互联网金融监管应遵循"依法监管、适度监管、分类监管、协同监管、创新监管"的原则，科学合理界定各业态的业务边界及准入条件，落实监管责任，明确风险底线，保护合法经营，坚决打击违法和违规行为。

（七）互联网支付。互联网支付是指通过计算机、手机等设备，依托互联网发起支付指令、转移货币资金的服务。互联网支付应始终坚持服务电子商务发展和为社会提供小额、快捷、便民小微支付服务的宗旨。银行业金融机构和第三方支付机构从事互联网支付，应遵守现行法律法规和监管规定。第三方支付机构与其他机构开展合作的，应清晰界定各方的权利义务关系，建立有效的风险隔离机制和客户权益保障机制。要向客户充分披露服务信息，清晰地提示业务风险，不得夸大支付服务中介的性质和职能。互联网支付业务由中国人民银行负责监管。

（八）网络借贷。网络借贷包括个体网络借贷（即P2P网络借贷）和网络小额贷款。个体网络借贷是指个体和个体之间通过互联网平台实现的直接借贷。在个体网络借贷平台上发生的直接借贷行为属于民间借贷范畴，受《合同法》《民法通则》等法律法规以及最高人民法院相关司法解释规范。个体网络借贷要坚持平台功能，为投资方和融资方提供信息交互、撮合、资信评估等中介服务。个体网络借贷机构要明确信息中介性质，主要为借贷双方的直接借贷提供信息服务，不得提供增信服务，不得非法集资。网络小额贷款是指互联网企业通过其控制的小额贷款公司，利用互联网向客户提供的小额贷款。网络小额贷款应遵守现有小额贷款公司监管规定，发挥网络贷款优势，努力降低客户融资成本。网络借贷业务由银监会负责监管。

（九）股权众筹融资。股权众筹融资主要是指通过互联网形式进行公开小额股权融资的活动。股权众筹融资必须通过股权众筹融资中介机构平台（互联网网站或其他类似的电子媒介）进行。股权众筹融资中介机构可以在符合法律法规规定前提下，对业务模式进行创新探索，发挥股权众筹融资作为多层次资本市场有机组成部分的作用，更好地服务创新创业企业。股权众筹融资方应为小微企业，应通过股权众筹融资中介机构向投资人如实披露企业的商业模式、经营管理、财务、资金使用等关键信息，不得误导或欺诈投资者。投资者应当充分了解股权众筹融资活动风险，具备相应风险承受能力，进行小额投资。股权众筹融资业务由证监会负责监管。

（十）互联网基金销售。基金销售机构与其他机构通过互联网合作销售基金等理财产品的，要切实履行风险披露义务，不得通过违规承诺收益方式吸引客户；基金管理人应当采取有效措施防范资产配置中的期限错配和流动性风险；基金销售机构及其合作机构通过其他活动为投资人提供收益的，应当对收益构成、先决条件、适用情形等进行全面、真实、准确表述和列示，不得与基金产品收益混同。第三方支付机构在开展基金互联网销售支付服务过程中，应当遵守中国人民银行、中国证监会关于客户备付金及基金销售结算资金的相关监管要求。第三方支付机构的客户备付金只能用于办理客户委托的支付业务，不得用于垫付基金和其他理财产品的资金赎回。互联网基金销售业务由中国证监会负责监管。

（十一）互联网保险。保险公司开展互联网保险业务，应遵循安全性、保密性和稳定性原则，加强风险管理，完善内控系统，确保交易安全、信息安全和资金安全。专业互联网保险公司应当坚持服务互联网经济活动的基本定位，提供有针对性的保险服务。保险公司应建立对所属电子商务公司等非保险类子公司的管理制度，建立必要的防火墙。保险公司通过互联网销售保险产品，不得进行不实陈述、片面或夸大宣传过往业绩、违规承诺收益或者承担损失等误导性描述。互联网保险业务由保监会负责监管。

（十二）互联网信托和互联网消费金融。信托公司、消费金融公司通过互联网开展业务的，要严格遵循监管规定，加强风险管理，确保交易合法合规，并保守客户信息。信托公司通过互联网进行产品销售及开展其他信托业务的，要遵守合格投资者等监管规定，审慎甄别客户身份和评估客户风险承受能力，不能将产品销售给予风险承受能力不相匹配的客户。信托公司与消费金融公司要制定完善产品文件签署制度，保证交易过程合法合规，安全规范。互联网信托业务、互联网消费金融业务由银监会负责监管。

三、健全制度，规范互联网金融市场秩序

发展互联网金融要以市场为导向，遵循服务实体经济、服从宏观调控和维护金融稳定的总体目标，切实保障消费者合法权益，维护公平竞争的市场秩序。要细化管理制度，为互联网金融健康发展营造良好环境。

（十三）互联网行业管理。任何组织和个人开设网站从事互联网金融业务的，除应按规定履行相关金融监管程序外，还应依法向电信主管部门履行网站备案手续，否则不得开展互联网金融业务。工业和信息化部负责对互联网金融业务涉及的电信业务进行监管，国家互联网信息办公室负责对金融信息服务、互联网信息内容等业务进行监管，两部门按职责制定相关监管细则。

（十四）客户资金第三方存管制度。除另有规定外，从业机构应当选择

符合条件的银行业金融机构作为资金存管机构,对客户资金进行管理和监督,实现客户资金与从业机构自身资金分账管理。客户资金存管账户应接受独立审计并向客户公开审计结果。中国人民银行会同金融监管部门按照职责分工实施监管,并制定相关监管细则。

(十五)信息披露、风险提示和合格投资者制度。从业机构应当对客户进行充分的信息披露,及时向投资者公布其经营活动和财务状况的相关信息,以便投资者充分了解从业机构运作状况,促使从业机构稳健经营和控制风险。从业机构应当向各参与方详细说明交易模式、参与方的权利和义务,并进行充分的风险提示。要研究建立互联网金融的合格投资者制度,提升投资者保护水平。有关部门按照职责分工负责监管。

(十六)消费者权益保护。研究制定互联网金融消费者教育规划,及时发布维权提示。加强互联网金融产品合同内容、免责条款规定等与消费者利益相关的信息披露工作,依法监督处理经营者利用合同格式条款侵害消费者合法权益的违法、违规行为。构建在线争议解决、现场接待受理、监管部门受理投诉、第三方调解以及仲裁、诉讼等多元化纠纷解决机制。细化完善互联网金融个人信息保护的原则、标准和操作流程。严禁网络销售金融产品过程中的不实宣传、强制捆绑销售。中国人民银行、银监会、证监会、保监会会同有关行政执法部门,根据职责分工依法开展互联网金融领域消费者和投资者权益保护工作。

(十七)网络与信息安全。从业机构应当切实提升技术安全水平,妥善保管客户资料和交易信息,不得非法买卖、泄露客户个人信息。中国人民银行、银监会、证监会、保监会、工业和信息化部、公安部、国家互联网信息办公室分别负责对相关从业机构的网络与信息安全保障进行监管,并制定相关监管细则和技术安全标准。

(十八)反洗钱和防范金融犯罪。从业机构应当采取有效措施识别客户身份,主动监测并报告可疑交易,妥善保存客户资料和交易记录。从业机构有义务按照有关规定,建立健全有关协助查询、冻结的规章制度,协助公安机关和司法机关依法、及时查询、冻结涉案财产，配合公安机关和司法机关做好取证和执行工作。坚决打击涉及非法集资等互联网金融犯罪，防范金融风险，维护金融秩序。金融机构在和互联网企业开展合作、代理时应根据有关法律和规定签订包括反洗钱和防范金融犯罪要求的合作、代理协议，并确保不因合作、代理关系而降低反洗钱和金融犯罪执行标准。中国人民银行牵头负责对从业机构履行反洗钱义务进行监管，并制定相关监管细则。打击互联网金融犯罪工作由公安部牵头负责。

（十九）加强互联网金融行业自律。充分发挥行业自律机制在规范从业机构市场行为和保护行业合法权益等方面的积极作用。中国人民银行会同有关部门，组建中国互联网金融协会。协会要按业务类型，制订经营管理规则和行业标准，推动机构之间的业务交流和信息共享。协会要明确自律惩戒机制，提高行业规则和标准的约束力。强化守法、诚信、自律意识，树立从业机构服务经济社会发展的正面形象，营造诚信规范发展的良好氛围。

（二十）监管协调与数据统计监测。各监管部门要相互协作、形成合力，充分发挥金融监管协调部际联席会议制度的作用。中国人民银行、银监会、证监会、保监会应当密切关注互联网金融业务发展及相关风险，对监管政策进行跟踪评估，适时提出调整建议，不断总结监管经验。财政部负责互联网金融从业机构财务监管政策。中国人民银行会同有关部门，负责建立和完善互联网金融数据统计监测体系，相关部门按照监管职责分工负责相关互联网金融数据统计和监测工作，并实现统计数据和信息共享。

附录2 国内典型股权众筹融资平台解析

附录2.1 天使汇

天使汇（www.angelcrunch.com），是中国起步最早、规模最大、融资最快的天使合投和股权众筹融资平台，于2011年11月正式上线运营。它是助力天使投资人迅速发现优质初创项目、助力初创企业迅速找到天使投资的投融资平台。截至2015年7月底，天使汇已帮助近400多个创业项目完成融资，融资总额近40亿元人民币。平台上注册的创业者超过10万名，登记创业项目33 000多个，认证投资人2 200多名，全国各地合作孵化器过200家，成为中国早期投资领域排名第一的投融资互联网平台。大家耳熟能详的打车软件"嘀嘀打车"与"黄太吉煎饼"都是在天使汇上成功募集到天使投资的资金。

最初，天使汇只是一个创业项目和投资人之间的信息中介平台。但是，很快天使汇借鉴了国外的先进经验，提出了"领投+跟投"的运行机制，并于2013年1月，创造性地推出"快速团购优质创业公司股权"的快速合投功能，成功为创业项目LavaRadio募得335万元人民币的资金，比预定融资目标250万元超出34%。这是国内第一个在网络平台上股权众筹融资成功的项目，也是天使众筹完成的第一单，从而使天使汇升级为股权众筹融资平台，其特点主要有以下三个方面：

第一，平台多样化服务。天使汇股权众筹融资平台为投融资客户提供了多样化服务。为迎接中国IPO注册制和新三板的机会，国内最大的股权众筹融资平台天使汇在 2014 年与深圳证券交易所成立了合资公司。与新三板的合作，为天使汇平台的创业者提供从新三板到创业板转板的服务，为创业公司提供一站式的资本市场解决方案；天使汇股权众筹融资平台通过与交易所合资设立的中关村创业大街大屏幕，为创业者营造融资势头，举行上市的敲钟挂牌仪式；针对融资过程中可能出现的各种问题，天使汇为创业团队提供创业早餐会、一对一创投约谈、预路演等服务，帮助创业者发掘项目亮点，使其能够在有限的见面时间内向投资人展示真正关注的内容等等。

第二，平台盈利模式及专业投资人。天使汇的盈利模式是基本服务和增值服务全部免费，而对融资成功项目一次性收取 1% 的股权，并且未来也将遵循这一盈利模式。

第三，业务拓展及创新。为了提高融资效率，天使汇持续不断地进行投融资模式创新，"闪投"就是改变创投玩法的手段之一。截至目前，天使汇在北京共举办了 17 期闪投，深圳 1 期、杭州 2 期，共 163 个项目成功路演，有近 50% 的项目能够当场获得超额认购，超募幅度最高达到 460%，有 954 人次的中国最活跃投资人参与其中。从全球范围来看，闪投创下了融资效率最高的纪录。

2014 年天使汇进入正轨，行业受到国家重视，正式合法化，公司连续开展了多方向的业务拓展，加强了作为股权众筹融资平台的服务深度。具体体现在：

一是 O2O 服务。天使汇开始进行线下闪投路演活动，定期组织投资人参与天使汇筛选项目的路演，进一步在现场进行对接服务，全程把控项目进展。由于线下沟通更加方便，且防止了跑单现象发生，在天使汇上融资成功的项目比例得到了明显提升。

二是提升流量

- 投资人、创业者两端：创业咨询服务。2015 年，天使汇开展了 100x 加速器活动，仿照美国 YC 模式，帮助优秀的创业项目团队进行一系列的培训。
- 投资人端：2014 年 10 月设立天使汇跟投指数基金，为具有投资倾向的投资人提供一个新渠道和方式,吸引了大量天使投资人的关注。

- 创业者端:2015 年成立 Dotgeek 咖啡馆以及创业大街的宣传巨屏。从线下将创业者聚集起来,提供活动沙龙,线下广告宣传等一系列服务,弥补了天使汇线下流量,使得线上线下并举。

附录2.2 众投天地

众投天地平台在 2013 年 7 月上线,覆盖的领域包括餐饮、儿童娱乐、汽车服务、住宿等。截至 2015 年 4 月 20 日,平台上的项目总数为 95 个,注册会员数量超过 6 万人,成功融资金额达到 8 900 多万元。

(一)平台运营模式

目前,众投天地上的股权众筹融资模式有两种:"稳健型产品"和"风险型产品"。稳健型产品是由品牌方担保保本的固定收益产品,每年分红至少 12%,股权可以无条件由品牌方以本金的固定溢价回购;风险型产品是由投资人和商家共担风险的不保本产品,分红比例按照项目经营情况而定,股权回购溢价会在之前约定好的区间内浮动,投资人和商家达成协议后可以回购股权。在股权众筹费用方面,众投天地对品牌方收取融资数量 5% 的服务费,不对投资人收取费用。

(二)平台创新性服务

- 服务领域创新。"众投天地"在 B 端为股权众筹的项目提供完善的融资后服务,包括法律服务、技术服务(月报、季报、年报)、金融服务(成立有限合伙、入资、维护股东、电子拨款)、政策咨询服务等。另外,"众投天地"还利用团队多名成员在汤森路透工作的媒体经验帮助项目进行线上线下的宣传推广并维护品牌的粉丝社区。

- 项目管理创新。在投中项目管理方面,很多实体店股权众筹融资平台采用的方式是在各个城市招代理商来负责管理分地区的项目,对于项目的把控很大程度上取决于当地代理商的能力,风险比较大。而"众投天地"采用的方式是在公司北京总部培训项目管理小组后向各地派出。这种方式虽然减缓了业务发展的速度，却保证了公司在项目管理方面的专业性和统一性。

- 合作机构创新。众投天地与中国云签订合作，提供在线签订电子合同服务。该服务模式极大地提高了合同签订效率，节省了线下成本。投资者在认购众投天地项目方面的所有流程都能够在线上轻松搞定，包括签订合同、打款。此外，天图资本是众投天地的合伙人，其作为国内最早从事创业投资的专业机构之一，与众投天地合作，可以有效提升其项目来源质量。

附录2.3　大家投

大家投股权众筹融资平台于2012年9月14日注册成立，2012年12月正式上线。作为国内首个"众筹模式"天使投资与创业项目私募股权投融资对接平台，大家投始终致力于股权众筹行业的制度探索、行业自律和业务创新。上线两年有余，大家投成功募集资金项目数56个，成交金额达到6 420.4万元。

大家投平台以深圳为总部，目前已经拓展了北京和上海两个运营中心。平台主要分为初创版、启动版、影视版、天使投资人四个板块。前三个板块均为股权众筹项目的展示，作为项目融资方向投资公众宣传。天使投资人则包括机构、领投人、跟投人三种类型，项目融资方可以向投资者、投资机构进行一对一的项目推荐，这种展示与积极接洽的互动机制设置成为大家投平台的亮点。

（一）降低天使投资人门槛

股权众筹的本质在于汲取众多中小投资者的资金，完成创业者的梦想。传统天使投资领域的门槛经过大家投平台不断降低，大家投全国首创的众帮模式初期企业股权投融资模式，单次跟投额度最低可以降低为项目融资额度的2.5%，成为天使投资人不再受限于资金规模。大家投帮助众多创业中的企业向梦想的道路不断迈进，也在中国培育了一大批天使投资人，全民天使时代已经来临。

(二)"领投+跟投"模式

大家投的项目采取"领投+跟投"融资制度,即由具有一定资质的领投人认投一定数额的资金,其余的跟投人陆续跟投。当凑满融资额度后,领投人会以自己与跟投人共有的注册资金集体成立有限合伙企业,进行有限合伙企业注册、投资协议签订、工商变更、资金注入等一系列程序。当项目所需要的资金募集完成,投资人按照各自的出资比例占有项目出让的股份。

(三)第三方资金银行监管账户"投付宝"

第三方资金银行监管账户"投付宝"具有支付、资金托管功能,保障账户管理与资金流向的安全。对项目感兴趣的投资人,可以将资金先打入兴业银行监管的第三方账户,当公司注册验资时再拨款进公司。"投付宝"的好处是可以分批拨款,比如投资100万元,先拨付25万元,根据企业的产品或运营进度决定是否继续拨款。"投付宝"的出现解决了项目方对资金稳定性的需求,同时降低了投资方资金安全方面的风险。

对于项目发起者来讲,有了投资款托管后,出资人在认投项目时就需要将出资款转入托管账户,认投方可有效,这样就有效避免了以前出资人轻易反悔的情况,会大大提升项目发起者的融资效率;由于出资人存放在托管账户中的资金是分批次转入被投企业的,这样就大大降低了出资人的投资风险,出资人参与投资的积极性会大幅度提高,从而提高项目发起者的融资效率。

大家投股权众筹融资平台作为早期股权众筹融资平台之一,对业务的不断挖掘与拓展,以及营业模式的不断创新,起到了很好的行业发展领头作用。与此同时,行业经验的积累以及大量的成功案例也为大家投树立了良好的品牌影响力。

附录2.4 原始会

原始会是网信金融集团下的专业股权众筹融资平台,自2013年12月上线以来,截止到2015年6月,累计成功募集资金近3 000万元。有别于传统融资方式,原始会作为国内领先的股权众筹融资平台,坚持打破渠道限制,降低时间成本,弥补专业的匮乏,减少信息不对称。所以,原始会在对接投资人和项目时,首先会要求投融资双方信息披露完整、准确,然后按照投资人的偏好做个性化推送、标签式搜索服务,并在线下做一对多甚至是一对一的路演和推荐。下面主要从投资人、投资项目以及平台自身三个方面剖析原始会的运营模式。

（一）投资人

上线之初,原始会采用邀请制发展投资人,对个人投资人要求年收入不低于50万元人民币,个人净资产达到1 000万元人民币。如今该门槛有所下调,改成家庭净资产不低于500万元人民币,家庭年收入50万元人民币以上。平台上主要有两类投资人：一类是有投资经验的机构和个人；另一类是没有投资经验的个人。由于投资人项目判断与风险识别存在较大差距,因此目前实行领投人制度,即有经验的投资机构和个人作为主导,有效降低投资风险。

（二）投资项目

原始会的投资项目主要来自于与不同渠道的合作,比如清华创业孵化器X‑lab、微软加速器、清科、火炬杯以及一些工业园区。在发展初期,原始会对项目筛选与审核会比较严格,通常通过率只有10%。在项目筛选方面,原始会有一条原则始终没变,就是在行业选择上,更倾向于新兴行业的企业,比如TMT、生物医疗、教育、新能源、消费等行业。

（三）平台

原始会对成功融资的项目通常收取5%的佣金。投资意向达成之后,早期的平台交易仍然在线下完成,目前所有交易均在线上进行,即投资人通过原始会平台进行线上打款,资金在原始会合作的第三方支付机构进行专项账户托管。

与此同时,原始会也设有直投基金,对于优质的创业项目,平台会优先选择投资。另外,原始会还拥有针对创业企业的孵化器、针对投资人的投资俱乐部,用于双方之间的对接与路演活动。当然,原始会的服务不止于线下的推荐，还包括项目宣传、创业辅导、财务顾问、融资培训等。

在完成投资之后，原始会还会进行相应的投后管理，让投资成功的企业定期披露企业的金融数据。同时，原始会将通过与天津股权交易所等机构的合作为投资者提供退出服务，通过原始会平台的融资，股权可以在平台上进行转让。

附录2.5 人人投

人人投作为国内身边店股权众筹行业的代表，于2014年1月15日上线，主要业务垂直于和人们密切相关的实体店铺。目前，人人投已经自主研发了平台特有的财务监管系统，并在战略规划、风险控制等方面表现出了卓越的能力。人人投的出现，不仅能为企业解决资金问题，更重要的是，它改变了中国传统的连锁店经营模式，有助于打造麦当劳式的优秀连锁店铺。

人人投是以实体店为主的股权众筹交易平台，针对的项目是身边的特色店铺，投资人主要是草根投资者。这种模式比较适合创业者二次开店，只要本身具备了自主实体店铺，想要在此基础上扩大店面规模，有开更多分店的需求就可以在人人投众筹融资平台上发起融资需求，获得支持者的融资。人人投网站对于股权众筹融资项目的优势主要体现在以下四个方面：

一是项目发起的低门槛。无论身份、地位、职业、年龄、性别，只要有实体店想开分店都可发起项目融资。

二是投资人大众性。投资人通常是普通草根民众，但也有一定门槛，要求一定的投资经验和风险承受能力，该类项目通常要求较高回报，但风险也更高，项目结束后分享项目的收益或承担项目的亏损。

三是项目严格的审核。如人人投平台的项目都是经过专业项目审核团队层层筛选而成的，投资人在投资之前会再次筛选，则通过两次筛选之后才投资人才进行投资。

四是侧重解决初创型企业融资难。帮助初创型项目方融资，对社会经济推动起基础性作用。

对于那些有创造力但是缺乏资金的人，就可以通过人人投这样的股权众筹融资模式平台发起项目寻找投资人。通过网络的传播特性，展示项目发起人的创意，争取让更多人关注和支持，同时获得融资项目所需要的资金。

截至目前，人人投分站数量迅速增长到 320 家，遍布全国大中小城市，会员数量已突破百万大关，上线项目近 200 家，成功融资项目 177 家，成功分红店铺 52 家，项目总交易额近 4 亿元，市估值 10 亿元。2014 年，人人投成为"中国股权众筹行业联盟"理事单位。2015 年，人人投名列"中国证监会股权众筹协会首批八家会员"之中。

附录 2.6 众投邦

众投邦股权众筹融资平台于 2014 年 1 月 20 日正式上线，是国内首家新三板股权众筹融资平台，主要通过"主投（GP）+跟投（LP）"的模式帮助拟挂牌或已挂牌新三板的成长期企业进行股权融资，在帮助企业获得资金的同时，努力从平台、资源、人才等多个方面支持企业后续发展，实现企业价值最大化。2015 年，众投邦获得多家专业机构近 5 000 万元投资，上线一年有余，众投邦成功募集资金项目数 11 个，成交金额达 2.4 亿元。

（一）投资行业正规军，打造股权众筹专业团队

众投邦创始人朱鹏炜曾为深创投的投资经理，后转投达晨担任投资总监，在股权投资领域有近十年的工作经验。朱鹏炜曾经主导投资几十个天使项目，代表案例包括晶科能源、东方日升等。平台的核心创业团队也多为来自于金融领域的资深人士，全方位的人才优势构建起众投邦投资机构、证券公司、律师事务所、会计师事务所的金融生态圈，铸就了众投邦在 VC 项目投资，尤其是新三板项目股权众筹的专业优势。

（二）在线网络视频沟通，投融资双方在线互动

众投邦拥有国富通高清视频会议系统，实现投融资双方线上投融洽谈，项目初步尽职调查，大量节省异地沟通时间成本，提高工作效率。目前，通过该系统，众投邦已经成功为平台的融资项目发布路演视频，举办在线投融

资接洽会,有效解决了空间跨度的问题,真正实现了互联网时代的无距离沟通。

(三) 线下活动丰富多样,构建多渠道服务体系

众投邦除了打造高效便捷的线上平台外,还在线下积极布局全方位的项目对接体系。以创业大赛、论坛、新三板投融资对接会为代表的线下活动,充分调动了社会上的项目资源,打造了众投邦良好的品牌形象和社会知名度。其中新三板投融资对接会主要帮助拟登录新三板和已经挂牌新三板的企业进行融资对接,每个月都会举办一期,目前已经成功帮助7家企业进行成功融资,同时进行了上下游资源的对接。

随着"大众创业、万众创新"浪潮袭来,国内的创业热情不断高涨,未来将会有很大一批企业登录新三板。随着更多的项目在众投邦获得融资,并成功登录新三板,众投邦将汇聚更多优质项目资源,其未来发展值得期待。

附录2.7 云筹

云筹股权众筹融资平台于2014年2月注册成立,2014年5月正式上线,由华南极具影响力的天使投资和创业孵化平台创业津梁全资控股,拥有创业津梁专业的创业导师资源和丰富的投资人合作资源,这些资源服务于在云筹上发布的项目,提高众筹项目上线前的成熟度,帮助筹资成功项目的成长。云筹集股权众筹、创业孵化、筹后管理为一体,立志打造一个"帮创业者融资、帮项目成长、帮投资增值"的服务型股权众筹融资平台。上线一年有余,云筹成功募集资金项目数27个,成交金额达到8 810万元。

(一) 融资快、成功率高的股权众筹平台

云筹成立时间并不是很久,但在行业内创造了众多值得瞩目的成绩。如成功在云筹平台上募集1 000万元的宠宠熊项目,1小时内完成认筹的奇久网项目,还没有上线路演阶段便已认筹额满的沃森动漫项目,一再刷新着股权众筹融资平台的各项记录。云筹凭借广泛的社会资源、一体化的服务理念,为众多项目提供了可靠的融资渠道。此外,云筹自身也已获得3轮投资,并

且是国内第一家获得机构 A 轮投资的股权众筹融资平台，从成立至今 1 年多时间，云筹在 3 轮融资过程中，估值暴涨了 10 倍。

（二）具有创业服务理念的股权众筹平台

云筹是一家切身为创业者服务的众筹平台。在市场上大量股权众筹融资平台侧重于互联网投融资信息对接撮合的环境下，云筹跳出传统的经营理念，以服务者的心态做股权众筹这项事业。云筹认为只做线上融资信息对接、不负责帮助创业者融资到账、不帮助公司完成注册和股份变更，不是真正的股权众筹融资平台。投资人之所以选择股权众筹，本质是希望通过投资实现资本增值，因此平台认为创业者融资、项目成长、投资人资本增值三个环节缺一不可。在实际操作中，平台将服务理念深刻地融入筹前、筹中、筹后三个阶段，从标准化产品的打造、社交化属性的充分沟通系统构建、激活领头人、尽职跟投人多个方面力促项目发展，建立投资人对项目的信任。

（三）云筹平台 O2O 落地

目前云筹平台的战略与业务布局已经延伸至北京地区，后期将逐步扩展至全国范围。不同地区的投资者对项目的关注焦点有所差异，北京地区的投资人关注风口，上海地区的投资者注重风控，而深圳地区的投资人关注现金流状况，所以抓住不同投资人的投资偏好，可以更好地服务于项目融资。综上所述，这种线上到线下的全方位服务体系是云筹紧紧把握市场、及时调整战略战术的最好体现。

附录2.8　天使街

天使街股权众筹融资平台于 2014 年 5 月 27 日注册成立，6 月 9 日正式宣布上线。作为一家专注于生活服务类项目的股权众筹融资平台，天使街以"小微企业众筹梦想，小微天使投资未来"为己任，持续不断地为小微企业提供快速发展过程中的资本与资源支持，为投资人提供投资机会和多渠道的退出机制。上线一年有余，天使街成交项目数 19 个，成交金额达到 4 954.25 万元。

(一) 项目筛选 + 投资人认证

天使街股权众筹平台关注天使早期项目,致力于帮助有发展的项目找到可靠的投资来源。一方面,天使街汇集国内顶尖天使投资人,精心筛选创业者提交的创业项目。同时,平台拥有专业分析师团队对项目进行多轮严格筛选,并对审核通过的项目给予专业指导和帮助;另一方面,天使街平台通过多种途径将项目推荐给潜在投资人,唯有经过平台认证的优秀投资人方可成为项目的真正投资人,从而保证资金的快速融合,提供项目发展亟须的资金支持。

(二) 领投 + 跟投机制

针对投资者欠缺行业经验、无法准确分析和判断项目发展趋势这一难题,天使街采取"领投 + 跟投"机制,即由拥有投资经验的专业人士和投资机构作为项目的领投人,拥有资金和投资需求但是对投资缺少深入了解的投资者作为跟投人,打破股权投资高不可攀的界限,给予普通投资者参与投资的机会。这一机制的采用,大大提高了项目的可信程度,融资效率快速提升,也降低了投资者盲目投资的风险。

(三) 业务拓展与全国布局

如今,天使街正在不断拓展自身的业务范围,业务领域已经拓展为生活消费、互联网金融、TMT、房产四大领域,社区和城市基础设施两大业务版块也将上线。与此同时,天使街力推的全国分站加盟活动也如火如荼展开,通过专业定制集训、落地体验引导、全面风险管控、后台技术支持四大服务,天使街计划用两年时间在全国落地 100 家股权众筹融资平台,形成全国股权众筹版图。截至目前,天使街已经在山东、江苏、浙江、湖南、辽宁、黑龙江、吉林、云南、河北、陕西、宁夏 11 个省份 30 个城市开通了天使街分站,并与宁波、深圳、贵阳、天津、秦皇岛 5 个城市地区完成了分站签约,天使街股权众筹全国布局的战略视野以及高效的执行力不容小觑。

附录 2.9 京东股权众筹

2015 年 3 月 31 日,京东股权众筹业务正式上线。自 2014 年 7 月京东权益类众筹上线至今，京东众筹已成国内最大权益类众筹平台。股权众筹分为私募和公募两种形式。京东选择的切入模式为私募。京东股权众筹项目采取"领投+跟投"模式，在股权众筹过程中，由一位专业投资人作为领头人，其他众多投资人进行跟投。截至目前，京东股权众筹平台总计为投资者呈现了38个创业创新项目，并帮助创业项目进行融资服务，平均融资完成率高达111%。

在投后管理方面，京东推出了京东创业门诊"1对1把脉创业者"的投后管理模式，不仅可以为创业者提供多维度的1对1私密精品咨询服务，而且还能为创业者提供精确的供应链资源整合服务，包括实现参与活动项目各方之间的自由交流，保证参会创业者创业能力的提升。

（一）平台交易规模

京东股权众筹平台可以有效连接融资的供求双方，既为创业者带来资金和战略等资源，还降低投资门槛，让更多投资者分享风投的红利。京东股权众筹在完善京东金融领域布局的同时，成为构建京东全生态体系和创业生态圈的重要环节。据艾瑞咨询统计，2014年中国权益众筹市场融资总规模达到4.4亿元。其中，京东众筹融资规模为14 031.4万元，占比为31.6%，位居第一。京东股权众筹正是京东权益类众筹的延伸。据上海交通大学互联网金融研究所与京北智库研究团队统计，截止到2015年7月31日，京东股权众筹平台成交数量达26个，成交总金额超过2.26亿元。

（二）平台服务范围

在京东股权众筹上线的项目，会享受一站式投后管理服务，可以通过京东创业生态圈对接各种资源，例如京东内部的资源京东商城、京东到家、京东保险等，还会享受到众创学院、创业门诊、资深投后顾问等培训咨询服务。同时，京东的投后管理团队还会根据不同项目的特点，实现不同项目间的粘性对接和交叉服务。

（三）平台投资门槛设置

从股权众筹平台门槛设置方面，京东股权对领投人提出了较高的要求，要求必须在风投领域具有丰富的经验，有一定的投资经历和从业时长，并且有成功的案例。而对于普通投资者，2014年底出台的《私募股权众筹融资管理办法（征求意见稿）》对投资人列了很多条款，比如投资单个融资项目的最低金额不低于100万元人民币的单位或个人；净资产不低于1 000万元人民币的单位；金融资产不低于300万元人民币或最近三年个人年均收入不低于50万元人民币的个人。而相较于此前的征求意见稿的门槛，京东设定的门槛要相对低一些。目前，京东股权众筹要求跟投人只要满足年收入不低于30万元、金融机构专业人士、金融资产在100万元以上以及专业VC中的任何一项即可成为跟投人。

（四）风控及盈利模式

在投资者人教育方面，京东股权众筹平台不提供任何隐性担保，一直对于投资者进行投资风险教育。项目募集期间，京东股权众筹平台通过京东小金库对投资人的保证金进行冻结，但是项目募集过程中，资金的往来直接在创业者和投资人之间进行，不存在资金池的情况。对于京东股权项目的盈利模式，京东收取3%~5%的平台服务费。京东的服务费并不收取现金，而是将现金平价折算成股份。

（五）平台创新点

除了上线股权众筹融资平台外，京东金融还成立了京东创业基金，从资金层面大力支持众筹优质创业项目，帮助创业者突破资金瓶颈，力争做到投入力度更强、受惠面更广，为创业者创造更有利的创业环境。通过基金，京东金融将更好地为创业者服务。同时，京东金融方面亦强调将会在相关法律法规的要求下严格操作，保障各方利益。

附录2.10 蝌蚪众筹

蝌蚪众筹专注于股权众筹融资，于2014年9月19日正式上线运营，经过认证的合格投资人，可通过官网（www.keddoo.com）和安卓/IOS客户端下载APP，了解并参与项目投资。蝌蚪众筹旨在通过专业的服务帮助创业者，增加他们获得中国顶级投资人投资的机会。投资人可以通过蝌蚪众筹找到高质量的创业项目。蝌蚪众筹汇集了中国最有投资判断能力和行业资源的天使投资人以及各行业中优秀的创业者。

上线至今，蝌蚪众筹累计完成项目7个，总金额超过2 000万元人民币，其中单笔最大众筹金额为15万元/份，单项目众筹人数最多的为92人，还包括美元项目众筹、新三板定增众筹及Pre－IPO阶段项目股权众筹等尝试。

（一）领头人机制

蝌蚪众筹平台上的领投人分为机构领投人与个人领投人两类。机构领投人除了推荐项目之外，还需提供项目商业计划书与尽职调查报告，与蝌蚪众筹平台一起准备关于项目的常见问题。蝌蚪众筹平台会帮助个人领投人准备上述文件，除此之外平台还会为项目准备更直观、更能吸引投资人的多媒体互动文件来展现项目亮点。

如项目由领投人推荐，领投人将获得蝌蚪众筹平台众筹资金投资收益的10%；如项目由平台开发，推荐给领投人，领投人与蝌蚪众筹平台众筹资金投资收益的分配比例由双方协商确定。

（二）平台盈利模式

股权众筹的一部分价值就在于提高了募资效率，也降低了投资成本。有别于传统私募股权基金（包括PE、VC和天使基金）对募集资金每年收取2%的管理费（至少3年，有时长至10年）以及投资收益的20%作为绩效奖励，蝌蚪众筹平台将一次性收取募集资金的5%作为服务费（包括但不限于支付合伙企业的设立与维护、投后管理、线上信息的产生与维护、线下路演等活动），并最终提取投资收益的15%，其中10个百分点用于奖励领投人（如项目来自领投人的推荐），其余部分会在与被投企业协商情况下奖励对投后管理有重大贡献的跟投人。与传统的"2+20"模式作比较，蝌蚪众筹平台的"5+15"将能减少投资人的财务费用、激励领投人与跟投人一起帮助企业成长，同时保证平台与投资人利益一致。

附录 2.11　筹道股权

筹道股权于 2014 年 10 月 10 日正式上线，注册地位于上海自贸区，是中国证券业协会首批 8 家股权众筹认证会员，也是华东地区唯一入选的股权众筹平台。筹道股权专注于 TMT 领域创新企业的股权众筹，在全国首创"递进式股权众筹"理念，堪称股权众筹行内的先驱者和领航者。

筹道股权基于互联网运作特点，自创三大运营体系，即阈值筛选体系、虚拟服务商体系、数据分析推送体系。阈值筛选体系是指将沉淀符合筹资额度、用户分析及数据跟踪的数据信息支撑产品漏斗体系的完善；虚拟服务商体系是通过 360 度资源整合，为项目发起人打造一站式管家服务；而数据分析推送体系将通过精准的数据分析，为发起人提供更有参考价值的数据来源和分析。三者协同运作，构建了一个闭环的运营系统。

（一）特色鲜明的两大俱乐部

筹道股权拥有两大俱乐部，包括筹天使和筹道会。筹天使是筹道股权特有的众筹代理模式，通过筹天使引入创新项目与创新投资，从而有机会获得丰厚的激励与回报；筹道会前身是"青橘大课堂"，拥有金牌资深创投导师与业内尖端评论者和策划师，定期举办线上路演与线下沙龙活动，增强创业者与投资人的互动交流。

（二）业界首个接入银联大额支付业务的股权众筹平台

2015 年 7 月 29 日，筹道股权正式接入银联电子支付的认证代收付业务，单笔支付金额最高可达 50 万元人民币。此举首次突破了股权众筹投资人大额支付受限的难题。由此，筹道股权成为业界首个接入银联大额支付业务的股权众筹融资平台。可以说，与银联电子支付的合作在全国范围内率先突破了股权众筹投资款在线大额支付的限制，实名认证的投资人可以通过筹道股权的平台直接支付投资款，支付流程将通过筹道接入的银联电子支付平台全程完成，同时适用于手机等移动支付，大大提高了支付效率。投资资金将进入第三方银行保管账户，确保了投资人的资金安全。50 万元的支付额度也体现了银联对互联网创新业务的支持和对筹道股权平台专业性、安全性和服务水准的认可。

作为全国认购额最高的平台,据公开数据显示,筹道股权认证投资人达2.8万人,这些优质客户也有利于推动互联网金融在更大程度上的创新发展。目前,筹道股权已经逐渐形成以精品股权众筹项目为主导的差异化竞争,并持续在项目筛选、资源对接、项目孵化、专业投后及退出服务等相关产业链上均有布局。

附录2.12 聚募股权众筹

聚募股权众筹融资平台于2014年10月28日正式上线,位于中国的杭州。聚募众筹,是一个帮助创业者实现梦想的股权众筹融资平台,也是一个帮助天使投资人助力梦想、实现资产配置、分享创业成果的股权投资平台,还是国内首个以创业、金融、互联网社群交互驱动为发展模式的众筹服务平台。

(一)平台优势分析

聚募股权众筹融资平台拥有充足的、经严格筛选和审核的、专业而优秀的投资人群体,并且会通过举办投资沙龙和项目专项路演等现场活动,促成创业者和投资人的快速对接,满足创业者众筹需求。聚股权募众筹融资平台上的投资人之间可以相互推荐项目,每个人都可以在自己擅长的领域进行领投、跟投,从而为优质创业企业提供持续的众筹支持(包括A轮及后续融资)。

(二)项目投资收益分配规则

聚募股权众筹融资平台的商业模式是,众筹资金,无偿服务,只求从成功者占5%以下的股份以取得回报。正常情况下,收益部分分成规则是总投资收益的80%由各投资人按投资比例分享,总投资收益的20%为管理收益(其中,领头人分享10%,聚募股权众筹融资平台分享投资收益的10%)。

此外,领投人任期不满1年(不履行或无法履行领投职责)的,不得参与分享管理收益；任期满 1 年不满 2 年的，新旧领投人各分享 5% 的管理收益；任期满 2 年但未至投资结束的，旧领投人可分享 8% 的管理收益，新领投人可分享 2% 的管理收益；任期至投资结束，退出项目融资的，可取得 10% 的管理收益。

附录 2.13　中证众筹

中证众筹平台于 2015 年 1 月 28 日上线，是中证资本市场发展监测中心依托机构间私募产品报价与服务系统搭建的私募股权众筹公共平台，是多层次资本市场的基础金融设施。平台作为中介机构开展股权众筹业务，为报价系统参与人提供交易管理和后台运维等公共服务，是众筹行业的创新实践基地。

中证众筹官网尚不对外开放注册，但通过该网站对应的 APP（应用程序）——中证互联，可以在注册后浏览项目的基本信息和融资方案。机构间私募产品报价与服务系统注册的合格投资者可参与认购。

截止到 2015 年 7 月底，中证众筹网站上已有盛世全景、单元科技、中源智人、智宝科技完成了融资计划。网站总认购金额 1 006.45 万元。值得注意的是，中证众筹项目投资门槛差异非常大，有 5 万元起投的项目，也有 10 万元、100 万元起投的项目。其中，智宝科技的融资计划为 100 万元，但其投资门槛仅为 5 万元。而中源智人的融资计划为 200 万元，投资门槛为 100 万元。这意味着只要有两个人或以上的人认筹，该项目即可完成筹资。

根据中证众筹的规划，等到项目资金打满、超募后，项目方可以对投资人做筛选。比如发起人可以承诺其他投资人完全收回投资前不参与分红，在项目第三年度结束后，可以以不低于投资人原投资额年化收益 10% 回购其他投资人持有的股份。

综上所述，中证众筹平台具有专业性、安全性和公立性等特征。专注于对股权众筹项目的真实性、可靠性进行把控，并对客户资金实行专户存管。该平台与目前其他的互联网众筹平台互为补充、相得益彰，不相互替代，均是众筹市场的重要组成部分,是支持实体经济发展、支持"大众创业、万众创新"、解决中小微企业融资难等问题的又一重要渠道。

附录 2.14　贵阳众筹金融交易所

2015年5月27日,中国首家众筹金融交易所——贵阳众筹金融交易所(以下简称"众筹所")正式上线。

众筹所是全国首个以众筹金融资产为标的的创新类金融交易所,是为响应2015年国务院总理李克强在政府工作报告中提出"制定'互联网+'行动计划,推动移动互联网、云计算、大数据、物联网等与现代制造业结合,促进电子商务、工业互联网和互联网金融健康发展"的号召而成立的,构建有股权众筹板块、债权众筹板块、经营权众筹板块、知识产权众筹板块和产品众筹板块共五大众筹金融交易板块。

众筹所的成立是建设中国西部科技金融和互联网金融创新城市的重要体现,同时结合贵阳在全国领先的大数据金融和移动金融发展战略,使贵阳众筹金融交易所拥有了在互联网尤其是移动互联网入口领先位置优势。贵阳通过众筹金融交易所来发展众筹金融市场,有利于建立起公共规则,信息公开透明,便于各类众筹平台接受大众监督、监管部门监督,更好地维护市场秩序和投资者的合法权益。

众筹所将成为继上海证券交易所、深圳证券交易所、新三板和各地股交中心之后,中国构建多层次资本市场体系中重要的基础组成部分之一,并努力建设成为中国最活跃最富生命力和最富成长性的五板交易市场之一,计划3年内将突破挂牌上市发行众筹交易企业3 000家、注册备案登记企业10万家、注册会员超千万人,众筹金融交易发行额达千亿元,所涉众筹企业市值达万亿元。

附录 2.15　京北众筹

京北众筹于2015年6月6日上线,作为精品项目股权众筹融资平台,京北众筹致力于打造国内最靠谱、最真诚的股权众筹平台。平台采用严格的"领投+跟投"模式，所有项目均由京北众筹认定的专业投资机构/投资人领投，且领投比例在 20% 以上。平台依托启迪天使、英诺天使、北软天使、大河创投、万马资本、泽厚资本、洪泰基金、易一天使、嘉豪基金、风云天使、京北投资、天使茶馆等专业的投资机构及批量知名投资个人，凭借其专业的项目筛选能力及议价能力，保证项目质量及超高性价比，降低股权众筹投资人的投资风险。京北众筹于 2015 年 6 月 6 日首批上线两个项目，在数天内即超募完成 1 500 万元意向融资额，未来京北众筹将以每月数千万的交易量快速发展，快速跻身国内一线股权众筹平台行列。

（一）国内首创项目分板模式

京北众筹开设 Q 板、A 板、V 板三个项目展示板块（近期将增设 S 板）。Q 板展示已经通过形式审查的项目。为降低投资人风险，Q 板项目只能展示，不能投资。A 板为天使融资项目板，企业估值在 1 亿元以内，投资人起投金额为 1 万元。V 板为 VC 融资板，企业估值大于等于 1 亿元，投资人起投金额为 10 万元。Q 板项目只有平台认定的专业领投人明确领投意向之后，才能转到 A 板或 V 板。

（二）最严格的投资人资格认证与分级

京北众筹实施国内最为严格的投资人资格认证，并对投资人进行严格分级。平台上的领投人经过严格的资格认证和投资业绩评定，保证领投人具备专业的判断能力和投后服务能力。实名注册的投资人为普通投资人，可以浏览 Q 板所有项目。经严格评定的实名注册投资人才能升级为 A 级投资人，可以投资京北众筹平台上的 A 板项目。V 级投资人可以投资 A 板和 V 板上的所有项目。

（三）多元化的退出机制

在退出机制方面，京北众筹也独辟蹊径。京北众筹已分别与上海股权托管交易中心、北京股权交易中心等交易所签订战略合作协议，成为国内首家与京沪两地股权交易中心签约的股权众筹融资平台。平台将积极推进众筹项目在股权交易中心进行挂牌交易,为投资者提供灵活有效的退出渠道。同时,跟投人也可以在领投人退出时退出,还可以通过股权众筹融资平台协议转让所持全部或部分股权。

(四)资金安全保障

作为股权众筹创新的排头兵,京北众筹还是全国第一家与国有大型银行建立资金监管的股权众筹融资平台。所有投资人的资金在最终投到融资企业之前,由中国建设银行对京北众筹在该行开设的资金监管账户进行全流程监管,确保投资资金无任何被挪用的可能,为投资人提供了资金安全保障。

附录2.16 36氪股权众筹

2015年6月15日,36氪股权众筹融资平台正式宣布上线。与众多股权众筹平台类似,36氪股权众筹平台也是采用"领投+跟投"模式以降低投资风险。36氪股权众筹平台优势在于,汇集了国内最优质创业项目,独创了老股发行模式,从一定程度上解决了投资人风险控制、退出机制的行业痛点。

(一)平台战略合作伙伴

2015年6月15日,36氪宣布正式上线股权众筹融资平台的同时,也宣布与蚂蚁金服达成全面战略合作。此平台与蚂蚁金服的合作将从股权众筹平台接入支付宝开启,围绕支付全面展开,未来还将渠道互通、产品共建、技术和数据等方面展开进一步合作。蚂蚁金服拥有金融服务底层平台的强大能力,在大数据、互联网技术、风控上的优势,也将与36氪形成互补。

(二)平台创新点

• 技术方面的创新。36氪发布了国内首款分析公司投资指数的专业工具——氪指数。该指数通过对创业公司基本面及细分领域发展趋势的多维度分析,帮助国内投资人降低投资风险,发现更多优质公司,为创业行业建立专业的评价体系。

目前,氪指数已对国内近3万家互联网公司做了数据跟踪,涵盖电商、社交、智能硬件、汽车、旅游等各类细分领域,每家公司都有对应的一个氪指数，以反映公司的成长趋势。对投资人而言，氪指数越高的公司，反映出其成长趋势越好。其背后统计的数据维度有公司 Web 流量、App 下载排名、搜索引擎指数、媒体微博关注指数及公司自身融资、规模、招聘信息等。

- 产品方面的创新。除新股外，36 氪股权众筹融资平台首创老股发行产品，即已经步入高速成长期公司的创始人在不改变公司实际控制权及股权结构的前提下，由创始人或持股较多股东出让少量股份，放到 36 氪平台进行众筹。对于投资人来说，一方面，成熟公司原始股份低风险高回报可以有效保障收益；另一方面，或有机会参与投资较大的一些公司。

对于创业者来说，在过去出让少量股权，一般都是由机构或单一投资人承接；而如今通过股权众筹融资平台，投资人从几个变成多个，而人的背后便是资源，即公司还可以有更多的资源加入。

附录3　国内股权众筹融资平台列表

序号	注册地区	公司名称	平台名称	注册时间	平台上线时间	成交数量	成交金额
1	北京海淀	北京京北众筹科技有限公司	京北众筹	2015-06-04	2015-06-06	2	1 500万元
2	北京海淀	北京天使汇创业金融信息服务有限公司	天使汇	2011-07-28	2011-11-20	232	10.56亿元
3	北京海淀	北京合伙圈金融信息服务有限公司	合伙圈	2014-12-22	2015-06-06	2	3 300万元
4	北京海淀	北京汇垠协同投资有限公司	协同工场	2015-03-16	2015-04-15	1	200万元
5	北京海淀	北京燕园众筹网络技术有限公司	北大创业众筹	2014-09-28	2014-09-20	1	500万元
6	北京海淀	北京海蓝创景投资咨询有限公司	创投圈	2011-10-12	2011-06-01	2	500万元
7	北京海淀	36氪	36氪股权众筹	2010-12-08	2015-06-15	61	2.96亿元
8	北京海淀	奇点时空投资管理有限公司	奇点集	2013-09-18	未知	0	0
9	北京海淀	北京香山财富投资管理有限公司	香山众筹	2013-09-04	2013-09-04	0	0
10	北京海淀	众投天地科技（北京）有限公司	众投天地	2013-02-19	2013-07-01	0	0
11	北京海淀	北京京东世纪贸易有限公司	京东股权众筹	2007-04-20	2014-07-01	26	2.26亿元

续表 1

序号	注册地区	公司名称	平台名称	注册时间	平台上线时间	成交数量	成交金额
12	北京海淀	云园投资管理（北京）有限公司	众筹邦	2014-06-13	2014-07-18	1	500 万元
13	北京海淀	北京新星泉信息技术有限公司	蝌蚪众筹	2014-08-15	2014-09-19	7	2 000 万元
14	北京朝阳	北京中科招商网络科技有限公司	v2ipo创客	2013-08-27	2014-01-05	6	1.6 亿元
15	北京丰台	北京微路演科技有限公司	牛投众筹	2014-10-30	2015-02-11	8	1 186 万元
16	北京朝阳	北京八八众筹投资管理有限公司	88 众筹	2008-01-07	2014-08-30	7	4 770 万元
17	北京朝阳	北京东方联合投资管理有限公司	原始会	2011-06-21	2013-12-28	17	2 921 万元
18	北京朝阳	橙岛创微（北京）网络科技有限公司	创微网	2015-01-23	2014-03-18	8	110 万元
19	北京朝阳	网信金融集团	众筹网	未知	2013-02-17	18	3 145 万元
20	北京朝阳	恒生商（北京）投资基金管理有限公司	股众网	2013-03-22	未知	0	0
21	北京东城	北京飞度网络科技有限公司	人人投	2011-10-27	2014-01-15	204	4.06 亿元
22	北京东城	北京文筹投资服务有限公司	文筹网	2014-10-08	2014-11-19	0	0
23	北京东城	三板汇（北京）投资顾问有限公司	股筹网	2014-09-11	未知	0	0
24	北京西城	中国证券业协会	中证众筹	未知	2015-01-28	11	1.48 亿元
25	北京石景山	筹趣互动（北京）科技有限公司	筹趣网	2014-10-22	2014-11-23	32	52.6 万元
26	北京石景山	中航融泰资本管理有限公司	e 众筹	2012-06-25	2015-04-26	0	0

续表 2

序号	注册地区	公司名称	平台名称	注册时间	平台上线时间	成交数量	成交金额
27	北京石景山	北京创投在线网络技术有限公司	创投在线	2014-05-13	2014-05-30	0	0
28	北京石景山	28众筹	28众筹	2014-10-12	2014-12-19	0	0
29	北京顺义	北京天使街网络科技有限公司	天使街	2014-05-27	2014-06-09	19	4 954万元
30	北京怀柔	北京黑马岛信息技术有限公司	黑马岛	2014-11-19	2015-03-01	4	2 500万元
31	北京昌平	广和云筹（北京）网络科技有限公司	和云筹	未知	2014-12-01	0	0
32	北京密云	易人众筹（北京）科技有限公司	e人筹	2014-12-30	2015-05-19	0	0
33	上海	上海东之贝金融信息服务有限公司	东之贝	2014-12-15	2015-06-06	2	360万元
34	上海	上海同译信息技术股份有限公司	同筹荟	2006-04-06	2014-01-01	6	3 149万元
35	上海	微财（上海）互联网金融信息服务有限公司	蚂蚁天使	2014-10-29	2014-12-07	5	499万元
36	上海	上海宝投网络科技有限公司	天使基金网	2011-10-19	2012-09-09	0	0
37	上海	上海小桌金融信息服务有限公司	圆桌汇	2014-03-29	2014-08-06	4	989.5万元
38	上海	上海享梦信息科技有限公司	众投社	2014-8-12	2014-03-20	2	420万元
39	上海	上海爱就投金融信息服务有限公司	爱就投	2014-5-29	2014-05-08	11	3.33亿元
40	上海	上海百筹金融信息服务有限公司	百筹汇	2014-11-12	2015-05-15	1	1 111万元
41	上海	上海孔融网络科技有限公司	E分投	2014-12-16	2014-12-31	1	10万元

续表 3

序号	注册地区	公司名称	平台名称	注册时间	平台上线时间	成交数量	成交金额
42	上海	上海众牛网络科技有限公司	青橘众筹	未知	2013-10-08	0	0
43	上海	上海来筹投资管理有限公司	来筹网	2014-08-22	2014-11-18	0	0
44	上海	上海众牛互联网金融信息服务有限公司	筹道股权	2013-12-31	2014-10-10	11	1亿元
45	上海	上海东方飞马网络科技有限公司	爱创业	2014-01-07	2014-12-01	8	2557万元
46	上海	上海正果集团股份有限公司	正果众筹	2014-08-05	2014-08-01	0	0
47	上海	上海中筹互联网金融信息服务有限公司	中筹网金	2014-10-09	2014-08-07	16	2002万元
48	上海	上海羽翼资本	股东汇	2011-05-27	2014-09-10	5	520万元
49	上海	上海酷惠电子商务有限公司	谷筹网	2014-05-16	2014-08-07	0	0
50	上海	路寅（上海）互联网金融信息服务有限公司	路演吧	2014-10-29	2014-04-16	5	4231万元
51	广东深圳	深圳市前海云岸互联网金融服务有限公司	云岸金服	2014-05-06	2015-01-19	0	0
52	广东深圳	深圳市牵投互联网金融服务有限公司	牵投	2015-05-18	2015-07-01	7	2138万元
53	广东深圳	深圳市煜隆创业投资股份有限公司	青桐树	2012-06-29	2014-10-31	7	8018万元
54	广东深圳	深圳一禾家庭农场投资控股有限公司	尝鲜众筹	2014-03-19	2014-03-04	6	2.9万元
55	广东深圳	深圳市贷帮金融信息服务有限公司	贷帮网（贷帮众筹）	2013-05-13	2013-06-13	3	460万元
56	广东深圳	深圳投行圈科技信息有限公司	投行圈	2014-05-19	2014-09-09	8	1.24亿元
57	广东深圳	创国网络科技有限公司	大家投	2012-09-14	2012-12-20	56	6420.4万元

续表 4

序号	注册地区	公司名称	平台名称	注册时间	平台上线时间	成交数量	成交金额
58	广东深圳	深圳众众投网络科技有限公司	众众投	2014-12-10	2015-03-14	17	5 343 万元
59	广东深圳	深圳市安奇克拉投资有限公司	天使客	2014-03-28	2014-05-15	29	1.7 亿元
60	广东深圳	深圳市爱投社互联网金融服务有限公司	爱投社	2014-12-24	2014-11-22	5	807 万元
61	广东深圳	深圳铭远互联网金融产业控股有限公司	聚合赢	2014-01-29	2015-06-01	1	150 万元
62	广东深圳	深圳开心投互联网金融服务有限公司	开心投	2014-11-21	2014-11-12	0	0
63	广东深圳	深圳市前海镭驰互联网金融服务有限公司	企e融	未知	2015-06-19	6	1 800 万元
64	广东深圳	深圳前海总裁汇互联网金融服务有限公司	总裁汇	2015-04-24	2015-04-18	3	450 万元
65	广东深圳	投壶网络科技资产管理有限公司	投壶网	2015-01-16	2015-04-18	1	2 341 万元
66	广东深圳	深圳前海智金互联网金融服务有限公司	智金汇	2015-02-11	2015-04-20	0	0
67	广东深圳	深圳市财易科技金融服务有限公司	创业易	2013-03-07	2013-11-15	0	0
68	广东深圳	深圳市宜保通金融服务（集团）有限公司	易筹网	2014-03-31	2014-01-01	5	22 万元
69	广东深圳	深圳市煜隆创业投资股份有限公司	青桐树	2012-06-29	2014-12-01	3	2 300 万元
70	广东深圳	深圳市边际投资有限公司	乐耕股权众筹	2015-03-25	2015-03-30	1	700 万元
71	广东深圳	深圳市合投在线互联网金融服务有限公司	爱合投	2013-09-09	2014-03-01	7	1 431 万元
72	广东深圳	深圳市大家投网络科技有限公司	众创众筹	2015-01-14	2015-03-02	3	150 万元

续表 5

序号	注册地区	公司名称	平台名称	注册时间	平台上线时间	成交数量	成交金额
73	广东深圳	深圳众信百川互联网金融服务有限公司	58众筹网	2014-12-29	2015-01-08	3	629 万元
74	广东深圳	深圳前海云筹互联网金融服务有限公司	云筹	2014-02-25	2014-05-20	27	8 810 万元
75	广东广州	广州市智而锐电子商务有限公司	智锐创想	2014-08-29	2015-05-03	0	0
76	广东广州	广东耀北云筹投资有限公司	北斗云筹	2015-03-18	2015-03-23	1	100 万元
77	广东广州	广州博点投资管理有限公司	博点网	2014-12-19	2015-01-15	0	0
78	广东广州	广州微投科技信息咨询有限公司	微投网	2014-03-31	2014-12-12	30	1.2 亿元
79	广东广州	广州市智而锐电子商务有限公司	智锐创想	2014-08-29	2015-06-29	1	151 万元
80	广东广州	广东海鳘信息科技股份有限公司	海鳘众筹	2014-04-15	2014-03-04	9	4 171 万元
81	广东佛山	广东众邦投资有限公司	众投邦	2007-09-20	2014-01-20	11	2.4 亿元
82	广东揭阳	揭阳市海力量网络科技有限公司	海力量	2014-07-01	2014-07-01	0	0
83	浙江杭州	杭州银杏果网络科技有限公司	银杏果	2014-01-10	2014-01-01	5	960 万元
84	浙江杭州	杭州募聚网络科技有限公司	聚募众筹	2014-08-06	2014-10-01	122	9 111 万元
85	浙江杭州	杭州蜂窝合投信息科技有限公司	蜂窝众筹	2015-05-05	2015-06-10	10	1.08 亿元
86	浙江杭州	浙江古权资产管理有限公司	众源众筹	2015-05-15	2015-03-14	0	0
87	浙江杭州	杭州乐投网络科技有限公司	资本汇	2014-06-19	2014-09-19	16	8 431 万元

续表6

序号	注册地区	公司名称	平台名称	注册时间	平台上线时间	成交数量	成交金额
88	浙江温州	温州筹马投资管理有限公司	天使叔叔	未知	2015-05-31	2	3.15万元
89	浙江嘉兴	嘉兴大家筹网络科技有限公司	大家筹	2014-04-25	2014-07-18	0	0
90	浙江宁波	宁波伯乐合投网络信息服务有限公司	伯乐合投	2014-07-28	2014-12-17	10	1 138万元
91	江苏南京	江苏云特金融信息服务有限公司	红筹网	2014-07-04	2014-11-18	0	0
92	江苏南京	盱眙汉邦投资管理有限公司	天使营	2013-07-04	2015-07-01	0	0
93	江苏苏州	苏州爱创信息科技有限公司	路演网	2015-04-08	未知	0	0
94	安徽合肥	合肥爱众筹投资管理有限公司	大伙投	2014-10-10	2014-08-30	13	2 599万元
95	山东淄博	齐鲁股权交易中心有限公司	齐鲁众筹	2103-11-15	2016-06-06	3	395万元
96	山东东营	东营拓联网络科技有限公司	U众投	2015-02-06	2015-04-01	2	210万元
97	天津	众比特科技有限公司	众比特众筹网	2015-01-26	2015-05-01	1	500万元
98	四川成都	成都天下聚创科技有限公司	聚天下	2014-04-03	2014-07-07	8	9 295万元
99	四川成都	成都添砖加瓦科技有限公司	天天投	2014-05-21	2014-12-26	54	3.27亿元
100	四川成都	四川合盛元金融服务外包有限公司	麒麟众筹	2014-01-26	2014-05-12	25	2 892万元
101	重庆	重庆澜鼎信息技术有限公司	魔方众筹	2014-04-11	2014-04-14	0	0
102	河南郑州	河南富城资产管理有限公司	全民创投	2014-09-01	2014-10-18	7	151.5万元

续表 7

序号	注册地区	公司名称	平台名称	注册时间	平台上线时间	成交数量	成交金额
103	河南郑州	华夏海纳网络科技有限公司	遇见天使	2014-03-26	2014-05-20	4	2 600 万元
104	河北石家庄	河北众筹投资有限公司	全民众筹	2014-07-15	2015-05-14	0	0
105	河北石家庄	河北原始联筹投资管理有限公司	原始联筹会	2015-03-03	2015-03-20	0	0
106	河北石家庄	河北启梦电子商务有限公司	合伙中国	2014-04-18	2014-11-10	47	6 200 万元
107	陕西西安	陕西科技创业投资管理有限公司	创业中国	2012-09-18	2014-05-28	0	0
108	陕西西安	陕西众筹网络科技有限公司	陕众筹	2014-09-28	2014-11-23	4	1 388 万元
109	福建龙岩	上杭县畅想网络信息服务有限公司	小草众筹	2014-11-26	2015-05-15	3	218 万元
110	江西赣州	江西虔城科技发展有限公司	虔诚众筹	2014-05-21	2015-05-01	1	25 万元
111	江西南昌	江西触点投资咨询有限公司	触点众筹	2015-04-15	2015-07-18	0	0
112	湖南长沙	湖南高新创投财富管理有限公司	财富众投	2013-04-10	未知	0	0
113	贵州贵阳	贵阳众筹金融交易所有限公司	众筹所	2010-12-20	2015-05-27	0	0

资料来源：2015 年中国股权众筹行业发展报告

参考文献

[1] 杨东，苏伦嘎. 股权众筹平台的运营模式及风险防范[J]. 国家检察官学院学报，2014（7）.

[2] 邓建鹏. 互联网金融时代众筹模式的法律风险分析[J]. 江苏行政学院学报，2014（3）.

[3] 杨东，刘翔. 互联网金融视阈下我国股权众筹法律规制的完善[J]. 贵州民族大学学报（哲学社会科学版），2014（4）.

[4] 邱勋，陈月波. 股权众筹：融资模式、价值与风险监管[J]. 新金融，2014（9）.

[5] 孙永祥等. 我国股权众筹发展的思考与建议——从中美比较的角度[J]. 浙江社会科学，2014（8）.

[6] 朱玲. 股权众筹在中国的合法化研究[J]. 吉林金融研究，2014（6）.

[7] 张雅. 股权众筹法律制度国际比较与中国路径[J]. 西南金融，2014（11）.

[8] 冯果，袁康. 境外资本市场股权众筹立法动态述评[J]. 金融法苑，2014（11）.

[9] 樊云慧. 股权众筹平台监管的国际比较[J]. 法学，2015（4）.

[10] 郑海超等. 创新项目股权众筹融资绩效的影响因素研究[J]. 中国软科学，2015（1）.

[11] 钟维，王毅纯. 中国式股权众筹：法律规制与投资者保护[J]. 西

南政法大学学报，2015（4）.

［12］周灿．我国股权众筹运行风险的法律规制［J］．财经科学，2015（3）.

［13］胡薇．股权众筹监管的国际经验借鉴与对策［J］．金融与经济，2015（2）.

［14］蓝俊杰．我国股权众筹融资模式的问题及政策建议［J］．金融与经济，2015（2）.

［15］李玫，刘汗青．论互联网金融下对股权众筹模式的监管［J］．中国矿业大学学报（社会科学版），2015（1）.

［16］杨东，黄尹旭．中国式股权众筹发展建议［J］．中国金融，2015（2）.

［17］郑若瀚．中国股权众筹法律制度问题研究［J］．南方金融，2015（1）.

［18］刘宪权．互联网金融股权众筹行为刑法规制论［J］．法商研究，2015（12）.

［19］李湛威．股权众筹平台运营模式比较与风控机制探讨［J］．当代经济，2015（2）.

［20］杨东，刘磊．论我国股权众筹监管的困局与出路——以《证券法》修改为背景［J］．中国政法大学学报，2015（5）.

［21］刘明．论私募股权众筹中公开宣传规则的调整路径——兼评《私募股权众筹融资管理办法（试行）》［J］．法学家，2015（10）.

［22］彭冰．股权众筹的法律构建［J］．财经法学，2015（5）.

［23］文静．论股权众筹的法律性质及其运用的风险防范［J］．经济师，2015（2）.

［24］赵尧，鲁篱．股权众筹领投人的功能解析与金融脱媒［J］．财经科学，2015（12）.

［25］安邦坤．股权众筹在多层次资本市场中的定位概论［J］．现代管理

科学，2015（2）.

[26] 董安生，刘庆. 论股权众筹合法化的前置性规则构建 [J]. 中国物价，2015（2）.

[27] 龚鹏程，王斌. 我国股权众筹平台监管问题研究 [J]. 南方金融，2015（5）.

[28] 李加宁，常嵘. 境外股权众筹监管启示 [J]. 中国金融，2015（2）.

[29] 吕明凡. 股权众筹的发展及其风险研究 [J]. 合作经济与科技，2015（2）.

[30] 陆晖. 解析股权众筹的投资者风险 [J]. 知识经济，2015（1）.

[31] 董竹，尚继权，孙萌. 对《私募股权众筹融资管理办法（试行）（征求意见稿）》的讨论 [J]. 上海金融，2015（8）.

[32] 李尚桦. 论股权众筹的法律规则——以美国JOBS法案为借鉴 [J]. 行政与法，2015（3）.

[33] 徐小俊. 发展新三板股权众筹 [J]. 中国金融，2015（2）.

[34] 程晋. 股权众筹投资者权益保护的思维变革与制度完善——如何构建有效的股权众筹投资者保护机制 [J]. 金融发展研究，2015（4）.

[35] 陈森. 股权众筹合格投资者制度的国际比较与启示 [J]. 金融与经济，2015（8）.

[36] 刘瑜恒. 美国股权众筹立法发展及其借鉴意义 [J]. 证券法苑，2015（5）.

[37] 李洋，计明军. 英国股权众筹的发展、监管及启示 [J]. 内蒙古民族大学学报（社会科学版），2015（7）.

[38] 张雪琦. 股权众筹：现状、风险及应对策略 [J]. 青海金融，2015（3）.

[39] 唐士奇，李凯南. 股权众筹的理论、实践和未来展望 [J]. 西南金融，2015（12）.

［40］罗欢平，唐晓雪．股权众筹的合法化路径分析［J］．上海金融，2015（8）．

［41］万国华，王才伟．论我国股权众筹的证券法属性［J］．理论月刊，2016（1）．

［42］郭菊娥，熊洁．股权众筹支持创业企业融资问题研究［J］．华东经济管理，2016（1）．

［43］韩国栋，麦志英．股权众筹融资的监管逻辑及国际经验［J］．宁夏社会科学，2016（1）．

［44］傅穹，杨硕．股权众筹信息披露制度悖论下的投资者保护路径构建［J］．社会科学研究，2016（3）．

［45］向娟，张榕锋．互联网金融背景下我国股权众筹的发展前景研究［J］．当代经济，2016（1）．

［46］马其家，樊富强．我国股权众筹领投融资法律风险防范制度研究［J］．河北法学，2016（7）．

［47］马旭，李悦．我国互联网股权众筹面临的风险及法律对策［J］．税务与经济，2016（5）．

［48］付桂存．中小企业股权众筹的融资风险及其防控机制［J］．河南师范大学学报（哲学社会科学版），2016（9）．

［49］王建文，郭梦川．论领投人模式下股权众筹法律风险及其应对方案［J］．行政与法，2016（2）．

［50］张丛俊，郝芳馨．以美国实践为借鉴谈中国股权众筹制度供给——评《私募股权众筹融资管理办法（试行）征求意见稿》［J］．法制博览，2016（2）．

［51］许多奇，葛明瑜．论股权众筹的法律规制——从"全国首例众筹融资案"谈起［J］．学习与探索，2016（8）．

［52］陈林，余明阳．股权众筹融资绩效影响因素的实证研究［J］．山东农业大学学报（自然科学版），2016（6）．

[53] 马永保. 股权众筹行业融资信息披露制度：行业特殊性与发展方向 [J]. 现代经济探讨, 2016 (8).

[54] 吕凯等. 我国股权众筹的法律风险及规制 [J]. 法制博览, 2016 (1).

[55] 敬翠华. 论我国股权众筹的发展现状及问题 [J]. 中国商论, 2016 (3).

[56] 张利霞. "互联网＋"背景下我国股权众筹市场发展研究 [J]. 改革与战略, 2016 (3).

[57] 夏恩君, 李森, 赵轩维. 融资项目的不确定性对股权众筹融资绩效的影响——以领投金额为中介变量 [J]. 技术经济, 2016 (7).

[58] 刘爱萍. 股权众筹平台回归互联网金融中介地位路径分析——以区域性股权交易中心参与股权众筹为视角 [J]. 金融发展研究, 2016 (5).

[59] 万魏. 国外股权众筹监管发展及监管模式对我国的启示 [J]. 西南金融, 2016 (6).

[60] 张宏婧, 王洁. 股权众筹平台的内部控制与外部监管——基于投资者保护视角的探讨 [J]. 南方金融, 2016 (7).

[61] 林晓燕. 股权众筹豁免制度探析——从法律定性的角度出发 [J]. 中国商论, 2016 (9).

[62] 马永保. 股权众筹行业市场退出机制的现实与发展道路 [J]. 金融理论与实践, 2016 (11).

[63] 万国华, 张崇胜, 孙婷. 论我国股权众筹豁免法律制度的构建 [J]. 南方金融, 2016 (11).

[64] 张亚欣. 科技型小微企业股权众筹融资探讨 [J]. 科学管理研究, 2016 (10).

[65] 王艺林, 王斯瑶. 基于美国经验的中国股权众筹发展现状及相关建议 [J]. 中国市场, 2016 (1).

[66] 杜木丹. 我国股权众筹发展现状评析——以天使汇为例 [J]. 产业

与科技论坛，2016（1）.

[67] 朱湘杰. 股权众筹信息不对称的风险应对［J］. 金融经济，2016（3）.

[68] 范文波. 股权众筹公开发行制度探析［J］. 中国金融，2016（3）.

[69] 闫夏秋. 股权众筹合格投资者制度立法理念矫正与法律进路［J］. 现代经济探讨，2016（4）.

[70] 王阿娜. 股权众筹的退出方式探讨［J］. 中国集体经济，2016（8）.

[71] 纪玲珑，隋静. 股权众筹与小微企业融资［J］. 银行家，2016（7）.

[72] 卜亚. 股权众筹监管经验的跨国比较及启示——基于激励相容视角的分析［J］. 华东经济管理，2016（9）.

[73] 李华. 我国股权众筹投资者权益保护机制之完善［J］. 南京社会科学，2016（9）.

[74] 陈晨. 股权众筹的金融法规制与刑法审视［J］. 东方法学，2016（11）.

[75] 王啸，马妍妍. 股权众筹的美国经验与本土之路［J］. 博鳌观察，2016（1）.

[76] 刘子仪. 中美股权众筹平台商业模式对比分析［J］. 经济师，2016（1）.

[77] 周文. 论松绑股权众筹融资［J］. 南方金融，2016（1）.

[78] 李晓玺，袁天昂. 股权众筹平台盈利模式研究［J］. 时代金融，2016（3）.

[79] 刘再杰. 股权众筹发展的现实制约与经验借鉴［J］. 武汉金融，2016（3）.

[80] 彭景，卓武扬. 制约股权众筹本土化发展的瓶颈及监管研究——以中美比较为视角［J］. 西南金融，2016（4）.

[81] 钱颖, 朱莎. 基于项目类型的股权众筹羊群行为及领投人作用研究 [J]. 科技进步与对策, 2016 (9).

[82] 白江. 我国股权众筹面临的风险与法律规制 [J]. 东方法学, 2017 (1).

[83] 李杰. 股权众筹概念特点研究 [J]. 知识经济, 2017 (1).

[84] 魏琼, 吕金蓬. 我国股权众筹市场的监管体制、方式和原则 [J]. 商业经济研究, 2017 (1).

[85] 安高宏. 我国股权众筹平台的风险与完善 [J]. 河北企业, 2017 (2).

[86] 黄琦文. 国内外多个股权众筹平台的运营模式对比分析 [J]. 科技经济导刊, 2017 (1).

[87] 潘永明, 朱茂东, 李雪. 基于股权众筹融资机制的小微企业团体融资模式创新 [J]. 大连理工大学学报 (社会科学版), 2017 (1).

[88] 李涵, 陈子婕. 股权众筹问题的法律监管制度研究 [J]. 知识经济, 2017 (1).

[89] 付晨. 股权众筹法律规制路径探析 [J]. 法制博览, 2017 (1).

[90] 史欣媛. 我国股权众筹投资者适当性制度的构建 [J]. 现代经济探讨, 2017 (2).

[91] 赵乃迪, 王婉疆, 李奇翰. 浅析我国股权众筹的发展 [J]. 对外经贸, 2017 (2).

[92] 唐士亚. 股权众筹信息披露的履行标准与规则确立 [J]. 金融与经济, 2017 (3).

[93] 张园园. 中国股权众筹发展的困境及建议 [J]. 吉林金融研究, 2017 (4).

[94] 刘玉. 股权众筹平台法律地位界定及制度构建——基于对美国相关制度的考察 [J]. 河北法学, 2017 (5).

[95] 钱颖, 朱莎. 股权众筹投资者决策行为影响因素研究 [J]. 科技进

步与对策,2017(2).

[96] 朱振洁. 我国股权众筹的风险及其监管 [J]. 河北企业, 2017 (7).

[97] 吴艳梅, 李敏. 论股权众筹平台的法律性质 [J]. 北方民族大学学报 (哲学社会科学版), 2017 (7).

[98] 姚瑶. 股权众筹平台投资者适当性义务的证成与制度构建 [J]. 南方金融, 2017 (11).

[99] 匡琼. 创业企业股权众筹融资研究 [J]. 会计师, 2017 (10).

[100] 胡栋. 股权众筹平台的法律风险及防范 [J]. 法制与社会, 2017 (12).

[101] 李苗苗. 股权众筹中介的法律性质剖析和制度完善 [J]. 山东青年政治学院学报, 2017 (11).

[102] 吴杏彩, 张芳芳. 我国股权众筹信用风险及其防范研究 [J]. 时代金融, 2017 (11).

[103] 夏恩君, 李森, 赵轩维. 股权众筹投资者动机研究 [J]. 科研管理, 2017 (12).

[104] 邱佳砚, 贺翔. 我国股权众筹发展现状及风险研究 [J]. 时代金融, 2017 (10).

[105] 孙亚贤. 股权众筹要警惕哪些风险隐患 [J]. 人民论坛, 2017 (12).

[106] 姚瑶. 股权众筹信息披露制度的监管逻辑与实现路径 [J]. 上海金融, 2017 (12).

[107] 周雅婧. 资本形成、投资者保护与股权众筹平台监管——来自美国《众筹法案》的启示 [J]. 金融经济, 2017 (2).

[108] 孙彦辰, 宁修齐. 在供给侧改革背景下再谈股权众筹 [J]. 湖北经济学院学报 (人文社会科学版), 2017 (1).

[109] 李飚. 股权众筹融资风险分析及防范 [J]. 时代金融, 2017 (2).

[110] 宋寒亮. 我国股权众筹法律规制的困境与出路 [J]. 大连理工大学学报（社会科学版），2017（5）.

[111] 魏秀华，张雅洁. 我国股权众筹的风险识别与防范 [J]. 福建师大福清分校学报，2017（4）.

[112] 李雪莹. 股权众筹监管模式及投资者保护研究 [J]. 北方金融，2017（2）.

[113] 黄彬. 中国股权众筹研究现状与热点分析 [J]. 合作经济与科技，2017（5）.

[114] 马广奇，史梦佳. 我国互联网股权众筹融资的博弈分析 [J]. 财会月刊，2017（5）.

[115] 伦贝. 股权众筹的发展路径与监管 [J]. 青海金融，2017（6）.

[116] 周温涛. 股权众筹风险防范规制的域外经验及启示 [J]. 福建金融，2017（6）.

[117] 王阿娜. 股权众筹中的领投跟投模式分析及优化措施 [J]. 金融教育研究，2017（7）.

[118] 刘波等. 预售众筹与股权众筹的选择：基于众筹平台与企业家声誉的视角 [J]. 金融研究，2017（7）.

[119] 曹阳. 我国股权众筹的风险与法律规制 [J]. 改革与战略，2017（4）.

[120] 王景利. 我国股权众筹发展的现状、问题及对策研究 [J]. 金融理论与教学，2017（10）.

[121] 郭勤贵. 股权众筹：创业融资模式颠覆与重构 [M]. 北京：机械工业出版社，2015.

[122] 包啟宏，沈柏锋. 中国式股权：股权合伙、股权众筹、股权激励一本通 [M]. 北京：中国铁道出版社，2016.

[123] 王慧彩. 一本书读懂股权众筹 [M]. 北京：人民邮电出版社，2016.

［124］刘志硕，郭海峰，张杰. 股权众筹：创业融资指南［M］. 北京：机械工业出版社，2017.

［125］陈云. 股权众筹："互联网+"时代速融新模式［M］. 北京：机械工业出版社，2017.

［126］刘珊琳. 股权众筹：互联网创业与投融资宝典［M］. 北京：人民邮电出版社，2017.